新潮文庫

何があっても大丈夫

櫻井よしこ著

JN266958

目次

第一章　しっかり物を見なさい——母がくれた宝物

第二章　私たちは二番目なんだ——父からの自立

第三章　一体、何になりたいのか――ジャーナリストへの道

写真＝著者提供

何があっても大丈夫

第一章

しっかり物を見なさい

母がくれた宝物

母、以志　台北にて

母の秘密

二〇〇二年の春の頃だった。その年九十一歳になる母がしきりに言い始めたのだ。

「お父さんのこと、あのとき、ゆるしてあげればよかった」と。

〃あのとき〃というのは、父が亡《な》くなったときのことだ。一九八〇年二月十九日に七十歳で亡くなった父は、家族との縁が薄い人だった。父は、母と私たち子どもを置いて自分の夢を追い続けた。長い長い間、家庭を振りかえらなかった人が母の元に戻って来ようとしたのは、或《ある》いは戻るように仕向けられたのは、倒れて病床についてからだ。それまで父と共に暮していた女性が突然連絡してきたのだ。倒れた父の世話を〃家族〃でしてもらえまいかという趣旨だった。

母は、兄と私を呼んで、どう考えるかと尋ねた。家族の風景に身を置いた父の姿の記憶は、私が六歳、小学一年生のときが最後である。以来、父との時間は、孤立した一対一の、漂うような時間だった。それは明確に家族というものの枠外にあった。母もいて兄もいて、ひとつの空間の中で家族としてすごす父の姿は、いくら記憶の海を探しても見つからない。そのときから電話のきた日まで、三十年近く、父に関しては実体のない年月が流れていた。

その空白を、母がどう埋めるのか。私には想像がつかず、答えかねていた。兄も恐らく同じ想《おも》いだったことだろう。私たち二人は思わず顔を見合わせ、当惑して母の言葉を待った。

母は、なぜ、父と暮す女性が突然連絡してきたのかを、「お母さんの推測だけれど」と言いながら私たちに語ってきかせた。

「お父さんはもう長くはないかもしれない。それで○○さんは、最期《さいご》にお父さんとお母さんを会わせるのが務めだと考えたのでしょう」

母はいつものように、父と暮す女性を姓にさん付けで表現した。一呼吸置いてこうも語った。

「病人の世話は大変だから、手を貸してほしいということもあるでしょうね」

母の推測どおりの状況なのだろうと思ったが、兄も私もただ、母の次の言葉を待った。

母は意外に淡々と結論を下した。

「病院に行こうかしら」

出かけたときの母の姿が甦《よみがえ》る。ふる里、新潟県小千谷《おぢや》市で織った紬《つむぎ》の着物にシャキッと身を包んだ母は、地味でなく派手でなく、その姿は静かな勇気を示していたように思う。浅草橋の病院の一室で、母は父と会った。なにがしかの時間がすぎて父がポツリと言った。

「以志子、おまえは若いなぁ」

母の名は以志《いし》であるが、父は母を以志子と呼んでいた。二人はひとつ違いである。年の差は一歳ではあっても、若い頃からよく立ち働いた母は、健康でお洒落《しゃれ》な女性だ。病床の父から見れば本当に若く見えたのであろう。

こうして、何十年ものブランクを経て母の看護が始まった。病床の父はすでに自在に動くことが叶《かな》わなくなっており、母はおよそ全《すべ》ての世話をしなければならなかった。

ずっとあとになって母は言うのだった。

「あなたたち子どもが赤ちゃんだったとき、おむつを洗うなんて、少しも苦にならなかった。それどころか、おなかの具合は大丈夫かしらと、あなたたちのウンチを指先にとってみることさえ、まま、ありました。

でもね、お父さんの下の世話をするとき、同じように愛《いと》しい気持にはなれなかったのよ。おそらく最後のお世話になるだろうからと、しましたよ。けれど、気持は必ずしも元に戻れたわけではなかったのねぇ」

長年姿も見せず、困ったときの支えにもなってはくれなかった夫が倒れたときに、戦後世代の私ならどうするだろうか。平成時代の女性ならどうするだろうか。病室に泊まりこんで父の世話をした母は、私の目には十分に、否《いな》、十二分に、妻としての責任を果たしたように映ったが、母はそれでも「十分気持を込めてお世話できなかったのではないか」と、嘆息するのだった。

その後父は病院を替わり、やがて女性の元に戻り、一年余り手厚い看護を受けた。そして家人が席を外したひとりきりのときに心不全で亡くなった。命日の二月十九日は、戦後に生まれ幼くして亡くなった私の弟、勇治《ゆうじ》の誕生日でもあった。

そしてあのときから二十年がすぎ、九十歳をすぎた頃から母は突然言い始めたのだ。

「ゆるしてあげればよかった」と。

大学時代からの親友の大谷和子《おおたにかずこ》さんと私を相手に母は語る。彼女は母にとって娘の私と同じくらい話しやすいらしい。

「病室でね、お父さんが仰《おっしゃ》ったの。昭弘《あきひろ》もよしこも叔父ちゃんも、誰もいなくなった二人きりのときに。『以志子、苦労をかけて悪かったな』って。

私はね、頷《うなず》いて全てをゆるそうと頭では考えたのだけれど、首が動かなかったの。それで何か言ってあげようとも思ったのだけれど、一体何を言えばよいのか、言葉もでてこなかった。

心のなかでは、まずいまずい、何か言ってあげなくてはいけないと思いながら、気がついてみると、沈黙の時間がすぎてしまっていたの。

あの気位の高いお父さんが一生に一回、謝ってゆるしてほしいと言って下さったときに、私は下を向いたまま黙ってやりすごしてしまった。結局、ゆるしてあげられなかったのね。

そのことに気が咎《とが》めて気が咎めてねぇ……」

母は心底、悲しそうな表情を見せたのだ。私は慌《あわ》てておどけて言った。

「どうしたの、いまになって。天国のお父さんにはいまの言葉が聞こえているはずだから大丈夫よ。

以志子が俺をゆるしてくれたって、きっと満更でもない顔をしてるわよ」

言いながら私は、人間の心のなかには、幾つも幾つも、秘密の箱があるのだと実感していた。

親友の気安さで和子が尋ねた。

「でもお母様、どうしていまになってゆるしてあげようと思ったんですか」
「それはねぇ、去年、ベトナムに行って、若い頃に主人と一緒に暮した家を訪ねたら、いろいろな想いが湧《わ》いてきたの。
若い頃、主人は本当に命をかけるような勢いで働いていましたからね。私もそんな主人が本当に好きだった。その気持を想い出したの……」

母と二人でベトナムを旅行したのは二〇〇一年九月だった。母にとっては日本の敗戦で引揚げて以来、実に五十六年ぶりのベトナム。私にとっては、長年誘ってようやく実現した、母と一緒に生まれ故郷を訪ねる旅だった。

訪ねる先は、ハノイ市コットン街二一二番地。新婚時代の両親が、夢を追いつつ家庭を築き仕事の拡張に精を出した場所だ。

父と母は各々《おのおの》、明治四十三年（一九一〇）と四十四年（一九一一）生まれ、横浜と小千谷の出身だ。

父・清は現在の横浜中華街で生まれた。父の弟の正夫叔父の説明では、生家はいま郵便局になっている場所にあったそうだ。祖父の信吉は腕のよい洋服の仕立職人で、祖母のトキは何事にも積極的で極めつきの働き者だった。二人はよく働き、倹約をして資金を蓄え、中華街に二階建の仕立工場兼住居をつくった。そこで何人もの若い職人を雇って外国人の背広をつくり、手広く商売をしていたらしい。しかし、大正一二（一九二三）年に関東を襲った大震災で焼け出されてしまった。五人の子どもを養わなければならなかった祖父母は、横浜の復興を待ちきれずに神戸に移り、多くの外国船が入港する外国人の多い街で、腕一本を頼りに再び洋服の仕立てを始めたのだ。

港町で生まれ育った父は、海の向こうからやってくる美しく大きな船に憧《あこが》れた。当時の日本人には眩《まぶ》しいような大型船と垢抜《あかぬ》けた外国人の姿は、父を海外に雄飛させる要因のひとつとなったことだろう。

父が海の人なら、母は山の人である。生まれは新潟県中魚沼《なかうおぬま》郡の山村である。真人《まっと》村万年下屋敷《まんねんしたのやしき》が母の生家の屋号だ。村の本家から見て坂を下ったところにあるから下屋敷になったのだろうと、現在下屋敷の当主となっている従兄弟《いとこ》の引馬逸平《ひきうま》から聞いたことがある。いまは小千谷市に編入され真人町になっているが、現在も、母のふる里の緑濃い山々と深い雪がもたらす水の美しさと豊かさは比類がない。そこではかつて、女性たちは皆、冬になると機織《はたお》りをした。夏の間に育てた蚕が繭《まゆ》をつくる。その繭を糸に紡《つむ》いで、染めて、美しい反物を織る。一人前に反物が織れるようになってはじめて、女の子は大人の女性として認めてもらえる時代だった。

母は幼い頃から祖父の気に入りだった。私には曾祖父《そうそふ》にあたる長吉は、〝真人の学者さん〟と呼ばれたインテリ農民で、母はそのおじいさんから向学心を受け継いだという。

五人兄妹の長女だった母は、妹たちが近隣の農家に嫁いでいくのを見ながら、自分はまだ見ぬ世界に羽ばたいてみたいと考えた。ふる里は美しく人々は心優しくとも、母はそこから出てみたかった。外にはどれほど広い世界があることかと胸をときめかした。しかし、そうするからには自力でしなければならない。母は考えた。どうしたら羽ばたけるか。どうしたら自分でやっていけるか。そして気づいたのだ。自分にはお金はないけれど、少々の物はあると。

それまでに大切に織りためていた自分の着物は箪笥《たんす》に二棹《さお》分あったという。当時、これはこれで一財産である。その一切を、なんと母は惜し気もなく売り払ったのだ。

「自分で生きていくには、技術を身につけなくてはならないでしょ。東京上野に忍岡《しのぶがおか》西洋女学校というのがあって、そこでパーマの技術を習い美容師になろうと思ったの。そのために自分で織った着物を売って、当座の費用にあてたのです」

母はこともなげに言う。二十一歳の母は上野の不忍池界隈《しのばずのいけかいわい》にあったこの女学校に入学を果たし、三年間で卒業し美容師の資格をとった。そこで出会ったのが、母の母親ほどの年齢の松尾夫人だった。松尾夫人の夫は、当時日本の植民地だった台湾でサロンを経営していた。レストランとバーを中心に、社交場のような性格を持ったものでもあったようだ。松尾夫人はそのなかに美容室を設けたいと考え、資格をとるために忍岡西洋女学校に勉強にきていたのだ。夫人には男の子しかいなかったせいか、彼女は、母を殊《こと》の外《ほか》かわいがった。彼女は母を台湾に誘い、広い海外へ羽ばたくことのすばらしさを説いた。元々、広く世の中を見たいと願っていた母が承知すると、夫人は大いに張り切った。

「松尾さんは私を連れて万年の実家を訪ねたのです。父に、〝娘さんを預らせて頂きます。実の娘と思って大切にします〟と言って下さり、その言葉どおり、とても可愛《かわ》いがって下さった。私は母親が早くに亡くなったから、松尾さんが母親代わりのように思えてならないことがあるの」

こうして母は台湾に行った。そこで二人は松尾氏のサロンのなかに美容室を開いたのだ。

「薬液につけた髪を薄紙に包んで、細いのや中くらいのロールに巻いて電気にかけるの。当時の流行はロールで巻いた髪を余りくずさずにそのままフランス人形のように下げて、肩に触れるくらいの所で揺れるように保つことだったのよ」

母は髪をロールに巻くジェスチャーをしながら話してくれた。けれど、その手つきは余りスムーズではない。小さい頃に母はよくおはじきをして私と遊んでくれた。そのときも、小さな薄いガラスのおはじきを扱う母の指先は、余り器用ではなかった。本当に母は最先端の流行の髪を仕上げることが出来たのだろうか。そう尋ねると、明るく笑って言った。

「実はね、松尾さんも私も、余り上手ではなかったの。二人して頑張っても、お客様は一度か二度でパッタリいらして下さらなくなるの。繁盛《はんじょう》とは程遠くて、困ったものでしたよ」

その内に松尾夫人の夫が海南島に新たな店を開いた。当然、美容室も閉店となった。美容師の腕は冴《さ》えなかったが、松尾夫人も母も細かいことを気にしない屈託のない性格である。そして母は若く美しかった。

或る日松尾夫人は母に言った。

「以志ちゃん、私の本当の娘になる気はない？　息子の嫁に、あなたがなってくれると嬉《うれ》しいのだけれど」

母は語る。

「私は松尾さんをとても好きで感謝していたけれど、だからといって息子さんとの結婚は別のことだと思っていました。そう言うと、松尾さんはとてもよく理解して下さったわ。本当に公正な心の持ち主だったと思いますね」

松尾夫人は、それ以降も変わらず母に優しく接した。そしてある日、松尾夫妻は母に父を紹介したのだ。

「お父さんはね、お母さんに一目惚《ぼ》れだったのよ」

母はクックッと笑う。

「番茶も出花でしょ」

まぜっ返すと、母が言い返した。

「でもね、よしこちゃん、お父さんは本当にご執心だったのよ。どれだけ恋文を頂いたことか」

「どんな恋文？」

「それがね、文才はきっと並なのね。いろいろな詩人の詩や言葉を、借用しながらの恋文だったわ。でも言葉よりも何よりも、達筆だったわねぇ」

父は達筆な恋文をせっせと書く一方で、自分の見染めた女性の獲得に驚くほどの攻めの一手をみせたという。「デートに誘われたの？」と問うと、

「いまとは時代が違いますよ」と母。

「女性が簡単に男性と出かけるようなことはなかったの。それでもお父さんは出来るだけ私に会うチャンスを作ろうと一所懸命だったわよ。そして或る日ね……」

母は大きく目を見開いて、大事な秘密を語るような表情をした。

「一緒に出かけたの。お食事をして、どういうはずみか、二人で写真を撮ってもらうことになったの。そうしたら、お父さんが私と手をつなごうとしたのよ」

手をつないだらどうなるのか。愛の電流がパチパチッと二人の間を流れるのか。固《かた》唾《ず》を呑《の》んで聞いていると、手を振りながら母は言った。

「いやですよ、そんなこと。私は何気ない振りをして、その前で写真に写ろうとしていた棕梠《しゅろ》の木の、反対側に移ったわ」

こうして撮った二人の写真がいまも残っている。写真のなかの父は生真面目《きまじめ》な男性のイメージだ。母はといえば、若く健康な女性のイメージを残している。二人とも正面を向いて緊張している様子でもある。

さらに思いがけないことを母は告白した。

「写真に写るときも、お食事のときも、私の気持はピタリとお父さんの気持に添っていたわけではないの。ちょっと迷っていたのかしらねぇ」

「じゃ、好きじゃなかったの」

突っこんで尋ねると、首をかしげながら答えるのだ。

「たしかに仕事の出来る男性だったけれど、お母さんはどうしてもすぐに結婚したいとは思わなかったの。で、返事を渋っていたのです」

父は、はかばかしい返事をしてくれない母に焦《あせ》って、歌を送った。

「沢山頂いた内のひとつを覚えているわ。残雪に淡き緑の福寿草　君待つ吾《われ》に春を告げるや、というの。

平凡だけれど素直な歌でしょう。お父さんは一所懸命だったのよ」

こう語って母はとても嬉しそうに、イタズラっぽく笑った。

母と手をつないで写真に写りたかった父。文才はないけれど一所懸命に和歌をつくっては贈り続けた父。その父の前で母の躊躇《ためら》いは続いた。母は深く息を吸って、一呼吸おいて語った。

「実家から遠く離れていたし、私には男の人をどういうふうに見分けていいのか、よくわからなかったの。お母さんたちの時代は、男女のおつきあいは余りしないのが普通だったから、自分でいざ結婚の相手を選ぶというとき、自分の判断に自信が持てなかったのね。松尾さんご夫妻が勧めて下さったけれど、だからといって、即答も出来なかったのです」

そんな母に父はウルトラCの技を使った。あるいは外交官になっていれば、その交渉上手の手際と知恵は、この国のために役に立ったかもしれないと思いたくなる知恵者振りを父は発揮した。

「考えるだけ考えてよいから、入籍だけ先にしようと仰ったの。私はそれも変だと思ったけれど、とにかく気に染まないことも嫌なこともしないから、籍だけ入れて安心したいと……。まぁ、本当に強引な人でしたねぇ」

と、母は笑う。

こんなふうにして、父と母は結婚した。同居して子どもを妊《みごも》ってから式をあげ、その後に入籍するいまの時代とはまるで逆である。そんな母の入籍は、「ミス海南島事件」をきっかけに周囲の知るところになった。ミス海南島の候補者のひとりに推薦された母の書類は、母がすでに人妻であることを示していたからだ。母はおかしくて仕様がないといった風情《ふぜい》で語る。

「これでバレましてね。私たちは名実ともに結婚生活を始めたのです」

アジア各国を舞台に手広く貿易を営んでいた父は、自分の本拠地をすでにベトナムに築いていた。

そして父は母と共に、ハノイ市コットン街二一二番地に新居を構えた。ハノイは漢字で「河内」と書く。紅川《ホン》（Red River）に抱かれるような地形であるために「河内」と呼ばれるようになったといわれている。コットン街は、リュー・ド・コットン（Rue de Cotton）である。その名のとおり、昔は綿花など繊維関係の産物・製品を取り引きする会社が集合しており、そこからつけられた名前だそうだ。表通りに面した真っ白のガッシリした三階建ての建物が、父の経営する貿易会社、昭和洋航のビルだった。金魚が泳ぎ、組み上げた石から涼し気な水が流れる池を中心に中庭があり、昭和洋航と向き合う形で建てられた、これまた真っ白な三階建ての棟が自宅だった。

母はこのコットン街ですごした日々を生き生きと振りかえる。

「お父さんは仕事運の強い人で、手がける仕事はことごとく成功したの。あの人がお金の勘定をするときは、一束一束数えるのが常でしたからね」

なにやら成金めいてはいるが、その姿には、妻を娶《めと》ったばかりの三十そこそこの若き父の勢いが反映されていたことだろう。

やがて母は、最初の子どもを妊った。父は大層喜び、思いつく限りの手を尽した。

「つわりで食欲が進まないと、料理人を呼んで日本料理をつくらせてはお母さんの所に運んでくれました。妊婦服など、すぐに使えなくなるのに、洋服屋を連れてきて、何着も何着もつくって下さった。

でも私の趣味ではなくて色もスタイルもみんなお父さんの趣味でつくってしまうの。細かいところまで実によく気のつく人だったわ」

父はやがて、初産《ういざん》の母は日本でお産すべきだと言い始めた。医療、衛生面で、日本の方が安心だと考えたのだ。

だが、当然のことながら、当時、日本に戻るにしてもまたベトナムに向かうにしても、船旅である。身重での長い船旅は大丈夫だったのか。母は言う。

「ハノイから単線の鉄道に乗って東の海防《ハイフォン》港まで、主人と会社の事務担当の富山さんという方が二人で送ってくれました。日本の船で船医さんもいらっしゃるし、同じようにお産で日本に戻る人もいて安心でした。私も若かったし、元気だった。それに私はすぐに人と仲よしになれるから、心配でも苦でもありませんでしたよ」

こうして母は大きなお腹《なか》を抱えて海原に出た。約四週間の船旅をして浦賀港につき、汽車を乗り継ぎ、新潟の実家まで戻った。驚くほどの長旅を、母は健康に乗り切ったのだ。安心できる実家についた母は、昭和十七年（一九四二）九月二十三日、男の子を出産した。長男で私の兄の昭弘である。生まれた子が男の子だったことを父は大層喜んだという。

暫《しばら》くして母は、今度は乳《ち》飲み児《ご》の兄を抱いて、来た道を戻る形で再びベトナムに向かった。汽車で神戸まで行き、船に乗った。母は言う。

「子どもを抱えて女ひとりの船旅は大変だと、あなたは言うけれど、昔は飛行機で旅するなんてことはあり得なかったんです。汽車を乗り継ぎ、船に乗るのが、当然の交通手段でした。船は日本の船で、全《すべ》て整っている。国民ですから十分に守られていると、お母さんの時代の日本人は考えていたの」

国家への、なんという揺るぎない信頼であろうか。大事な乳飲み児を抱いて、若き日の母は太平洋からフィリピン海域を経て南シナ海に至り、ハイフォン港に戻っていったのだ。私がそう感想を述べると、母は笑った。

「それは国はしっかりしていましたよ。日本人ならどこに行っても日本人、お国が後ろ盾になっていました。遠い船旅といってもよしこちゃんが思うような一大決心ではないのよ。お母さんの記憶に残っているのは、赤ん坊の昭弘が可愛い顔をしていて、船の人気者になったこと、でも男の子なものだから、元気で元気で、元気すぎるほど元気だったこと。どの場面でも嬉しかった想《おも》い出ばかりですよ」

長男誕生を喜んだ父は、兄がゆったりと育つようにと、広大な別荘を購入した。

「仕事の合い間に少しでも暇が出来ると、私たちは別荘に出掛けたものです。大人二人と子どもが一緒に乗れる特別仕立のシクロでね」

シクロはベトナム風人力車だ。日本の人力車は引く人が前を走り、後ろに客が乗るが、ベトナムは客が前に乗り、なおかつ、車は前が二輪の足こぎ三輪車である。

「シクロに乗るときもお父さんは私にお洒落《しゃれ》をさせるのが好きでしたねぇ。帽子やパラソルを念入りに選ばせて、洋服も自分好みのものを着るようにって」

別荘には門から建物に続くゆるやかなカーブを描いた道があり、両側には、バナナやライチーなど果物のなる樹木と、まっ赤な花をつける常緑樹が植えられていた。

「本当にすてきだったのは、表側より庭側だったの。正面玄関側から階段を上がるとサーッと広間が開けて、高い天井の空間を風が通っていくような雰囲気でした。それをずっとまっすぐに進むとゆったりしたテラスに出ます。

テラスから庭に向かって広い階段がおりていて、その先には大きな池があったの。池には小エビをはじめ沢山の魚が棲《す》んでいて、よちよち歩きの昭弘は、この池で遊ぶのが大好きだった。あの子はしょっちゅう、階段をおりては池に足をひたし、指先を小さなエビがつつくのを見ては喜んでいたんです」

こんなときに事故がおきた。小さな兄が、大人の目の届かない隙《すき》にひとりで階段をおり、池におちてしまったのだ。

「溺《おぼ》れかかった昭弘を見たとき、体がすくんでなにも考えられなかった。どうやって助けたのかは記憶にないほど、動転してしまって……。お父さんからはこの世のことは思えない程叱《しか》られるし……。あのとき、昭弘の命が助かったのは、本当に神仏のおかげだと思っているわ」

父は長男の事故に怒り、乳母とメイドをひどく叱責《しっせき》して入れ替えた。そして母はやがてまた新しい命を授かった。姉、京子《きょうこ》の誕生は、昭和十九年八月五日である。しばらくしてその次に授かったのが私である。昭和二十年の春、三人目の子どもを授かったことを知らされた父は母に尋ねたという。

「生めるか」と。

その頃には第二次大戦を戦っていた日本の敗色は、ようやく国民の目にも見え始めていたことだろう。特に父は、仕事でアジア各国を歩いていた。現地では大地に根を張ったような日常生活があったと同時に、日本の勢いが隠しようもなく衰えていたことは感じとっていたはずだ。

そんなときに、父は三人目の子どもを生めるかと母に尋ねたのだ。

母はそのときの心境をこう語る。

「昭弘がいても京子ちゃんがいても、三人目は三人目です。私はお父さんに『大丈夫、生みます』と言ったの。お父さんの目をまっすぐ見つめて言ったら、お父さんたら気弱そうに目を伏せたわ」

こうして私は生んでもらえることになった。それから数か月後、姉は突然高熱を発した。夜中のことで医師はなかなかつかまらない。母は戦時下のハノイで、夜の闇《やみ》の中を氷を求めて走ったという。

「お父さんは、以志子、危ない、と止めたけれど、たとえ危険でも子どものためなら命を惜しむ母親なんていませんよ。京子ちゃんを助けたい一心で、心当たりの店を走りまわりました。でもね、助けてあげることは出来なかったの」

こうして姉は私と入れ替わるかのように昭和二十年六月二十一日に亡《な》くなった。誕生が十九年八月五日であるから、わずか十か月半の命だった。けれど父も母も兄も、さらには母の胎内にいた私も、その後二度も三度も生死の瀬戸際《せとぎわ》に立たされてきた。敗色濃い二十年の夏、日本軍や日本人は、どこから襲われても不思議はなかったのだ。

その頃、父が母に言いきかせていたことは次のようなことだったそうだ。万が一フランス軍や連合軍がハノイに攻め入り、コットン街の昭和洋航に侵入してきたら、すぐに三階の窓から中庭の池を目がけて飛び降りること。父は兄を抱いて飛び降りる。私を妊っている母はそのまま飛び降りると。飛び降りてどうなるのか。

「死ぬの」と母。

「池のまん中には、石で組みあげた飾りがありました。噴水といえるようなものではなかったけれど、そこから水が流れるように涼し気に造作していました。その石の細工を目がけて三階から飛び降りれば、敵に捕えられずにきちんと死ぬことが出来るでしょう」

両親は本気でそう考えていたのだ。生きて虜囚の辱《はずかし》めを受けず。戦陣訓の精神は民間人にもしっかりと根づいていたのだ。或《あ》る日、そのときがやってきた。外は騒がしく、烈《はげ》しい銃声がする。かねての申し合わせどおり、二人は三階に走り昇った。表の扉が打ち破られたら、即、池の中央の石組み目がけて飛び降りるのだ。銃声が近づき烈しさをました。父が言った。

「以志子、いいか。お前が先に行きなさい。お前を見届けて俺もすぐに後を追う」

私はどきどきしながら尋ねた。死を前にして、二人はそのときどうしたのかと。

「うん。握手したの。お互いにありがとうと言って、今生の別れの握手」

思わず笑ってしまった。お腹にいた私を勘定に入れれば、三人も子をなした夫婦が今生の別れに握手をするのか。この身も砕けよとばかり熱く固い抱擁を交わすのではないのか。接吻《せっぷん》をするのではないのか。それなのにこんな場面を握手で終わらせるなんて、と私は大いに口惜《くや》しがった。

「でもねぇ」と母も笑いころげる。

「あの時代は、そういうものだったのよ」

涙の出る程笑って、ふと気づくのだった。なぜ、私はいまも生きているのかと。なぜ兄も無事なのかと。母は答える。

「いざ、身を躍らせようとしたら、お父さんが叫んだの、以志子、待てって。銃声の合間に日本語が聞こえるって。やってきたのはフランス軍ではなくて日本軍だったの。それで私たちは命拾いしたのです」

このようにして両親も兄も、そして私も、辛うじて生き残ったが、長女は亡くなり、日本は敗戦した。父と母のうえにうち下ろされた心身の打撃はどれほどのものだったか。両親のみならず、日本人全員が精神的な空白のなかに放り出され、夫や息子や大切な人を亡くし、呆然《ぼうぜん》としていたはずだ。そのときの気持を母はこう振りかえる。

「お父さんと二人で、とにかく生きて日本に帰ろう、そこからもう一度、やり直そうと確かめ合いました。私は、お父さんを信頼していたし頼もしく思っていたので、私たち家族は大丈夫だと考えていましたよ。心配なのはお国のことでね。敗戦国というのはどうなるのか……。想像もつかない事態ですからね」

昭和洋航を閉鎖し、両親は敗戦国の国民として、全ての資産を後に残して帰国すべく迎えの船を待った。他の多くの日本人と共に、日本の船を待ってハイフォン港の近くに集結した。母は帰国船を待つ間に、野戦病院で私を生んでくれた。

「野戦病院って、戦場のようなところで、テントを張った中で私は生まれたの?」

思わず私は聞いた。そんなふうな誕生は、まるでゲリラのようで悪くはない。生まれつき数奇な運命の星の下にいたのかもしれない。

母は笑って答えた。

「映画の見すぎね。日本軍がベトナムで使っていた病院を野戦病院と呼んでいたの。がっしりしたコンクリートと石造りの立派な病院でしたよ。軍医さんがしっかり介助して下さって、日本は敗戦したというけれど、まだ、軍人は私たちを守ってくれていましたよ」

二〇〇一年に母とハノイを旅したとき、この病院を見つけて中を案内してもらった。母がお産をした部屋は突きとめられなかったが、私は紛れもなくこの病院で生まれたのだ。

「何もかもなくしてしまった末に、お父さんと私に与えられた新しい命があなただった。それにしてもあなたはまっ赤な顔で力んで出てきましたよ。お父さんはあなたを見てこう言ったの。

『口が大きくて不美人だな。これでは嫁のもらい手がないぞ。以志子、どうする』って。私は言いました。大丈夫です。元気でよい子に育ちますよって」

このとき母は三十四歳である。以来、母は幾度となく自らにも子どもたちにも言い続けた。「何があっても大丈夫。だから自信をもって進みなさい」と。

戦後、父との別居という思いがけない人生の展開に直面し、母はそう言い続けなければ自分自身をも支え兼ねるときがあったのだろう。いつも楽しく豊かな日ばかりであったはずはない。多くの辛《つら》い日や、悲しい日もあったことだろう。だからこそ、最後の場面で父をゆるすことが出来なかったのだ。

だが、五十六年ぶりにベトナムを訪れ、コットン街二一二番地を探しあて、昔の美しい白い建物がかわいそうな程に汚れ、改築され、変貌《へんぼう》をとげていたのを見て、母の心の中のしこりが、岩が風化し砂となり土となって大地に戻っていくように、消えていったのではないだろうか。母は呟《つぶや》いていた。

「かわいそうに、お父さんがあんなに一所懸命につくりあげたものが……」と。

愛《いと》おしむような悲しむような呟きは、まちがいなく、母の心からの父への赦《ゆる》しであったに違いない。あのベトナム旅行から日を重ねたいま、母はようやく、その想いを私たちに伝え始めたのだ。日本の興亡とそれに伴なう戦後社会の大きなうねりは、ただでさえひとりひとりの身の上に大きな影をおとし負担を増した。母の場合は尚更《なおさら》だった。思いもかけなかった父の行動によって、人生が大きく変わっていったからだ。二重三重の激しい変化のなかで母の戦後の生活は葛藤《かっとう》に満ちていたはずだ。けれどそのようななかで、母は常に言ってくれた。

「よしこちゃん、何があっても大丈夫よ」

「何があっても大丈夫」――。母のその言葉が、これまでの私の人生のなかでどれほど私を支え続けてくれたことだろう。

国破れて山河あり

ハノイで敗戦を迎えた両親は、三歳になったばかりの兄と生まれたての私を連れてベトナムのハイフォン港から米国船籍のリバティ号に乗って帰国の途についた。

一九四六年五月二十九日の『朝日新聞』に引揚者についての小さな記事が掲載されている。そこには、「シャム方面＝バンコックから浦賀へ（リバティ一二〇号）三五三三名、内訳不明」などの情報とともに、「なほ北部仏印ハノイから一般邦人を乗せて四月二十八日浦賀に入港したリバティ九一号はコレラ発生で隔離中だが、新患者の出ない限り二、三日中に上陸の予定」と報じられている。

厚生労働省社会・援護局援護企画課の「引揚者（乗船者）名簿」には、次のように書かれている。

上陸年月日　昭和21年　5月25日

船名　V91

出港地　海防
上陸地　浦賀

さらに「引揚者氏名」の欄に櫻井清以下母と兄と私の名前が続き、年齢、続柄、職業、外地住所、内地本籍に加えて、内地縁故落着見込先が明記されている。

厚労省が保管するこの書類を手にして私が感じたのは、とても奇妙かもしれないが、国家というものの圧倒的な存在感だった。あの敗戦の混乱のなか、六百万人を超える国民が着の身着のまま祖国に戻ってくる。肝心の本国は歴史上はじめて外国勢力に占領されている。そんな状況下、帰国した国民ひとりひとりについて、実に詳細な記録を、国は残しているのだ。国が保管する国民についての情報の膨大さは、まさに国が国民ひとりひとりの状況を把握していることを示しており、国民は国家の枠のなかにあることを物語っている。

引揚者の書類には父は三七歳、母は三六歳とある。兄は五歳、私は二歳である。なるほど昔は数え年で記載していたのだ。一家四人の落ち着き先は母の実家の万年になっているが、当時真人が町ではなく村だったことは、この資料からも明らかだ。そして私たち一家の上陸年月日は昭和二十一年五月二十五日、上陸した港は浦賀である。『朝日新聞』の報道と合わせて見ると、浦賀港入港からおよそひと月間も船にとめおかれたことになる。

ただ、母にはそんなに長く船にとめおかれていたという印象はないようだ。

「引揚船の記憶といえば、とにかく大変だったこと。リバティ号というアメリカの船を日本政府が借りて、日本人の引揚用に使わせてもらったの。本当に大きな船で甲板から下の方を覗《のぞ》くと、下のデッキの人が小さく見えるほどでした。

それ以前に乗ったどんな日本の船よりも大きく、頑丈でね。ああ、こんな立派な船をまだ何隻《なんせき》も持っているアメリカは、余力を残して日本に勝ったんだと実感したものですよ」

船には多くの日本人が乗り込んだ。皆、一様に、わずかな身の回り品だけを持っての引揚げだった。

『昭和・第7巻……廃墟《はいきょ》からの出発』（講談社）によると、敗戦時、在外邦人は約六百六十万人だった。陸海軍人と軍属が三百五十三万人、民間人三百六万人の引揚げには膨大な輸送力が必要だ。旧帝国海軍の船は百十隻が残っていたというが、それだけでは不十分で、日本政府は米国の船の貸与を受けた。その一隻が、厚労省の書類によれば、私たちを乗せた輸送船リバティ九一号だった。厚労省の書類には「船名」として「V91」と記されているが、「当局保管資料によれば、V型引揚船は米国貸与のリバティ輸送船であることを申し添えます」と説明されている。

実は私は、母が「リバティ号という大きな外国の船に乗って帰国した」と繰り返し語るのを聞いて、半信半疑だった時期がある。敗戦国の日本人は日本の船に乗って帰国するのではないかと思ったからだ。しかし、一連の記録は母の記憶が正しかったことを告げており、一時にせよ、母の言葉を信じなかったことを申し訳なく思うと共に、外地に残された国民を連れて帰る船にも事欠いた当時の日本の実情に想《おも》いを致すのだ。

『昭和史 決定版 13』（毎日新聞社）には、開戦時六百万余トンもあった船舶の大半を日本は失い、残存の海軍艦艇は連合国軍に接収されてしまったとして、「日本側は（在外邦人引揚げのための）船舶の確保を何度も連合国総司令官に訴えたが、総司令部は当初、回答さえしようともしなかった」と書かれている。

ようやく許可が降りたのは降伏調印の翌日、九月三日になってからで「日本側は狂喜した」そうだ。そして「徹底的に戦って敗れたとはいえ、海軍のもっている船は一〇〇隻を超える。大は航空母艦から小は掃海艇まで、大砲や魚雷発射管などの武装をすべてとり払い、できるだけ多くの人びとを乗せられるように準備した」と記録されている。

引揚船第一陣は、四五年九月二十五日に中部太平洋カロリン諸島のメレヨン島から別府港に入港した高砂丸《たかさご》だった。ベトナムからの引揚者総数は三万二千三百三人である。

「船のなかは足りないものばかり。乗船間際《まぎわ》にはあなたのおしめを入れたトランクが盗まれたの。盗んだ人は開けてみてさぞびっくりしたでしょうね。中はぎっしりおしめなんだもの」

ホッホッホッ、と、母はいかにもおかしそうだ。そして言った。

「でもねぇ、そのおかげでお母さんも本当に困ったのよ」

船に持ち込める荷物は各自持てる分のみ、お金も極めて限られた額しか持ち出せなかった。父は大きなトランク二箇に身の回りの品を詰めた。その他にわずか十か月で亡《な》くなった京子ちゃんのお骨と幾枚かの写真や書類、大切な想い出の品などを別の小さめのバッグに詰めた。

「お父さんはね、金の延べ棒を持っていらしたの。でも迷ってもいたわ。万が一、発見されれば引揚者全員に迷惑がかかる。誰かに与えてしまって、文字どおりの一文なしで帰国しようか、いやそれは余りに口惜しいというのでね。そんなところに七人組の強盗が押し入って、全部、きれいさっぱり盗んでいったの。それでお父さんの悩みも解消されたわけです」

母の語った事情はこうだった。祖国の敗戦で会社を閉じた父と母は、日本大使館の指示にしたがってハイフォンに移った。母が兄のお産のために帰国するとき、また無事にお産をして乳飲《ちの》み児《ご》の兄を抱いてベトナムに戻ったときのあの港町だ。私たち一家はそこで他の多くの日本人と共に、日本の船の迎えを待った。ところが父は大使館の指導の下での団体生活を好まなかった。そこで郊外に家を借り、船を待つことにしたのだ。この仮住まいに七人組の強盗が押し入った。

「強盗はバラバラッと入ってきて、お父さんを後ろ手に縛りあげ、背中に切りつけたのです」

と母は、何度語っても、この場面では興奮気味になる。血を流して倒れた父になおも切りつけようとした強盗に、母が叫んだ。

「この人を斬《き》るなら、私を斬りなさい！」

この場面でしばしば母は実際に立ち上がって両手を広げる。当時の緊張感がいまだに体の中に残っているかのようだ。

両手を広げて強盗の前に立ちはだかった母には、しかし、強盗は手をかけなかった。兄はすでに乳母役のベップ（女中さん）が連れて逃げていた。問題は生まれたばかりの私である。それまで眠っていたのに、突然大声で泣き出したのだそうだ。強盗はその私を、ベッドの上に吊《つ》っていた蚊帳《かや》を切りおとし、グルグルと巻いて放置した。

母が気付いたときには声も出ず、静かになっていたという。

父を介抱していた母は、俄《にわ》かに立ち上がって強盗たちに叫んだ。

「この子をほどきなさい！」

強盗は言った。

「マダムがほどきなさい」

母は夢中でほどいた。虫の息ながら呼吸はあった。母は私を抱いて父の側にうずくまった。

母は語る。

「あんなときでもお父さんはすごい人なのよ。冷静で、よくよく状況を見ていましたね」と。

父は札束がぎっしりと入った財布をズボンの後ろのポケットからサッと抜きとり、自由に動かせた足で、自分たちの大きなベッドの下に滑らせるように蹴《け》り入れたのだそうだ。

「強盗に見つかったら、どんなに酷《ひど》いめに遭うかと、一瞬凍りつきそうになったのだけれど、お父さんは何食わぬ顔でしたね。やはり男の人はすごいと思いましたよ。でも本当に間抜けな強盗たち。その財布には全く気がつかなかったの」

母はしてやったりとばかりに朗らかに笑う。

だが強盗たちも然《さ》る者、米櫃《こめびつ》をひっくり返した。ザァーッとこぼれ出たおコメのなかに父が隠していた金の延べ棒を見つけてしまったのだ。

そのときだ。庭の方から「アンカップ、アンカップ！」という鋭い声と共に、空き缶をガンガンと叩《たた》く音が聞こえてきた。「強盗、強盗！」と誰かが叫んでいるのだった。こうして七人組は逃げていった。

敗戦と強盗によって、財産という財産は全《すべ》てなくしてしまった。けれど、命だけは助かった。

金の延べ棒について迷う必要もなくなった父母は港に集合した。待ちに待った迎えの船が着いたのだ。人々は持てるだけの荷物を持った。手一杯の荷物でありながら、それは、戦前戦中を通して夢を描き、その夢の実現のためにひとりひとりが働き工夫し貯《たくわ》えた全財産と較《くら》べれば余りにもささやかなものだった。けれど、日本人は皆、祖国の敗戦という結果を静かに受け入れた。そしていま、敗れた祖国へと戻るのだ。新しい出発のために戻る人々で港はあふれ、混雑が続いた。

父と母は今度はその混雑のなかで子どもたちの衣類を詰めたトランクを盗まれた。

トランクにはおしめの他に兄の衣類とおもちゃが入っていたという。それにしても、親というものは不思議な人たちである。本当に有難い存在である。戦争に負けて命からがら引揚船に乗るときでさえ、小さな子どもの他愛《たわい》ない玩具《がんぐ》を忘れずに入れてくれるのだ。

「荷作りをしたのはお父さんですよ。昭弘の好きだったおもちゃをひとつふたつ、ギューギュー押し込んでようやくトランクのふたをしめたの。昭弘には、お父さんの愛情を受けた想い出が少ないかもしれないけれど、子どものとき、こんなにお父さんから大事にされていたことを、しっかり伝えておきたいの。お父さんは昭弘を本当に大事にしたのですよ。欠点のある人だけれど、優しいところも沢山あったのです」

両親が失《な》くしたトランクは、しかし、これだけではなかった。もうひとつ、自分たちの身の回りの品を詰めた方も消えてしまった。この事件はいざ乗船というときにおきた。

乗船するには急な勾配《こうばい》の細いタラップを渡らなければならない。ゆらゆらと揺れるタラップには、申しわけ程度の手すりがついてはいたが、のぼる人の足元はきわめて不安定だ。下を見れば目が眩《くら》みそうに高い。

そんなタラップを、母は赤ん坊の私を抱いてのぼった。父は三歳の兄を抱きあげ、京子ちゃんのお骨を抱き、そのうえ大きなトランクも運ぼうとした。

足場の悪いタラップの上で、父がどう見ても無理な重荷に挑んでいると、助っ人に入った男性がいた。トランクを運びましょうと申し出たその男性に、父は感謝しトランクを手渡した。だが、それっきりトランクは戻ってこなかった。母は言う。

「いろいろなことがありました。その男性が船の中でお父さんの洋服を着ているのも見かけました。けれどね、私たちはどう考えてもトランクを持って、子どもを抱いてあのタラップをのぼりきることは出来なかったと思いますよ。だから、あれはあの方のものでもう、いいんです。あの方が運べばあの方のもの。そういう状況でしたからね。お父さんもなにも仰《おっしゃ》らなかった……」

船の中の共同生活で不足したのは水だった。毎日、朝と夕方、一家族に洗面器一杯分の水が配られた。それで顔を洗い歯を磨き体を拭《ふ》く。幼児のいる家族には水とは別に、お湯がこれまた洗面器一杯分配られた。

そのお湯に三歳のやんちゃ盛りの兄が手を突っ込んだ。幼児の皮膚は柔らかく、大人なら耐えられるくらいのお湯でも、兄は火傷《やけど》を負った。冷やしてやりたくても水がない、氷がない。おまけに薬もない。

「小さな手が赤く膨れて痛々しかった。お医者さんはいても薬がない。手の打ちようがなくて、切ない想いをしました。

それでも昭弘は元気で、船の中で可愛《かわ》いがられていましたよ。男の子はどうしてあんなにじっとしていないのか。女の子と違って目が離せないのだものねぇ」

母はしかし、男性もまた可哀相《かわいそう》だったという。女性や子どもに先に水を使わせると父を含めて男性の使える水はなくなってしまう。彼らは「男だから」と我慢し、遂《つい》には大量のシラミがわいてしまったのだ。

父もボリボリと体中を掻《か》いた。我慢できずに衣類を脱いで上半身、裸になった。シラミなど衣類を煮沸《しゃふつ》すれば退治できる。しかし、水が足りないときはそれもままならず、多くの男性がシャツや洋服を海に棄《す》てたという。

「外見は難民船のようだったでしょうね。でも、シラミにたかられていても、立派な人はいました。憲兵隊だった人たちは、あの混乱のなかでも本当に立派だった。病人が出れば対応し、混乱や摩擦があればきちんと整理していました。毎日の水とお湯の配給も憲兵の人たちがきちんとやって下さった。あなたのおしめに使うようにと言って、自分の手拭《てぬぐい》やタオルまで下さったのですよ」

こう語る母は、実は憲兵が好きではない。スパイや工作員と思われる現地の人を捕え、処刑するのを見たことがあるからだという。「あんなふうに人を扱う人たちとは絶対に結婚したくない」と思ったそうだ。それでも憲兵と軍人と民間人が一緒に引揚げた船中生活で、母の記憶に残る憲兵隊員の姿は、日本人としての礼儀と責任をわきまえた極めて常識ある姿だった。戦後教育のなかで私たちの世代に教えられた暗く狡《こう》猾《かつ》なイメージとは異なる像が、母の脳裏に刻まれている。

厚労省社会・援護局の記録に残っている五月二十五日の上陸の日、両親は思いがけない事態に直面する。

「マスクをさせられて、頭からDDTを振りかけられたの。敗戦国の国民は、国に戻ってまでこんなふうに扱われるものなのね。船の共同生活で譲り合いながらすごした人たちが皆、白い粉で老婆《ろうば》のような白髪になって、さぞ見すぼらしい姿だったと思いますよ。戦争にはね、だから決して敗けてはいけないの」

母の想いは父の想いでもあった。あまり多くはない父と私の会話にも、この場面は度々登場した。

「浦賀に上陸するとき、アメリカ兵がDDTを振りかけた」と、余程口惜しかったのか、父は歯ぎしりした。

「どの兵隊もみんな若い。それが俺たち全員を指図するんだ。いまに見ていろと思ったが、戦争に敗けたからには従わなくてはならない。あれ程口惜しかったことはない」

頭に振りかけられたDDTは、敗戦の悲哀を再び父母の心に刻み込んだ。同時に、それは引揚者としてはじめて目にする敗れた祖国の姿という強烈な体験の序幕だった。

「昔のニュース映画で見たことがあるでしょう」と母は説明する。

浦賀から東京に出て、さらにふる里の新潟に向かう旅についてである。鈴なりの汽車に乗るには、尋常な方法では不可能だった。人々は窓から列車に出入りし、通路にもぎっしりと人が坐《すわ》っていた。

「あの混乱のなかを、私たちは身ひとつで新潟まで辿《たど》りついたの。本当に着の身着のままの私たち。でも、そんな姿が最も相応《ふさわ》しいような祖国の風景でしたよ」

嘆息する母は、東京の街を見たときの無念は筆舌に尽し難かったと強調した。無論、上野の美容学校もなくなっていた。記憶に残っていた美しい不忍池《しのばずのいけ》界隈《かいわい》の様子も、幾つかの建物も全てなくなり、ただの〝平らな街〟になっていた。

「私たちは私たちなりの苦労をしたけれど、日本にいた人たちもどれ程の苦労を重ねたことかと思いましたねぇ。本当に涙が出ました。日本の苦難が街の様子から伝わってきました」

父母は真人村万年の母の実家に電報を打って帰郷を知らせ、またもや鈴なりの列車で小千谷を目指した。汽車はモクモクと煙りを吐きながら健気《けなげ》に走ったと母は言う。

小千谷駅から母のふる里に至るには、幾つかの峠を越えなければならない。峠からは美しく豊かな信濃《しなの》川の流れが見える。山々の合間を大きく蛇行しながら、いつ見ても穏やかな表情で信濃川は流れている。この川によって田も畑も潤《うるお》い、稲や野菜が育てられてきた。瑞々《みずみず》しいふる里の物みな全ての生命の源泉が、この川の豊かな水である。母の好きな風景は雪峠から眺めわたす信濃川である。その名前からもわかるように、冬は雪に埋まる峠である。風の日には雪が舞い、晴れた日には雪が輝く。この白一色の峠から見晴らす信濃川とその背景の山々の佇《たたず》まいこそが、世界で最も美しい風景だと、母は信じている。現在は峠を越さずとも楽に走れる立派な道路が出来ており、わざわざ山道を通る人は少ないが、私は万年を訪れる度にこの道を辿ることにしている。

峠から見渡す風景は春夏秋冬、それぞれに趣《おもむき》深い。新緑の季節には天地全てが若々しい緑に染まる。盛夏にみせる峠の姿は、緑深い山々の一本一本の樹々《きぎ》がバリバリと音たてて育ちゆくのが聞こえてくるかのようだ。夏の終わりの稲田は豊かに実り黄金色の海となる。そのなかを信濃川は青く輝きながら蛇行する。秋が深まれば、この世のものとは思えない鮮やかな紅葉が山肌を染める。そして巡りくる雪の季節には、峠は深い雪に静かに埋もれ、信濃川もまた、灰白色の静寂のなかに沈むのだ。

私たち一家がこの雪峠を越えたのは六月初旬の頃だろう。母が記憶を辿る。

「ハノイとも浦賀とも東京とも違う。小千谷の様子はとても落ち着いていました。真人村万年に近づくにつれ、安堵《あんど》感《かん》が広がり、身を寄せる場所のあることの有難さをしみじみと感じましたね。とにかく、実家で暫《しばら》く休ませてもらって、子どもにも体力をつけさせて、身の振り方はそれから考えようとお父さんと言い合ったの」

ようやくふる里に辿り着いた両親は田舎の人たちの手厚い歓待を受けた。

「何にもないが、まぁまぁあがって下され」

「何にもないが、まぁまぁ風呂《ふろ》でもつかって下され」

「何にもないが、まぁまぁ酒でも飲んで下され」

田舎の人の口グセは「何にもないが、まぁまぁ」というものである。戦後の食糧難の時期ではあったが、田舎であればこそ、簡素ながら生活は安定していた。

「けれどね、悲しいこともあったのです」と母は語った。

「仏壇には、一番下の弟の清作のお位牌《いはい》があってお灯明がついていました。末っ子の清作は父親の気に入りで、おじいちゃんは清作と相撲をとるのが楽しみだったの。二人でよく勧農の山の頂上に登って、相撲をとっていたの」

ここで言う「おじいちゃん」とは母の父であり私の祖父、玉吉《たまきち》のことである。普段は厳しい人だったが末っ子の清作叔父と裏山にのぼって山相撲をとっていたというのだ。その叔父は満州で戦死した。敵の銃弾に当たっての戦死だというが、詳細は不明である。二十代半ばの若すぎる死を村人たちは皆で悼《いた》んでくれた。

「清作は結局お国のために死んだのです。いろいろ言う人もいます。理屈もあるでしょうけれど、清作は他の多くの人たちと靖国《やすくに》神社に祭られているのです。ですからね、靖国さんを粗末にしてよいとは思いませんよ。そんなことをしたら、亡くなった人たちが余りに可哀相です」

近年の靖国神社を蔑《ないがし》ろにする傾向について、母は肉親の死を悼む立場から立腹することが多い。

父は、この緑深い真人村での滞在を思いの外、早く切り上げた。父の想いは常に前に前にと向かう。山紫水明の田舎で、静かな時間を楽しむような人ではなかったのであろう。

当座の生活費と、新しい仕事を始めるための資金を万年の祖父から借り受け、父は街に戻った。母は私たち兄妹を連れて父にしたがい、安全なふる里を離れ九州大分県に向かった。父方の祖母が大分県竹田《たけた》町（現竹田市）の出身で、そちらに疎開《そかい》していたのである。

父方の祖父母はその生涯に幾つもの大きな危機を体験している。横浜では関東大震災に遭い、神戸では空襲を受けた。二度も家を焼かれ、大分県の祖母の実家近くに避難していたのだ。父はこの竹田町からずっと北の中津市で戦後のスタートを切った。当時の住宅不足のなかで、両親が見つけたのが、中津市が建てた引揚者優先の長屋だった。

「ようやく探したのが六軒長屋。その一番端っこの住宅を借りることが出来たのです。水道もなく共同の井戸で洗い物をするのだけれど、近所の奥さん方が集ると、賑《にぎ》やかで面白かったのよ。

ただ本当に小さな住宅で、ハノイのときとは随分勝手が違いました。でも誰も文句や不平は言いませんでしたね。あの当時の日本人は多かれ少なかれ、皆んな同じ境遇だった。誰もが生きることに必死で、不平の入り込む隙間《すきま》がなかったの」

私の最初の記憶はこの六軒長屋から始まっている。そして「小さな」と母が形容した住宅も私には不都合はなかった。玄関を入るとすぐに三畳の部屋があり隣りに四畳半の部屋が並んでいた。この二つの部屋の庭側に向かって六畳の部屋と押し入れと廊下が続き、廊下の先がささやかな庭になっていた。四畳半の部屋は台所につながっていて、大きな水ガメが二つあった。水道のなかった時代、家庭の水は水ガメに貯《たくわ》えて使っていたのだ。四畳半の部屋には水屋箪笥《みずやだんす》と丸い卓袱台《ちゃぶだい》があった。卓袱台の脇《わき》には火鉢があり、五徳の上では大概薬缶《やかん》が湯気をたてていた。秋から冬に向かう頃、母は五徳に柄のついた小鍋《こなべ》をかけて、砂糖入りの牛乳をあたためてくれた。私は生の牛乳はなかなか飲めなかったが、母がつくってくれる甘い牛乳は大好きだった。母が牛乳をあたため始めると兄と私は母の側《そば》に坐って、待ち切れずにスプーンをなめたりした。母はまた、お水屋からあられを取り出して五徳の上で煎《い》ってくれた。火の上に乗せると小さな乾ききったあられ餅《もち》はムクムクと大きくなり、プーッとふくれていく。母があられ籠《かご》を揺らすとコンガリと焼き色がついて香ばしい香りが漂うのだ。煎りたてのあられは私たち兄妹の好物だった。母がお水屋の戸棚を開けたり、火鉢の前に坐ると、兄と私は、〝美味《おい》しいもの〟の時間だと悟って、母の側にくっつくように坐って待つのだ。考えてみれば質素このうえないおやつではあったけれど、日々繰り返されたこうした情景のなかで、私たち子どもは母の愛情を受け、それを心に刻み込むことが出来たのだと思う。

母の愛を感じたり、母と絆《きずな》を確め合う場面は限りなく想《おも》い出すことが出来る。しかし、同じような想い出は父に関しては本当に少ない。

私のなかに残っている子どもの頃の父の記憶は、三つである。その内のひとつがお風呂の記憶だ。母は、小さな私たちに大きな盥《たらい》で行水を使わせることが多かった。しっかり目をつぶらされて髪を洗ってもらったあと、柔らかなパフで天花粉を振ってもらった。だが、父は私たちを銭湯に連れていったに違いない。なぜなら、記憶のなかでは、私は大きな湯舟の中で父に抱えられて泳いでいるからだ。

もうひとつの記憶はなぜか線路の上を歩いている場面である。どこか遠出をして、帰りに線路づたいに歩いたのだろうか。前後の事情は全くわからない。けれど、私は父に手を引かれて、枕木《まくらぎ》の上を、飛び石をつたうように歩いたはずだ。

父に関しては淡い想い出しか残っていないこの家で、私は屈託のない子ども時代をすごした。人情と自然に恵まれた環境で、私は特に夏が好きだった。朝顔の花をたらいに浮かべて絞り、きれいな色水で遊んだ。幼な心に花の美しさに夢中になった。近くの小川でメダカも追った。夜には庭の涼み台で母に星の物語を聞かせてもらった。中津で見る夜空の星は、いつも大きく瞬《また》いていた。ゆっくりと団扇《うちわ》を使いながら、母は天の川の織姫星と牽牛《けんぎゅう》星の物語や北斗七星の物語を好んで聞かせてくれた。そして話のおわりに言うのだった。

「京子ちゃんも、おじいちゃんやおばあちゃんも皆んな、お星様になって私たちを見守っていて下さるのよ」

私は夜空でチカチカと光っている星々のなかの、一体どれが、京子ちゃんなのかおじいちゃんやおばあちゃんなのか、探しながら眠ってしまうのが常だった。

私たちは六畳の部屋に布団《ふとん》を敷いて母をまん中にして川の字になって休んだ。夜中に布団をかけ直してくれるのは母だった。寝入ってしまう間際に、私は少しむずかる振りをする。「ムニャムニャ」とか「ウーン」という小さな声をたてる。そうすると、母がとても優しく、額や頬に触れてくれるからだ。天使のような優しい手つきで寝具を首のあたりにまで引きあげてくれて母は囁《ささや》く。「おやすみ、良い子のよしこちゃん。ぐっすりおやすみね」

それにしてもいつから父がいなくなったのか、私は憶《おぼ》えていない。むしろ、どこか遠くから帰ってくる父の姿が心に残っている。母は、父は「偉い方」で、「立派なお仕事をしていて忙しい」から、なかなか帰宅できないのだと私たちに説明した。

だから兄も私も、父は本当に偉い人だと信じていた。そのことが子ども時代の三つの記憶の三つ目につながっていく。兄が四年生、私が一年生のときのことだ。通っていた大幡《おおはた》小学校に〝緊急連絡〟が入り、先生が仰った。

「よしこちゃん、東京からお父さんが戻られたから、今日は早退してお帰り。お兄ちゃんがすぐに迎えに来るから、一緒にお帰り」

兄は私の手を引っ張って転がるように急いだ。家から学校に通う道は山のなかを通る近道と町のなかを通るまわり道があった。いま、ふる里の中津に戻ってみると山道はなくなり、そこには住宅地が広がっている。山といっても小高い丘のようななだらかな地形だったから、宅地開発には絶好の土地だったのだろう。四季折々に野の花が咲いていた山道を、兄は脇目もふらず、私を引っ張り、小走りに走った。

「ただいまー」

大きな声をあげて玄関に走り込んでいった兄に私も転がるようにして続いた。するとそこにいたのだ。とても「偉くて立派なお父さん」が。普段はいない大人の男性の存在そのものが、家全体に落ち着きを生み出していた。どっしりした空気があった。

父はニコニコしていたに違いない。だが、私には父の表情は想い出せない。この日のことを兄に尋ねると、

「どうだったかなあ」

と言う。兄も想い出せないというのだ。

父は両手を大きく広げて兄を抱きとめた。あぐらをかいて坐ったその身体《からだ》全体で、

私たち兄を抱きとった。私も一所懸命に兄を真似《まね》て父のあぐらの中にもぐりこんだ。私たち二人は左右から父に自分の体をくっつけて、父の体温のなかで遊んだ。父は、大きな船のように、ゆったりと私たちを抱きとり、ゆっくりとあたたかく揺れて心を溶かしてくれた。

安心というのはあんな気持なのか。優しい母に対して抱くのとは別の種類の、大丈夫なんだという気持が広がっていったのを記憶している。

「そう、お父さんがお帰りになったのは、あれが最後だったわねぇ……」

母は感慨深げに相槌《あいづち》をうった。

「お父さんはいつも夢を追っていた。前方を見るばかりで、後ろは振りかえらない。夢を追って全力で走ることが好きだった。だからなおさら、後ろは振りかえらないのです」

母もまた、夢を追う人ではあった。しかし夢と共に現実を観《み》ることの出来る人である。現実を見て見極めをつけた母は、この六軒長屋の端の小さな家で、やがて自分自身の道を切り拓《ひら》き始めたのだ。

モーボサンセン

「お母さんがひとりでも大丈夫と思えるようになるにはね、時間がかかったの」

と、母は言う。

母の自立は、戦後日本の立ち直りと歩みを共にして、必要に迫られ、少しずつ、やってきた。

六軒長屋にひとまず入居した両親は、逼迫《ひっぱく》した状況のなかで、力を合わせて敗戦後の混乱を切り抜けようとしたに違いない。

庭を隔てた向かいの棟には、空襲で焼け出された叔父一家が、祖母を伴い入居した。正夫叔父は父の末弟、叔母の年子《としこ》は中津市永添《ながそえ》の出身である。年子叔母はしっかり者の祖母、トキによく仕えていた。三人の子どもたちがいた叔父一家がすぐ側《そば》にいて、貧しいながらも互いに助け合って暮していた。

「やがてお父さんと叔父ちゃんは一緒に仕事を始めました。お父さんはどこにいても商才のある人で、物資のとぼしい時代に仕入れルートを確保して商いを始めたの。商いの範囲が九州一円から京都、大阪にまで広がり、お父さんの出張がふえていったのもこの頃ね」

日本人は皆、必死に働いていた時代だ。父も叔父も家族を養うために出張を重ねた。そんななかでも、わが家には弟が生まれた。昭和二十三年二月十九日のことである。勇治と名付けられた。写真のなかで、勇治はパッチリした目でこちらを見詰めている。とてもかわいい顔の弟である。

「勇治ちゃんは私たちが住んでいたあの六軒長屋で生まれたのよ」と母は思いがけないことを告げた。

「お産が近づくと、窓のカーテンは引いて襖《ふすま》も閉めて部屋を暗くして、産婆《さんば》さんが来て下さるの。近所の心得た女性たちが自然に集まってきて、万端手はずを整えて下さるのよ」

助っ人の女性たちは、赤ん坊の産湯《うぶゆ》を沸かすだけでなく、母がお産のときに力んで舌を嚙《か》まないように、口にくわえる布まで用意してくれた。

お産といえば入院と考えてしまう現在とは、随分と様子が違う。

「ですからね、こんな体験を重ねて、ご近所同士、まるで身内のようなつきあいが出来ていくのです。勇治ちゃんも昭弘もあなたも、どれだけご近所の皆さんにお世話になったことか……」

母が語るように、幼い頃の記憶には、近所の〝おじちゃんやおばちゃん〟の姿や表情が随分と残っている。多くの大人が、自分の家の子どもかどうかに拘《かか》わりなく、どの家の子どもにも関わっていた時代だったのだ。

それにしても、自宅での出産は大変ではなかったのかと尋ねると、朗らかな笑いが返ってきた。

「あなたは自分がどこでどうして生まれてきたか、忘れてしまったのね。私はあなたを野戦病院で生んだのですよ。軍医さんがあなたをとりあげて下さったけれど、中津のときよりも状況は厳しかった。なんといっても二か月余り前に敗戦したばかりで、おまけに外地なんだもの。

勇治ちゃんのときは、むしろ、安心だったわ。お父さんもおばあちゃんもみんな周りにいて下さったから」

小柄な母が偉大な力強い母に思えた瞬間である。私は、子どもを生んだことがない。子どもがいたらどんな人生になっていたのかと考えてみることはある。随分と違う人生になっていたのか、それとも、工夫して仕事を続け、同じような人生を歩んでいたのか。正直にいうとわからない。けれど、お産することはなかなか大変なことだろうと思う。はたして自分に出来ただろうかとも考える。

こんなふうだから、私は、子どもを生んだ女性はそのことだけですごいと思い、敬意を抱いてしまう。

母は続けて語る。

「勇治ちゃんは昭弘と同じくかわいい赤ちゃんだったの。でもね、この頃から、お父さんは本当に忙しくなってしまったのです」

正夫叔父が当時の状況を補足してくれた。正夫叔父の記憶力はすばらしく、私たちは父から聞くことの出来なかった父の仕事や当時の状況を知ることが出来たのだ。

「九州一円で商いをしていたとき、兄貴と私で手分けして各々《おのおの》の県の得意先をまわり注文をとってきていたのだよ。兄貴は戦前から現在の日商岩井の前身の岩井産業と取り引きをしていたから、その紹介で近江《おうみ》の工場からホームスパンという布地を大量に仕入れ各県のメーカーに卸していた。日時を決めて鹿児島の岩崎谷荘という定宿にしていた旅館で落ち合い、互いにどれだけ注文をとったか競い合いながら商いを広げていった。

あるとき、いつものように定宿で落ち合った叔父さんは、今度こそ、兄貴より余計

父と母の記念写真
海南島にて

弟、勇治

母と三人で
昭弘六歳、
よしこ三歳

に注文をとってきたと内心、自信をもっていた。それで兄貴がひと風呂《ふろ》浴びに行ったときに、そっと鞄《かばん》を開けて成績を確かめようとした。するとバツの悪いことに、突然兄貴が部屋に戻ってきた。

叔父さんは兄貴の鞄を開けたばかり。兄貴がカンカンに怒ってねぇ。気が短く烈《はげ》しい性格だから、きつい言葉で責められた。たしかに鞄を開けたのは悪かったが、別に他意はない。〝兄貴、悪かった。機嫌をなおして、許してくれ〟と詫《わ》びても、兄貴はまだ怒っている。叔父さんにも誇りはある。そこまで怒るんなら、もういいと思って、互いに決意を固めたんだよ」

こうして兄弟二人の共同事業は解消した。昭和二十三年のことだったという。

いま考えてみると、この時期は微妙なときだったのではないかと、私は推測している。勇治が誕生した頃から、父の出張範囲が広がり、正夫叔父との共同事業も解消された。父は、この頃、仕事も順調にのび、新しい人々と出会い、そして母以外の女性を愛し始めたのではないだろうか。そう思うのは、父と共に暮した女性から聞いた或《あ》る話があるからだ。私が高校生のときに、彼女が父との馴《な》れ染《そ》めを語ってくれた。彼女によると、或るとき、京都にいた父から東京の彼女に連絡が入ったそうだ。具合が悪くなったから、看病に来てほしいとのことだったという。彼女は要請に応じ、父と京都で落ち合った。

高校生だった私に、彼女は語った。

「お父さんはギンガムのチェックの反物を座敷に広げて、まん中からざぁーっと二つに切って私に言ったの。こちらが中津、こちらが東京、と」

このことは、彼女に対して、君を家族と同じように大切に扱う、君は家族と同等なのだという父の意思表示であったのだろう。そんなことを考えながら聞いていると、彼女は異なるニュアンスで説明した。

「お父さんのお世話になるにしても、私たちの世界では本妻さんを粗末にするようなことはありません。だからお父さんが中津と東京と分けて下さったからには、あちらのことも大事にして下さるんだと、私はようやく安堵《あんど》したんです」

「私たちの世界」を彼女は「花柳界」と呼んだ。俗に言えば水商売である。人を愛した場合、当然、その人もその人の愛も独占したくなるのが自然な感情だと私は思っていた。だが、彼女が展開した理屈は、本妻を大事にするということがわかったから安心して父とつきあったというものだった。家庭もちの男性との愛を成就《じょうじゅ》させるにしても、家庭は壊さない、秩序は守るというその世界独特の論理をもう一歩踏み込んで解説すれば次のようになる。父は彼女を熱愛していて家庭さえもおろそかにしようとしていた。花柳界の女性の掟《おきて》としてそれでは困る。だから父が家庭をも大事にするとの意思表示をしたとき、初めて安心して父を受け容《い》れたということだ。父の私たちへの愛は、彼女の配慮によって辛うじてつなぎとめられたということか。若かった私は、強い違和感と不信感を抱きながらも黙って彼女の言葉に耳を傾けるしかなかった。振りかえってみれば、それは私の心を打ち砕くほどの辛《つら》い体験でもあった。

ギンガムのチェックの布地がどんな色だったのか。そもそも、ギンガムの布地はどんな風合だったのか、いまだに私は知らない。また、父とこの女性の会話が昭和何年のことだったのかも知らない。父と叔父が衝突したときよりも前なのか後なのかも定かではない。けれど、確かに、ギンガムの格子《こうし》柄《がら》の布地は、私たち全員の運命の転調を告げるものだったのだ。

末っ子の勇治について母の切ない記憶がある。

「二歳になるかならないかのとき、勇治ちゃんのおなかが膨れて痛がり始めたの。お医者様は何度も往診して下さったけれど、結局、なおせなかった。いまなら誤診で問題にもなるケースでしょうけれど、勇治ちゃんは腸捻転《ちょうねんてん》だったの。診断できたときは手遅れで、亡《な》くなってしまったのです。

幼い口調で痛い痛いと泣いて……。子どもの苦しみを見る気持も、子どもを亡くしたときの気持も、とてもその辛さは言葉には尽せない。

京子ちゃんのときも勇治ちゃんのときも、出来るなら、身代りになりたいと神様にお願いしたの。神様はそのようにはして下さらなかった……」

弟の死をひとつのきっかけにして、母の胸中に、不確かながら疑惑の念が生じることになった。幼《おさ》な児《ご》の死という辛い体験に重なる形で不安と不信が、母を襲い続けた。

「勇治ちゃんのお葬式から日も浅い頃、仕事で長期出張だといって、お父さんがまた仕度をなさるのよ。勇治を喪《うしな》った悲しみとお父さんが離れていく悲しみが重なって、この広い世の中のどこにも居場所がないような心細い気持になってしまったの。

勇治が亡くなったときには、これ以上の悲しみはないと思ったけれど、いざお父さんが離れていくという予感を抱いたときの悲しみは、子どもを喪う以上でした」

しばらく沈黙して、つけ加えた。

「どちらがどちらというのは、幻想なのかしら。勇治ちゃんを諦《あきら》めるために、お父さんとの別れのほうが悲しいと思い込もうとしたのか。別の日には勇治ちゃんを亡くしたことのほうが辛いと感じたのは、お父さんとの別離の辛さを紛わせようとしたのか……。いまとなっては往時茫茫《ぼうぼう》なのよね」

弟の命日は昭和二十五年五月八日である。そして驚くことに、その日は東京の女性に男の子が生まれた日でもあった。そのことを知ったとき、私たちは、父がその男の子をまさに勇治の生まれ変わりと思ったとしても無理はない、と感じてしまった。世の中はといえば、朝鮮動乱特需に向かおうとしていた。

「お母さんはね、生活力をつけないと大変なことになると思い始めたの。お父さんは留守になさることが多いし、生活費の仕送りも一時は全く途絶えましたからね。それでね、何をしたと思う？」

兄が答える。

「知ってるよ。年子叔母ちゃんとおコメを売りに行ったんでしょ」

正夫叔父の妻の年子叔母の実家は農家である。その実家からおコメを分けてもらって、母は年子叔母と二人で誰も知り合いのいない出来るだけ遠方まで売りに行ったのだ。だが、この闇《やみ》ゴメ商いは二、三度で挫折《ざせつ》した。母の留守中に私が〝行方不明〟になってしまったからだ。

「年子叔母ちゃんと一緒に少々のお金を得てようやくの想《おも》いで帰ってみると、あなたがいなくなっていたの。

昭弘はおばあちゃんの目の届くところで男の子同士遊んでいたのだけれど、よしこの姿がどこにも見えない。さらわれたのではないか、どこかの池にでも落ちているのではないかと、皆が必死に探したのです。でもどこにもいない。そこで、もう一度、家中探してみたら、いたのよ。押し入れの布団《ふとん》の間の隠れ家のような小さな隙間《すきま》で、あなたは小さく丸まって眠っていたの。

その姿を見たときに、ああ、もう二度と一日中家をあけるような仕事はすまいと思ったのですよ。父親もいない。母親もいない。そんな家庭で子どもが不安でないはずがない。それでは良い子に育つはずがないと悟ったの」

この話をするとき、母は必ず笑い、そして少しばかり悲しそうな顔をする。布団の隙間で眠りこけていた娘の姿のおかしさとそれを見つけたときの安堵の想い出し笑いか。心ならずも寂しい想いをさせたことで自分を責めるからか。

それ以降、母は編み物に力を入れることになった。編み機を購入し、自宅にスタイルブックを揃《そろ》えて、自分でデザインし、製図を引いた。編み目を計算して形とデザインを工夫して、セーターやカーディガンを編んでいた。これなら一日中、家で仕事が出来る。

「昭弘やよしこのように学校を出たわけではないから、私には編み物くらいしか出来なかったの。でも、手作業は嫌いではないですからね。美容師の仕事は下手だったけれど、編み物はかなり上手だったの。その証拠に沢山、注文がきたのよ。夜なべ仕事も、しょっちゅうだったわ」

兄は母の肩凝りをよく記憶しているという。

「徹夜して、ギーッコ、ギーッコと編み機を動かしているんだもん。肩が凝るよね。耳のうしろから首筋に小さな固まりみたいな凝りが出て、僕はお母さんの肩凝りをなおしてあげようと思って一所懸命揉《も》んだんだよ。でも、お母さんは揉むととても痛がっていたよね」

母は肩凝りから頭痛をおこし、寝込む寸前まで、根を詰めて仕事を続けた。世の中は徐々に景気がよくなっていたというのに、わが家は相変わらず貧しく母の細腕で生きていた。見かねた祖母が父に叱責《しっせき》の手紙を書いたという。

「兄貴は糸の切れた凧《たこ》のように行ったきりになってしまった。誰もが生活が苦しく楽ではない時代のなかで、小さい子どもを抱えて姉さんひとりで生きていくのは本当に大変だった。苦労している姉さんの実情を、お袋が兄貴に書き送ったのだよ」

正夫叔父は私の母を「姉さん」と呼ぶ。

「お袋にきつくたしなめられてから、兄貴の仕送りが始まった」

と正夫叔父は私たちに説明してくれた。

客観的には大変な生活だったろうと思えるのだが、母は屈託がない。

「お金の有る無し、物の過不足は、いずれもひとときのことでしょう。若いときの苦労は買ってでもせよと教えられて育ちましたからね。大概のことは平気だったの。それよりも悩んだのはお父さんの気持がどこに向いているのかが、読めなかった時期ね。そけれどそれが少しずつ見えてくるにつれて、どうすればよいのか、どうしなければならないのかがわかってきました。本当に大変だったのは、その見極めの頃だったわね」

母の生き方はいつも果敢で前向きである。そしてなによりも、基本的に、朗らかだ。昔を振りかえるときも、現在を語るときも、母の語りには独特の笑い声が混じる。屈託のない澄んだ笑い声である。母は離れていく夫の気持を追いかけるよりも、目前の子どもの養育に情熱を傾けた。父から一定の仕送りが届き始めても、その〝余分〟の収入は、必ずしも兄と私だけのために使われたわけではない。むしろ私たちの生活は質素なままで、近所の貧しい子どものために使われたりした。兄と私の他にも、母が事実上〝養育〟の一部を担《にな》った子どもたちもいた。そうしたかつての〝子ども〟はいまも母のもとに通ってくる。すでに家族をつくり、いい大人になっている人たちが、母の前では子どものような表情に戻る。いまも続く家族同様のふる里の人たちは、全《すべ》て、およそ母につながる人々である。

正夫叔父は、父との共同事業を解消したあと、ほどなくして職を得て転居していった。中津市に残ったのは元々中津市とは無縁の母と、兄と私の三人だった。

「ベトナムから新潟を経て大分県への大移動は、お父さんがいたからこそです。でもそのお父さんが東京での仕事に没頭し始めた。勇治ちゃんが亡くなったあとは、お正月も東京ですごすようになったの。お父さんが戻ってこなかったはじめてのお正月、本当にお母さんの胸のなかは、ガランドウみたいでしたよ。新年も一緒に迎えないのでは、たとえ名は残っても主人とはいえない。私たちは夫婦とはいえないということを、突きつけられたのね。必死で前向きに生きようと思ったけれど、かといって、胸のガランドウはなかなか埋まってくれなかったの。

でも、そんなときでも昭弘はやんちゃ坊主《ぼうず》だったし、よしこは手のかからない大人しい子どもだった。いてくれるだけで、二人はお母さんの元気の素《もと》になってくれたから、辛くてもあなたたちの為《ため》に頑張ろうと思うことがようやく出来るようになったのです」

母は行動の人である。私が小学校に上がる頃、隣り町に引越した。榊原町《さかきばらちょう》から八幡町《はちまんちょう》に引越して、私たちは六軒長屋より、ちょっぴり上等な家に住むようになった。その家で母はよく兄に勉強することの大切さを説き、家庭教師をつけた。母の言葉は聞くともなしに私の耳にも入ってきた。

母が振りかえって言った。

「あなたたちが小さい頃、一番教えてあげたかったことは前向きであることのすばらしさだった。心を前向きにして、全てに対して心の準備をしておくこと。チャンスが来たら、前向きの心は必ず、それを察知してとらえることが出来るということ。全てを良い方向に考えていけば、厄災など殆《ほとん》ど防ぐことが出来るということを」

母はそのことを心から信じていた。人生や人間のよい面ばかりを教えようとした。そして母は私たち子どもに対しても、すこぶる誉《ほ》め上手だった。

私は母から「とてもいい子だった」「勉強については何の問題もない、大人しくて育て易《やす》くて本当にいい子だった」と言われ続けて育った。その結果、自分でもそのように思い込んでいた。学校の成績もピカピカのオール5だというふうに考えていた。

ところが、母が大切に保存してくれていた小学校時代の通知表をいま開いて見ると、必ずしもそうではないのだ。5ばかりではなく、3や4もある。苦手だと思っていた算数や理科で、逆に5を貰《もら》っていたりもしている。

だが3でも4でも、母は確信をもって誉めて育ててくれた。子どもがその子どもなりに頑張っていれば、たとえ1の評価でも2の評価でも、母は誉めてくれたことだろう。そう思うのは小学四年生のときにこんなことがあったからだ。当時私は丸々と肥《ふと》っていて走るのがとても遅かった。一年生のときから運動会の駆けっこではいつも一番後ろを走っていた。反対に兄はすばらしく速かった。疾走する兄はまるでカモシカのようで本当に格好よかった。運動会が近づいてきた或る日、私はどうしたら速く走れるのかと兄に尋ねた。

「足が地面についたかつかないかの瞬間に強く蹴《け》って、もう一方の足を思いっきり前に運ぶんだよ。足を軽くするのさ」と兄。

どうしたら足が軽くなるのかと私は訊《き》いた。

「そうだ、足首のところに輪ゴムを巻くといい。でも走る直前に巻くんだよ。ずっと巻いてると血が止まって足が腐るからね」

兄の助言を私は忠実に守った。輪ゴムを数本用意して、走る時間が近づいたとき、両足首にぎゅっと巻いた。ちょっと痛かったけれど、本当に軽くなった気がした。

ヨーイ、ドンッ。

走り出すと、なんと私は随分と速く走っているではないか。私の後ろからも誰かが走ってくる。もういつものようにビリではない。私は兄から言われたように片方の足を地につけたら強く蹴って、もう一方の足を出来るだけ素早く前に出した。そうして一所懸命にゴールまで駆け抜けた。

母は拍手してくれた。とても喜んで誉めてくれた。御近所の人たちにも私の成果をちゃんと言ってくれた。

「よしこが頑張りましてね、駆けっこで二番になったんです。本当に頑張ったんですよ」

私はたしかに二番だった。だが、それはうしろから数えてだった。母は「うしろから」を省いて、二番だったと誉めてくれたのだ。同じ二番でも随分違う。けれど面映《おもはゆ》くも、満更ではなかったのは、人より速く走れたのは物心ついてはじめてのことだったからだ。このときのことは、いまでも私の心のなかにおかしくも愛情深い母親の知恵を示すものとして残っている。どんなことでも誉めて、認めて、勇気づけて育ててくれた母に感謝するばかりである。

父に関しても同様だった。父は立派な人であり、偉いお父さんなのだと母は言い聞かせてくれた。そのため、兄も私も、父はとても立派な人だとばかり考えて成長した。「立派な人」というのは「すごい人なのだ」と子ども心に想像をふくらました。わが家に父親がいないことも、全く気にならなかった。露ほども変だとは思わなかった。「立派な人」は余りに忙しくて、度々帰ってくることなど出来ないのだと思っていたのだ。それに父親の不在を、母の愛情と前向きの姿勢が補って余りあったのだろう。純粋培養はしかし、脆《もろ》くもある。兄が高校へ、私が中学へ進学する年の春、休みを利用して兄は上京させてもらった。突然小学校に〝父帰る〟の連絡が入って早退し、こけつまろびつ父の待つ自宅へと戻ったあの日から五年がすぎていた。父が大好きで、喜んで東京へ出かけた兄が戻ってきたときのことを、私はいまでもよく記憶している。一言でいえば、人が変わったのだ。それまでは皆から素直だとほめられる天真爛漫《てんしんらんまん》な男の子だったのが、暗い顔をして怒りっぽくなっていた。高校入学後も、同じ状況が続いた。

兄はやがて高校を欠席するようになった。駅前にたむろし、煙草《たばこ》を吸っている姿を近所の人に度々見られ、その都度《つど》母に連絡が入ってきた。

母はそんな兄と仲間たちを繁華街に迎えに行った。自宅に連れてきては食事をさせ、話を聞いた。そして学校に行くようにと説いた。それでも兄はきかない。コンコンと説教をする母、その傍らで黙々と食事をする兄や悪友たち。

兄たちは夜も遅くまで街にたむろするようになった。暗い夜道に出て、母はいつまでも兄の帰りを待っていた。田舎の夜道は本当に暗い。私は母の側にしっかりとくっついて同じく兄を待っていた。暗い夜道のなんと恐ろしかったことか。

どのくらい待っていたのか。気がつくと母が静かに泣いていた。星の光の下で母の頬を流れる幾筋かの涙が光っていた。母の涙に私は驚愕《きょうがく》した。オールマイティだったはずの賢く、強く、優しい母。全てから私たちを守り続けてきてくれた大きな存在だったはずの母が、いま、涙を流して、悲しみに体を震わせている。私はなす術《すべ》もなく突っ立っていた。私に何が出来るのか。何をすればよいのか。途方にくれた私は、母と同じく泣き始めた。不安と悲しみと驚きの涙。迷路に入り込んだ戸惑いの涙。どのくらい私たちはそこにいたのか。その後におきたことは私の想像を絶していた。

母は私を連れ帰り、静かに一言、言ったのだ。

「モーボサンセン」

私の知らない言葉を宣言したあと、母も私も休んだ。

一夜明けて母は改めて言った。

「直ちに引越します」

どこへ、と当然聞いた。

「新潟です。遠いけれど行きます」

いつ、と驚いて聞いた。

「出来るだけ早く。もう今日から荷物をまとめます」

そして母は本当に運送屋を呼んだ。元々、多くの家財があったわけではない。ご近所の人たちに急遽《きゅうきょ》声をかけて招集し、各々《おのおの》に〝形見分け〟のように目ぼしいものを分けた。兄も、わけもわからず母に言われて立ち働いた。

学校には転校の手続き、市役所には転出手続き、その他水道料金や電気料金などの手続きが多くあったに違いない。けれど母は友人や知人やご近所を動員して、あれよあれよという間に片づけた。

そして一段落したところで、改めて兄と私を坐《すわ》らせておもむろに語った。八幡町の四畳半の、居間に使っていた板張りの部屋でのことだ。母はきちんと正坐《せいざ》して、足を崩しそうになる兄と私を、決意を固めた目で制した。膝頭《ひざがしら》に置かれた母の手の、梱包《こんぽう》作業でつくった小さな傷が心に残っている。

「孟母《もうぼ》三遷《さんせん》というのは、昔、中国の偉い方が仰《おっしゃ》ったことです。子どもを立派に育てるためには、よい環境を選ばなければならない。昭弘は友だちとつるんで悪さをすることがどうしてもやめられない。この前の夏祭りのときには、土手で喧嘩《けんか》をして、巡査の方にきつく叱《しか》られました。それでも悪友から離れられない。ならば、お友だちを変えることが必要です。だから環境を変えるためにこれからお母さんの故郷の新潟にとりあえず行きます。昭弘はそこで新しい良いお友だちをつくりなさい。よしこは環境が変わってもしっかりやりなさい。

お父さんへの報告はいまからします。手紙が届く頃には、私たちは新潟です」

母の理屈の全てを私たちが理解していたか否《いな》かはわからない。しかし、兄と私はいまでも語り合う。

「あのときのお母さんって、凄《すご》かったね」と。

迫力一杯の行動は愛にみちていた。子どもの行く末を考えたとき、もはや〝東京の主人〟の決断や指導に頼ることは出来なかったのだ。それは母の完全な自立の日の始まりでもあった。

兄は言う。

「浮き立つ気持で東京に行ってみると、親父《おやじ》には別の女性がいて、子どもまでいたことが、はじめてわかったんだよ。考えていた親父の姿と全然違っていたのさ。よしこはまだ子どもでそんなこと、話せないし、俺は荒れ狂った。ありったけの力で反感を表現して、それが結集して、一番身近にいたお袋にぶつけられたんだよね。あの一年半、親不孝をして、その末にようやく気がついたんだよ。自分はくだらないことをしていたなって」

成長したのね、と言うと、ニヤリと笑って兄は言った。

「なにしろ、モーボだからね」

私はそれをずっとあとになるまで「猛母」と思い込んでいた。

真人町万年下屋敷

いま、故郷の大分県中津市を訪れてみると、かつて私たちを乗せてコトコトと走った耶馬渓《やばけい》線の鉄道はすでになくなっている。単線だった線路は舗装されて車道になり、最寄りの八幡前《はちまんまえ》という小さな駅もない。

兄と私が母に連れられて踏み出した〝大きな旅〟の起点が八幡前の駅だった。孟母三遷の決然たる旅であるにもかかわらず、母は、大勢の友人知人に見送られて終始大らかな笑顔だった。そんな母の雰囲気に影響され、私たちは別れの涙を流しながらも賑《にぎ》やかに出発した。夏休みのさなかのことだった。

兄は十六歳、私は十三歳になっていた。私たちは八幡前駅から中津駅へ向かい、そこで日豊《にっぽう》本線に乗り換え下関を経由して、日本海に沿って北上、小千谷《おぢや》駅までの長旅をしたと兄が教えてくれた。

「東京には寄らないで小千谷まで行ったんだよ。お母さんの気持が出ているね」

元々方向音痴の私は、どこをどう通過したかなど記憶していない。が、兄の話に基づいて母の選んだ行程を辿《たど》るとこんなふうになる。

中津駅から日豊本線で下関へ、さらに山陽本線で岡山駅へ、そこから山陽本線、東海道本線で米原《まいばら》駅に向かい、北陸本線で金沢駅を通過して直江津《なおえつ》まで行き信越本線で長岡駅まで行ったあと、上越線で少し戻る形で小千谷駅に到着したと思われる。

乗り継ぎの時間も入れれば優に一昼夜を越す。いまなら航空機で羽田まで飛び、上越新幹線に乗り換えれば東京駅から二時間以内で着く。だが、無論当時はそんな具合にはいかなかった。

「中津の景色が遠ざかっていくときは、もう戻ってこられないのかなと流石《さすが》に寂しくなったね。でも車窓の風景を眺めている内に、何も考えなくなった。沿線を彩《いろど》る真夏の自然の緑色がとてもきれいだった。まあ、僕の気持を慰めてくれたってことかな。米原を出てずっと走ると日本海が見えた。海がきれいだったことを、いまでも憶《おぼ》えてるよ。これからどうなるのかなぁとも考えたけれど、お母さんが僕のために決めたことだからね、それでいいと思ったんだ」

と、兄が振りかえる。

海沿いに北上した列車は柏崎《かしわざき》から内陸に入ったはずだ。私たちはさらに列車を乗り換えてとうとう小千谷駅に着いた。兄はそのときのことをよく憶えている。

「みんな相当草臥《くたび》れていてね。よしこは汽車に酔ってしまって青い顔をしてた。お母さんは迎えに来ているはずの伯父ちゃんの姿が見えないのでタクシーに僕たちを乗せて出発したんだ。

そうしたら途中で伯父ちゃんに会ったのさ。田舎の人だからね、ゆっくりゆっくり迎えに来たんだよ」

伯父の長一《ちょういち》は明治四十二年生まれ、母の兄にあたり、長男として家業を継いでいた。小千谷なまりであたたかく迎えてくれた伯父の第一印象は〝笑顔の人〟のそれだった。母が好きだという雪峠を通って、私たちは母の生まれ育った山深い里、そして兄が生まれた里、真人町万年《まっとちょうまんねん》に到着した。はじめて訪れたこの村は、奥に行けば行くほど山々を登り高台になる。万年の集落は全部合わせても十二軒である。本家の一郎右衛《いちろうえ》門《もん》を頂点に分家や親戚《しんせき》がゆったりと散在している。皆、互いを生まれたときから知っていて、序列も決まっている。そして屋号で呼び合うのだ。母の実家は下屋敷《したのやしき》。その他の十軒は久右衛門《きゅうえもん》、市兵衛《いちべえ》、山下《やました》、坂の下《さかのした》、又七《またしち》、長治右衛門《ちょうじえもん》、儀右衛門《ぎえもん》、藤吉《とうきち》、嘉助《かすけ》、蔦屋《つたや》である。

こうした家々から他家に嫁いで行ったり、分家となって村を出ていった人々は、これまた名前よりは地名で呼ばれるのが常である。

母の実家は藁葺《わらぶ》き屋根の古い民家だった。庭には思いっきり大きな石が山村の風情《ふぜい》で置かれていた。ここでは何もかもが大きかったし広かった。

玄関につながる板の間はいかにも農家らしい佇《たたずま》いだった。私の目には体育館のように見えたほど天井が高く、床板は磨きこまれてツヤツヤと光っていた。素足で歩くとひんやりした。その肌触りが暑さを忘れさせてくれた。

母は兄と私を坐《すわ》らせて祖父に挨拶《あいさつ》をさせた。はじめて会うおじいちゃん。私はこの人がとても好きだった。知れば知る程好きになったが、初対面では寡黙《かもく》な印象だった。祖父と共に仏壇の前に正坐《せいざ》し、ご先祖様にご挨拶をした。

それが終わると兄と私は、早速、家中の探検をした。板の間から急な階段が二階に通じている。途中でとまると滑り落ちてしまいそうなその階段を、兄について駆け登った。するとそこはお蚕場なのだった。伯母のミヤが沢山蚕を飼って繭《まゆ》をつくり、糸を紡《つむ》いで染めて反物をつくっていたのだ。

かつて母が十代の少女だったとき、一所懸命に励んでいたことを、伯母はずっと続けていたのだ。

蚕棚が幾枚も幾枚も並んでいて、蚕が桑の葉を食べる音が聞こえてくる。サクサク、サクサク。葉を食《は》む音が重なって旧《ふる》い農家の天井裏に静かな音の波をたてていた。兄と私は目を丸くして見つめた。小さな蚕、中くらいの、大きなのと、いろいろなサイズのがいる。小さな蚕には本当に柔らかな葉が与えられていた。大きいのはモリモリと葉を食べていた。

伯母が言った。

「ぼこさまはきれい好きだんだんが、汚くしちゃなんねぇよ」

真人言葉である。説明がなくとも私たちには全《すべ》てが解った。母が語ってくれた〝お蚕さん〟のことを、ここでは〝ぼこさま〟と呼んでいた。そして、〝きれい好きだんだんが〟は、「きれい好きなのだから」という意味だ。

「だんだんが」とか「だんだん」という言葉はよく使われる。意味は多様のようだ。たとえば祖父は近所の人に会うと「だんだんどうも」と挨拶していた。「いつもお世話になりまして」とでもいう意味だ。

兄と私は「だんだんが」と言い合っては、わけもなく笑った。

この新しい住み家と村は私たちの好奇心を大いに刺激した。夕暮れになり太陽が山に沈むと大きな家にどっと黄昏《たそがれ》が流れこんでくる。うす暗くなるのを待つかのように、祖父が囲炉裏に火を入れる。私たちは祖父の側《そば》に坐って手元を見つめる。がっしりしていて黄金色に灼《や》けた手。その手元から杉の葉にぽっと、火がおきる。小さな炎が、うす暗がりのなかで鮮烈に噴き出し、パチパチッと音がしてキリリとはじける。煙の匂《にお》いが漂い、祖父の顔が浮き上がる。噴き上げる炎の強弱によって、祖父の顔は能面のように変化する。深い皺《しわ》が陰影をつくり、長い人生を生きてきた証《あか》しとも風格ともなっていた。唇はしっかりと結ばれ、炎を見つめる目差《まなざ》しと共に、老人のなかに蓄積された想《おも》いと知恵の深さを表わしていた。仙人のような、賢者のような表情が、揺らぐ炎のなかで浮かんでは後退し、後退しては浮かびあがるのを、私は驚嘆して見詰め続けた。

祖父は真夏でも火を焚《た》いた。一年中、囲炉裏に火を入れるのだ。四角い囲炉裏の正面の席は、杉の板戸を背にしており、そこが祖父の定位置だった。

杉の葉も薪《まき》も自分の山である勧農の山の杉林から都合してくる。杉は枝を落とし下草を刈って手入れすると、スクスクとまっ直《す》ぐにのび、美しい大木に成長する。落とした枝は貯《たくわ》えられ、一年を通して農家の燃料となる。火をおこす際に不可欠なのが、枝だけでなく葉の部分だ。乾燥させた杉の葉は小さな種火でもよく拾い、勢いよく燃え上がる。

兄も私もこの囲炉裏が大好きだった。杉の板戸を背にして坐り、祖父は薪を焼《く》べながら私たちに〝お楽しみ〟をつくってくれるのだ。囲炉裏の灰の中に、山で掘ってきた自然薯《じねんじょ》を隠しておいて、ほどよく焼き上がった頃に言うのだ。

「昭弘もよしこも、今日はいい子だったんだんが、ひりょうをやろうかな」

「ひりょうってなぁに」

兄は祖父の真似《まね》をして「ひりょう」の「りょ」にアクセントを置いて尋ねた。

「昭弘もよしこも分からねか。ひりょうはお楽しみだんだんが」

こう言って祖父は深い皺の刻まれた威厳のある表情を破顔一笑させ、熱々の自然薯を掘り出してくれるのだ。

「おじいちゃん、ひりょうって、町ではおやつって言うんだよ」

かつて暮していた小さな町のことを想い出しながらか、兄は言う。

「そうか、おやつか。二人とも熱いうちに、火傷《やけど》しないように食へそ」

「食へそ、食へそ」と私たちはクックッと笑いながら、ほくほくの自然薯を食べた。

自然薯は日によってさつま芋になったり、里芋になったり、あんぶになった。あんぶはいまでいう〝おやき〟である。米を石臼《いしうす》で挽《ひ》いた粉をおやき風に形づくり、茹《ゆ》で上げ、囲炉裏の火でパリッと焼いて砂糖醬油《さとうじょうゆ》をつけて食べるのだ。

他にも祖父がつくってくれたおやつで忘れられないものがある。笹団子《ささだんご》と粽《ちまき》である。

祖父や伯母の手になる笹団子や粽は、形だけでもひとつの作品になっていた。笹の葉でくるんだ団子は美しい俵の形で、五つずつ束ねられ、粽は整然とした正三角形である。瑞々《みずみず》しい葉が、緑色の光りと笹の香りを放っていた。

祖父の見事な技を引き継いでいるのが、いまは下屋敷の主《あるじ》の逸平さんだ。私たちの従兄弟《いとこ》である。彼は何をつくっても美しく仕上げる。彼の耕す畑の畝《うね》は、筆で描いたように繊細で美しい。彼のつくる稲田は農薬を少ししか使わないために、畔道《あぜみち》には草が勢いよくのびてはいるが、田の中の稲はこれまた絵に描いたように美しく成長し整った姿をみせている。稲藁《いなわら》で卵を包んでもらうと、展覧会に出したくなるような精緻《せいち》な作品をつくりあげる。土仕事で骨太になった彼の指は、その荒削りな外観の下に、繊細さを生み出すこの上ない才能を包み込んでいるのだ。

祖父がよく語ってくれたものだ。

「愛染明王様のお祭りに奉納するんだんが、昭弘もよしこもいい子だんだんが、笹団子をやろうかな」

真人町万年では、毎年六月三十日に愛染明王様のお祭りがあり、笹団子や粽をつくって奉納する。逸平さんがそれは昔の人の知恵だったと解説してくれた。

「六月一杯で田植えも終わり、笹の葉も一番大きく開く頃だからね。村の人もそれでほっと一息ついてくつろぐんだよ」

祖父は季節はずれの笹団子や粽を、私たちのためによくつくってくれた。笹団子の中の粒あんの甘さが舌の上に広がり、蓬《よもぎ》と笹の葉の香りが祖父の愛と溶け合って私たちを包んでくれるのだ。祖父の愛は、父からは受けられなかった男親の愛を肩代わりしてくれていた。

「でもあのお風呂《ふろ》にはびっくりしたねぇ。一瞬どうしようかと思ったよ」

と兄が笑うのは、五右衛門《ごえもん》風呂のことである。

伯父や伯母が沸かしてくれたお風呂に行ってみると、丸い板が一枚、ぽっかりと浮かんでいた。この板を踏むようにして入るのだと教えてはもらったが、どうも要領がわからない。兄が懐《なつ》かしんで言う。

「板を踏み外すと足裏に熱い鉄がさわって火傷するなんて言われたからね。最初はおっかなびっくりだった。慣れると平気なんだけど、初日は本当に驚いたよねぇ」

お風呂からは裏山が見える。その山裾《やますそ》を流れる川の水音も聞こえる。そして、夏の夜、この小さな川や田には蛍が飛び交う。薪の燃える音と煙の匂いが重なって、万年の五右衛門風呂はまるでお伽噺《とぎばなし》の世界だった。

十二軒の集落の近くには遊びに出かける〝街〟もない。立ち読みする貸本屋もない。

あるのはどこまでも豊かな自然である。

兄と私は、思う存分、山や清水や川や田や畑を楽しんだ。祖父の日課は、家の裏手にある勧農の山の頂上に切り拓《ひら》いた畑に通い、手入れをすることだ。私たちは祖父に伴われてその山を登った。伯母が〝ぼこさま〟のための桑の葉を収穫する桑畑の一部もこの山頂にあった。

山頂につながる山道は、人ひとり通るのが精一杯の細い道だ。祖父が毎日朝に夕に辿《たど》る道が、自然に一本の道になったのだ。それは日光のいろは坂のように幾重にも折れ曲がり頂上につながっていた。

杉林の細道を辿るのは楽しかった。まるで自分たちが忍者になったような気持になるのだ。聞こえてくるのは鳥の鳴き声や虫の音ばかり。ヒタヒタッ、と足音を忍ばせて歩き、ひと曲がりしてさっと杉の根元に隠れてみる。誰もついてこないのを確かめてまた歩き出す。次の曲がり角でサッと隠れる。

山頂からは遠く駒《こま》ヶ岳《たけ》が望める。駒ヶ岳の向う側が福島である。手前の新潟の側に鋸山《のこぎりやま》と八海山《はっかいさん》が連なる。この山々を見晴らす勧農の山の名の由来は定かではない。この地域はかつて上杉謙信が支配しており、謙信の小姓を務めた荻田《おぎた》主馬《しゅめ》の山城があったという。歴史の一コマは、いま、勧農の山の頂上から少し下ったところに、ひっそりと立つ荻田主馬殿居城の跡という碑となって残されている。

勧農の山では、兄も私も祖父を手伝うといいながら、遊んでいた。薩摩芋《さつまいも》を掘りおこして勢い余って尻《しり》もちをついた兄、夕食用の菜っ葉を両手に余る程収穫して運んだ兄、小川で、上流の池から逃げ出してきた鯉《こい》を素手で掴《つか》み、びしょ濡《ぬ》れになった兄。他愛もないことをして毎日がすぎていき、中津で煙草《たばこ》を吸って不良ぶっていた兄がすっかり明るく優しくなっていった。そんな或《あ》る日、母が私たちを連れて山頂に登った。

「お母さんがまだ子どもの頃、この勧農の山の頂上から万年の村を眺めていたときのことです。ずぅーっとずぅーっと遠くを見ると大地が空と合わさってまっ直ぐな一本の線になっていたのを見て、ああ、この線のことを地平線と言えばよいのだと考えたの。お母さんが子ども心に造った言葉が地平線だったの。

あとになって地平線という言葉がもうあることはわかったのだけれど、子どもだったお母さんは、景色を見て、その言葉を自分で造ったの。だから、昭弘もよしこも、しっかり物を見なさい。よく考えなさい。そうすれば、どこにいても人間は向上することが出来るんですからね」

「本当かなぁ」「お母さんはどこかでその言葉を聞いていて、心のどこかにそれがあって、あの景色を見たときぽっと出てきたんじゃないのかな」などと兄と私は語り合った。それにしても母はなぜこんな話を私たちにしたのだろうか。当時はわからなかったがいまになって振りかえれば、よくわかる気がする。

母は子どもたちの次のステップを考えていたのだ。環境を変えたあとは、しっかりと勉強させなければならないと。しかし、真人町万年には、母の考えていた教育に適した環境はなかったのである。

私たちは夏休みに引越したため、二学期が始まるまで少し時間があった。その間、兄も私も祖父や伯父伯母に可愛《かわい》がられて自然の中で遊んでいた。私にとって貸本屋がないのは物足りなかったが、それでも新しい田舎生活は十分、刺激的だった。

夏休みが終わって二学期が始まってみると、母にとっては予想外の事態ばかりだった。私が編入したのは真人中学である。下屋敷から歩いて三十分もかかるだろうか、小さな学校で級友たちはみんな赤い頬をした元気な子どもだった。殆《ほとん》どが農家の子どもたちで、先生方も近隣の人材だった。

そして、農繁期になると、学校はさまざまな理由でお休みになった。稲刈休みは一週間も十日も続いたような記憶がある。万事について〝子どもは勉強よりも素直に元気に育てばよい〟というのどかな教育だったために、真人中学の授業は私にとっていとも易しい内容だった。

子ども時代をすごした中津で、実は私は一度も母から勉強しなさいと言われたことがなかった。本好きだった私に、母はいつも言った。「お外で遊んでいらっしゃい」「お友だちと遊んでいらっしゃい」と。小さい頃は、偉人伝のなかの野口英世や、リンカーン大統領を心底、尊敬し、小公女に涙を流した。子母沢《しもざわ》寛《かん》の国定忠治や漫画の鉄腕アトムにも夢中になった。昆虫記も大好きなシリーズだった。

そうした本を読んでいると、母は言うのだ。「さあ、もう本はやめてお外に行ってらっしゃい」と。読みかけの本を読み終えたくて、こっそり家に戻ってかくれて読んだ記憶さえある。

本が好きだった私は、しかし、万年の下屋敷では〝ぼこさま〟に夢中になり、囲炉裏に夢中になり、勧農の山に夢中になった。もはや、母が言わずとも自ら外で遊びを見つけるようになっていた。第一、読みたい本は身近にはなかったのだ。

兄は県立小千谷高校に編入した。級友たちはやはり殆どが農家の子弟だった。

「下屋敷から山を下って橋本屋という店まで行くとバス停があっただろ。あそこから越後交通のバスに乗ったんだよ。いまでいえば田中真紀子の会社のバスだね。三、四十分で小千谷駅に着くと、そこから歩いてすぐの所に高校があるのさ」

兄はしかし、この学校に馴染《なじ》むのに苦労した。小千谷の人たちは、というより新潟県の人たちは、〝他所者《よそもの》〟には容易に心を開かない。一旦《いったん》、心を開けば、この上なくすばらしい友となり、生涯にわたる信頼関係を築いて支えてくれる人たちではあるが、その心の扉は、容易なことでは開いてくれないのだ。いかなる意味でも保守的なのである。一面においては排他的なのである。そのことを最も敏感に感じとったのが兄だった。

それでも私は、母と兄と一緒に、祖父に囲炉裏の火を焚いてもらい、〝お楽しみ〟をつくってもらって、兄と二人で〝だんだんが〟などと言い合ってこの山深い村でずっと暮していくのだと考えていた。

秋口になると、早くも風は驚くほど冷たくなる。陽の沈み方も急速に早くなる。

そんな秋の一夕、祖父と母と兄と私で囲炉裏を囲んでいた。薪の中から吹き上げてくる炎が、時折りハッとする程大きくなる。祖父は能の翁《おきな》の面のような趣《おもむき》で薪を焼べながら母の話をじっと聞いた。多くの深い知恵を貯えもった老人は、言葉を発せずともその威厳で、空気を鎮《しず》めるのだ。

「昭弘とよしこの三人でお世話になりましたが、もう一度、町に出ようと思います。実家に置いてもらいおかげさまで私たちの心も一旦、落ち着きました。このままここにいるより、子どもの教育を考えて、長岡に行こうと思います」

長岡市は人口約十四万人の町だ。そこで改めて、兄や私のために態勢を立て直すというのである。祖父は黙って聞いていた。見ると、薪の炎の照り返しのなかで、祖父は無言で頷《うなず》いていた。

母は長岡市に住んでいた遠い親戚《しんせき》に紹介され、その家の二階を借りる手はずを整えた。田舎の人々をつなぐ人間の糸は垂直、水平双方向に複雑である。

先にも触れたが、能の翁のような私たちのおじいちゃんは名前を玉吉といった。ちなみに祖母はこれまた玉である。

玉吉祖父は清蔵《せいぞう》という屋号の家から下屋敷に婿《むこ》入りした。清蔵に生まれたおみんさん、つまり玉吉祖父の妹は、他家に嫁いだが子どもに恵まれず、お静さんというこれまた遠縁の女の子を養女にした。そのお静さんの伯母が長岡市の塩乃谷という鮮魚仕出店の店主のもとに嫁いでいた。母はその縁で長岡市上田《うえだ》町《まち》のその家の二階を借りたのである。

私たちが真人町万年の古い大きな家を出るときに祖父が言った。

「昭弘、よしこ、体に気をつけて。親の言うことをよく聞いて、よく勉強せぁんだよ」

祖父の固い大きな手がしっかりと私たちの肩や頭におかれた。大好きなおじいちゃん。このうえなく誠実に私たちを受け容《い》れてくれた伯父と伯母。まるで自分の山のように感じ始めていた勧農の山。稲田と美しい畝。無数の鯉が棲《す》む池。山々の紫色の黄昏《たそがれ》。明るく燃える囲炉裏の火。煙りの匂《にお》い。大きな鉄釜《てつがま》で炊《た》きあげるツヤツヤの御飯。五右衛門風呂の湯気。蛍の乱舞。川の水音。そして、赤い頬をした村の子どもたち。通りすがりに声をかけてくれた村の大人たち。

全《すべ》ての人と全ての想い出に別れを告げて、私たちは長岡市に向かった。引越した先はわずか二間の小さな空間だった。そこで母は私たちに言った。

「これからが真価を問われるのよ。お母さんがあなたたちを支えますから、昭弘もよしこもしっかり勉強するのです。知恵を出して力を合わせれば大丈夫。安心してお母さんに任せなさい」

父の許可を得ることなく引越大作戦を決行した母に父は怒っていた。実家に身を寄せていたこともあり、父は母への仕送りをやめていたのだ。でも母は言った。

「何があっても大丈夫よ。お母さんがあなた方を守るから、安心していらっしゃい」

小柄な母の新たな奮闘が始まろうとしていたのだ。

兄の旅立ち

母と三人で長岡市に引越したのは、晩秋のことだった。とっくに夏祭りは終わっていたはずである。けれど、引越してすぐに、長岡祭りを体験したような気がしてならない。まっ先に祭りの記憶が蘇《よみがえ》ってくる程、雪国の祭りは印象的だった。

長岡駅のまん前からまっすぐに広くのびる大手《おおて》通りの中央部には、いま、地下駐車場への入り口がつくられ、昔とは随分、趣《おもむき》が異なっている。私たちが居を移した昭和三十四年の長岡は、近代都市のイメージよりもむしろ旧《ふる》い街としての面影をとどめていた。

街の造りで一番先に目に飛び込んできたのが雁木《がんぎ》だった。街の中心部では、それはアーケードになっていたが、どの通りにも雁木がしつらえられていた。雪の降り積もる冬の間、人々は雪道を避けて雁木の下を往来する。

私はこの雁木の道を歩くのが好きだった。通りから通りへと、雁木の続く限り、それがつくるささやかな陰を拾って歩いた。その陰の中に佇《たたず》む家々の構えを見ていくと、この街に暮す人々の息遣いが感じとれるような気さえする。

引越して間もない頃、こうして歩いていたときに、哀愁を帯びた歌声が聞こえてきた。風に乗って、というより、風の流れと溶け合ってその音は聞こえてきた。歌詞はよく聞きとれないが、切なく哀《かな》しい歌声である。

一体どこから聞こえてくるのか。立ち止まって神経を集中させると、路地の向こうから不思議な空気が伝わってくる。未知の空気に引き込まれるように、音を頼りに雁木の陰の中をさらに歩いていくと、一群の人々が木樽《きざる》を叩《たた》き、歌い、踊っていた。木樽の素朴な音と歌声が、哀愁そのものを表現していた。

かなりの人数が繰り出しているのに、熱中した様子でもない。私はこの一団の人々のあとをくっついていった。耳が慣れてくるにしたがい歌詞が聞きとれた。それはこんな歌だった。

ハァーエーエエヤ
お山の千本桜
花は千咲く

生《な》る実はひとつ
花は千咲く
生る実はひとつ
ハァーエーエヤ
盆だてがんに
茄子《なす》の皮の雑炊だ
あまりテンコ盛りして
鼻のテッコをやいたとさ
ハァーエーエヤ

「盆だてがんに」というのは「お盆なのに」、「鼻のテッコ」は「鼻のテッペン」という意味である。

お山の桜は千個万個咲いて咲き乱れても、生る実はたったひとつ。そのうえ、お盆祭りだというのに、食べられるものは茄子の皮の雑炊しかないというのか。

なんと哀しい歌かと思いつつ、十四歳の私は行列のあとを追い続けた。九州中津の田舎でも、おじいちゃんのいる真人町万年でも、茄子など、母は買ったことがない。

庭や山の畑から食べきれない程収穫できていた。それなのになぜ、長岡では茄子の皮の雑炊だと歌うのかしらと、不思議でならなかった。

歌詞に込められた雪深い長岡の、北越戊辰《ほくえつぼしん》の役で官軍に敗れ賊軍となった哀しみも、長岡城が落城し、藩の家老で人望を集めていた河井継之助《つぐのすけ》はじめ多くの主だった人々が戦死し、長岡藩全体が戦《いく》さに負けた苦しみのなかで飢えていた時代のあったことなど、私は知る由《よし》もない。或《ある》いは第二次世界大戦末期にひどい空襲を受けて街が焼かれ、またまた長岡の人々が敗戦の惨《みじ》めさと飢えに苦しんだことも、私は知らなかった。

あの物悲しい歌と、苦しみも悲しみも含めて全《すべ》てを甘受するかのような踊り手、お囃子《はやし》の一群の人々の姿は、古びて変色した白黒写真のような印象で私の心に残っている。それははじめて体験した予想をはるかに越えた厳しい寒さと、見たこともない深い深い雪に閉ざされる冬の日々、見上げても見上げても空は曇り、際限なく降り落ちてくる灰色の雪の中に生きるイメージとどこか共通していたのだろうか。

だが、私は、その日のうちに気がついた。この長岡という街が本当に奥深い面白い街だということに。

家に帰った私は長岡に来てからとても寂しいと、母に訴えた。母は兄と私にほほえんだ。

「寂しくないところに連れていってあげる。ちょっと待っててらっしゃいね」
私たちは早目に夕食を終え、街に出た。人の往来は殆《ほとん》ど全て同じ方向に向かってい
た。街の中心部から郊外を流れる信濃川へと皆が急いでいるのだ。信濃川にかかる長《ちょう》
生《せい》橋に近づくにつれ、人々の数はふくれあがっていった。私たちははぐれないように
気をつけながらもっと急いだ。
すると、陽が落ちてもまだ紫色の残照で仄《ほの》かに明るい空に、突然ドーンドーンとい
う響きと共に、見たこともない光の花々が咲いたのだ。あの有名な長岡の三尺玉花火
の打ち上げが始まったのだ。
立ちどまって空を見上げた。歓声がどよめきとなって波立ち、私は一瞬、目眩《めまい》に襲
われた。歩くのも忘れそうになった。打ち上げの音と共に天空に乱舞する光、輝きの
頂点からほんの一瞬の間を置いてスッと闇《やみ》に消え、次の瞬間思いがけない新たな光を
華麗に散らせ続ける花火の、波状攻撃のように打ち上げられていくさまを、呆然《ぼうぜん》と見
つめていた。ふっと気がつくと、兄も中天に釘《くぎ》づけになっていた。そして母は、そん
な私たちを、ニコニコしながら見詰めていた。
この街の人々の不思議さ。茄子の皮の雑炊の悲哀ときらめく光の豪華な打ち上げ花
火。夜中《よるじゅう》続く膨大な出費とつましい日々の暮し。対面相手の顔を直視することさえな

い下向き加減の謙遜《けんそん》の目差《まなざ》しと、大きくくっきり見開いた空へと向かう熱情的な視線。静かかと思えば手放しで喜びを表現する。感情を内にしまっているかと思えばエネルギーを爆発させ、迸《ほとばし》らせる。あじわい深く、奥の深い人々、そんな人々の住む所に私たちはやってきたのだった。

兄が振りかえって語る。

「長岡に引越してからは、長岡駅前の停留所で越後交通のバスに乗って、四、五十分かけて小千谷駅まで行ったんだ。でも、小千谷高校ではどうしても友だちが出来なかった。僕も彼らも容易に打ち解けられなかったんだよね。寂しいといえば寂しいけれど、何よりも、毎日詰まらなかったね」

でもあの頃はそんなことは一言も言わなかったでしょと尋ねると、兄は笑って言うのだ。

「子どものお前に言ってもどうしようもないでしょう」

母は毎日、詰襟の学生服の背中をポンポンと軽く叩いて、兄を送り出していた。明るい声で、

「いってらっしゃい、そして早く帰ってらっしゃい。大好きなものつくっててあげますからね」と言っていた。

少しずつ元気をなくしていく兄を気遣う気持が、母の言葉の端々から感じられた。そして母は呟《つぶや》いた。

「男の子には、やはり父親が必要なのね」

こうして母は手紙を書いた。父にあてたその手紙を私は読んではいない。だが想像はつく。兄の高校生活の行く末を心配して、父親として兄の教育に手を貸してほしいという内容であろう。しかし、兄の反抗の直接の原因は父にあった。父の生き方が、兄の怒りと反乱の原因であれば、父は自分の生き方を根底から変える以外に、どのような方法で兄の教育に手を貸すことが出来ただろうか。

悩みのなかで日数がすぎていき、或る日、母が言った。

「明日、東京からお客様が来ます。大事な話がありますから、お母さんの言うことをよく注意して聞いてそのとおりにするんですよ」

兄も私もこっくり頷《うなず》いた。

その女性がやってきたのが一体何時頃だったのか、定かではないが、当時、上野から長岡までは、特急でも少なくとも四時間はかかった。したがって午後の時間帯ではなかったかと思う。

太り肉《じし》の大柄な着物姿の女性は、丸眼鏡をかけ、話術が巧みだった。彼女が父の使いとしてやってきたことを、私は挨拶《あいさつ》の口上から察した。母が私にお茶を淹《い》れるようにと言い、私は二間の家の隣りの部屋に退いてお茶を淹れた。その間にも女性のよく通る声が聞こえてきた。

父は当時、東京の下町でかなり大きな料亭を営んでいたらしい。その料亭の養女が、京都に父を訪ね、その後一緒に暮し始めた女性である。長岡の私たちを訪ねてきた太り肉の女性は父と暮しているその女性の姉にあたる人だった。父に言われて兄のために全寮制の高校を探したというのだ。そこは私立の学校で生徒ひとりひとりを大事に預り、しっかり教育してくれるとも語った。

だが、彼女は、滞在した時間の大半を自分自身の生いたちを語るのに費した。彼女の妹が、実父とその愛人にひきとられて育てられたこと、料亭はその愛人のものだったこと、愛人と実父は彼女の妹を養女として迎え〝蝶《ちょう》よ花よと愛《め》でて育てた〟こと、その一方で彼女を筆頭に他の兄弟たちは実母と共に取り残され貧しい暮しをしたこと、とりわけ彼女がどれだけ苦労したか、成人したのち医師と結婚して幸福な人生を歩み始めたが、その夫が早くに亡《な》くなってまたまた苦労したことなどを語り、だから、いま、苦労している母や私たちの境遇がよくわかるのだと言っていた。

兄と私は隣室でずっと聞いていた。時折女性が涙声になるのも聞きとれた。目前で彼女を見詰めながら聞いているかのように、襖《ふすま》一枚隔てていても手にとるように全《すべ》てがわかった。

彼女の去ったあと、余りに多くのことを聞いてしまった私たちは、何をどこから整理してよいのかわからずにいた。母はこんなとき、どう、話をまとめるのかと思ったが、母が兄に言ったことはただひとつだった。

浦和市の高校に行ってそこでもう一度やり直してみるか、このまま頑張って小千谷高校を卒業するか、兄自身がどうしたいのかということだけだった。

私は内心、ほっとした。あの女性の語った複雑な人生について問われても、またその妹の女性と父の件について問われても、私はどう言えばよいのか見当がつかなかったからだ。私たちが答えることの出来ない父の現在の家庭のことには一切触れずに、母は兄の身の振り方のみについて私たちに問うた。そのおかげで、私たちはとりあえず、将来に向かって心を集中しエネルギーを前向きに使う作業に取りかかることが出来た。

なかなか口を開かない兄に母は言った。

「どうしても小千谷高校がいやなら、もう一度転校してもいいのよ。けれど、その場合、あなたは寮にひとりで住むことになる。お母さんたちと離れることになります。

それがひとつ。

もうひとつは、関東だからといって、お父さんがいつも会いに来て下さることはないとお母さんは思います。お父さんに会いたくてもそれほどは会えないと考えたほうがよいと思うの」

母は、兄が父に反抗しながらも、心の奥深いところで父を慕っているのを知っていたのだ。愛や期待が強く大きければ大きいほど、裏切られたときの反動も大きい。十代の少年が父親を必要としていないはずなどないことを、母はよく認識していた。同時に、父がそのような兄の気持に応《こた》えてくれそうにないことも、或いは応えたいと考えたとしても、すでに東京で築いてしまった新しい家庭の手前、気軽に兄のもとを訪れるのは難しいと見ていた。だからこそ兄に、「恐らく会えない」と告げたのだろう。

しかし母は、すぐに明るい見通しについても語った。

「でも、浦和では、よいお友だちも出来るかもしれない。これはあなたの努力と、周りにどんな人たちがいるか、神様のお心次第だけれど、小千谷高校よりは、昭弘の気質に合っているかもしれない。

今日決める必要はないけれど、よく考えましょう。もうすぐ冬休みだから、その間に決めて、三学期はどちらにするにしても、新しい気持でスタートさせなくちゃね」

緊張してすっかり草臥《くたび》れた私たちを見ながら、母はココアをつくってくれた。居間としても使っていた六畳の部屋には漆塗のような美しい赤い火鉢が置いてあり、そこにはいつも練炭が焚《た》かれていた。火鉢の縁の幅は広く、母はそこに三人分のカップを置き、小鍋《こなべ》で牛乳を温め始めた。牛乳がプツプツと泡を立て始めると、ココアの缶のフタをカラリと開けて、スプーンに山盛りのココアを入れるのだ。母はそのココアを一旦《いったん》お茶漉《ちゃこ》しで篩《ふるい》にかけて小鍋に入れた。「こうするとダマにならないのよ」と言いながら、素早く牛乳とココアを掻《か》き混ぜる。濃厚なココアの香りが漂うと、最後に母がニコニコしながら聞いてくれる。

「ひとつ？　ふたつ？」

角砂糖の数である。

「ふたつ！」

私が言うと、兄が言う。

「じゃ、つきあってやるよ」

男は滅多やたらに甘い物を好んではならないのだとでもいう風情《ふぜい》で、兄は応えるのだ。私たちは、熱々でとろけるように甘いココアをふーふーと吹きながら飲んだ。

兄は少し悩んで、結局新しい高校に行くことを選んだ。

「相当のプレッシャーだったけどね、小松原高校に行ったのは正解だったんだよ」

兄は埼玉県浦和市にある同校での寮生活を存分に楽しんだのだろう。当時のことを語るときは、まるで昨日のことのように快活になる。

まだ創立間もなかった小松原高校は、新しい分、先生や生徒も自由だった。寮というので、コンクリート造りの四角な一人部屋を想像していたら、なんとそれは大きな民家を丸々借りての生徒四人と先生三人の共同生活だったのだ。

「昔の素封家の家を高校が借り上げて先生と生徒を割りあてたんだよ。先生との共同生活で朝御飯と夕食が一緒、まかないの小母《おば》ちゃんが弁当も持たせてくれた。洗濯と掃除は自分でするけど、夜は大きな風呂《ふろ》に合宿みたいにして先生も僕たちと一緒に入った。よく先生の背中を流したり、流されたりしたなぁ」

「先生がお父さんみたいな感じだったの」と尋ねると兄は笑って否定した。

「先生といってもみんな若いからね。親父《おやじ》みたいというより、兄貴みたいな感じかな。みんな可《か》愛《わい》がってくれて、いまでも名前も顔もくっきり浮かんでくるよ」

兄はこう言って先生方ひとりひとりについて話した。

「藤井先生は英語の先生で、早大出身。僕は藤井先生に一番可愛がってもらった。小松原高校で教えながら早大修士課程の勉強をしていて修士号をとった努力家で、後に富山の高校の校長先生になった人。四角い顔に丸眼鏡、本当によく面倒を見てくれた。小松原高校を卒業して僕が大学に入ってからも三か月程、藤井先生と一緒に暮したんだよ。

伊藤先生は体育の先生で、東京教育大出身、剽軽《ひょうきん》でいつも笑わせてくれた。小柄で敏捷《びんしょう》な先生だった。社会科の佐々木先生は駒沢《こまざわ》大出身で一番背が高かった。佐々木先生とはよく将棋を指したけどね、勝負はいつも五分だった。ということは、先生も余りうまくなかったってことかな。

最初はこの三人の先生方が、各々、八畳の部屋にいて僕たちと住んでたんだけれど、あとでもうひとり、若い安藤先生が入ってきた。古文担当であの頃テレビのＣＭに出ていた前髪をピンと立てたソニー坊やみたいな格好だった。安藤先生は本当に大学を出たばかりで若かったよね。

授業で一番退屈させなかったのが社会科の佐々木先生だった。皆いい先生で、教育熱心だったし面白かった。あんな素晴らしい体験はなかなか出来ないと思うよ」

兄にとってこの寮生活は本当に充実していたのだ。先生方はひとりひとり八畳の居室に入っていたが、兄たち生徒は六畳の部屋だった。

「級友の山下も六畳、本多だけ、畳の部屋がなくて洋室の十二畳の部屋だった」

この本多さんとは、寮生活以来、四十年以上にわたる友人である。いまは安藤建設の取締役を務めるかつての寮友とは、家族ぐるみの交流が続いている。兄は求めていた友人に、とうとう巡り会ったのだ。そう聞くと、あっさりと答えた。

「うん、そうだね」

兄はこうして本来の明るさを取り戻していった。

楽しかったにしても、家に帰りたいとは思わなかったのかと聞くと、兄は言うのだ。

「そりゃあ、思うさ。誰もそんなことは口では言わなかったけど、本多も山下も、心のなかでは家に帰りたいと思ったと思うよ。だから休みがくると嬉《うれ》しかった」

なんといっても高校生である。兄は寮で藤井先生らと共にすごしながらも、いつになったらわが家は皆一緒に暮せるのかと考えたという。

「時々、東京に出て親父を訪ねたんだよ。でもその度に面白くないと思ったね。いまの自分なら理解出来るけれど、あの頃は出来なかった。

親父は親父で自分に後ろめたい理由があるものだから、その分、逆に強気に出るんだよ。

たとえば自分の仕事がどれほど並外れて立派かとかね、自慢するのさ。親父の仕事は表面上、どれほど派手でも、とどのつまり、一料理屋だよね。でも、はとバスが立ち寄るほどの店だから大資本と対等に勝負していると、繰り返し言ってた。そんなこと、関係ないことなんだよ。俺は親父の生き方を見ているのに、親父は仕事の成果を誇示する。いつも噛《か》み合わないんだ。

親父はこちらが冷ややかなのを見ると、苛立《いらだ》って声を荒らげる。親父は怒鳴ったりもした。親父の強がりを俺はいつも撥《は》ね返していたからね。

いまなら、もっと聞いてやれると思うけど、あの当時は出来なかった。だから、親父に会ったあとは、いやな親父だと思いつつ、寮に戻ったね」

兄が父の立場だったらどうするかと尋ねてみた。兄は笑って言うのだ。

「俺は親父みたいなことはしないからね。それだけは言っておくよ。

仮定の話で、もし、親父の立場に立ったら、俺は子どもと何回も何回も話すと思うよ。そして自分のしていることに向き合う努力をするよ。

……親父もそうしたかったのかもしれないね。ただ出来なかっただけなのかも。いまは、その気持、わからないでもないけどね」

こう語るまでには、兄の心のなかで何十年もの葛藤《かっとう》があったのだ。

兄のいなくなった長岡市の家で、母と私は暮していた。春休みや夏休みに戻ってくる兄の、すっかり落着いた様子を見て、母は言った。

「元々、素直な一本気な性格ですからね、少々回り道をすることがあっても、戻るときにはちゃんと戻るのよ。素直な分、何があっても大丈夫、昭弘は決して曲がったままではいない子ですから」

こうして兄に関して母の孟母《もうぼ》三遷《さんせん》はようやく実を結んでいったのだ。

幸せは目の前に

　ずっとあとになって母が語ってくれたことがある。

「あの頃のあなたは本当に気難しくて、お母さんは苦労しました」

　あの頃とは、真人町万年下屋敷から長岡市に引越をし、長岡市立東中学校に転入した頃のことだ。

「それまで全く心配のいらない子だったのが、人が変わったように難しくなって……」

　思わず私は訊《き》いた。

「お母さん、私のことで辛《つら》い思いをしたの」

　当時の母がどれだけ辛い生活をしていたか、私は、よく識《し》っている。遠い親戚《しんせき》の家を間借りしたとはいえ、力になってくれる人がいたわけではない。兄は埼玉県浦和市の全寮制の小松原高校に入り、雪国に残ったのは、母と私の二人だった。私は十四歳、中学二年生である。母の相談相手にも、手助けにもまだなれなかった。

母は昼間は家主である鮮魚仕出し屋の塩乃谷さんで手伝いをした。零下の気温のなかで切るような冷たい水を多く使う仕出しの仕事で、手はすっかり荒れていた。夜は夜でセーターやカーディガンを手編みして内職をした。

それでも母はいつも朗らかだった。そのころの働き詰めの母の姿を、私は忘れることが出来ない。だからこそ、そんな母に余計な心配を、よりによって自分がかけてしまったことで、私はひどい自責の念に囚《とら》われるのだ。

「お母さん、私のせいで辛い想《おも》いをしたの」

再度尋ねる。なんと狡《ずる》い問いかと思う。母が恕《ゆる》してくれることを半ば以上前提にして、問うている。母はにっこり笑った。

「大丈夫よ。お母さんはね、よしこのことで本当にどん底に落ちるような心配はしたことはないの。何があっても昭弘もあなたも大丈夫ないい子だと思っていますからね。ただ、あの頃はあなた本来の明るさを失ってくらーい子になっていました。いろいろなことがあってあなたも大変だったのね……」

母親というものは、本当に有難い存在である。子どもが悪くても追い詰めて責めることはしない。深い愛で包み込み、全《すべ》てを赦《ゆる》してくれる。

東中学に転入した日のことはいまでも憶《おぼ》えている。住居のあった上田町から長岡駅の線路の下を通るトンネル風の地下道を過ぎて、三〜四分歩くと今朝白《けさじろ》町の東中の正門が見えてくる。東中を左に見ながらさらに行くと、まもなく学校町になり、長岡高校に辿《たど》り着く。

かつて東中の校舎が建っていたこの場所には、現在阪之上《さかのうえ》小学校がある。東中はその場所を大きく替えて、駅の反対側のはるか先、信濃川の堤防沿いの場所、大手大橋と長岡大橋を見晴らす位置に移った。

現在の東中学は鉄筋コンクリートの三階建てだが、当時は木造二階建ての校舎だった。門をくぐり、正面から校舎に入った所で母と私は靴から上履きにはきかえた。風雪に耐えてきた校舎のなかは薄暗く、履物を替えて足下から母へと視線を戻した私は、思わず言っていた。

「お母さん、口紅が……」

「どうしたの」

「多分ね、ちょっとおさえたほうがいいと思うの」

こんな風に思ったのは、私にとって初めてだった。母は生来明るく、賑《にぎ》やかなことが好きだ。お洒落《しゃれ》な華やかな女性《ひと》で、流行の洋服を自分でつくっていた。

中津にいた頃は、女優の淡島千景《あわしまちかげ》さんにそっくりだと言われていた。ずっと前の或《あ》る日、母は藤色のスーツを着て当時は珍しかった帽子をかぶった。紅をさした口元の、下唇はいつもよりポッタリした印象だった。

その母を、私は、淡島さんよりずっときれいだと感じたことを想い出す。しかし、東中に初めて行ったこの日、明るい紅の似合う母に、私は紅をおさえたほうがよいと言ったのだ。

それは一種の勘にすぎなかった。これから足を踏み入れる世界は、これまでの世界とは趣《おもむき》を異にする。緊張と自制を強いる感じが校舎を包む空気から伝わってきたのだ。

職員室で担任の近藤喜久子先生にお会いした。襟足をさっぱりと刈り上げにした近藤先生は、化粧気もなく、ブレザーにズボン姿で私たちを迎えて下さった。物言いは丁寧ながら、何事につけ男性のようにさっぱりした捌《さば》けた方だった。

教室に行ってみると、皆が制服を着ていた。当たり前のようでもあるが、私にとっては物珍しい体験だった。

中津市で通っていた緑ヶ丘中学校の制服はセーラー服だった。二本の線とスカーフはお揃《そろ》いのえんじ色である。式典のある日や特別な日には制服の着用が決められており、私たちは鮮やかなスカーフの色を目立たせようと、お洒落な結び方を競った。一方、普段の服装は自由だった。皆、好きな格好をしており、お洒落をしてくる子も構わない子もいた。清潔な子もそうでない子も、アイロンのかかった子もそうでない子もいて、バラバラだった。

短い滞在だった真人中学校も同様だ。

だから、制服を着た生徒が静かに席についている様子は物珍しく印象に残ったのだ。教室で生徒に語りかける近藤先生は、完全に男言葉だった。

「今朝はお前たちに新しい友人を紹介する」

「櫻井良子。九州から転校して来た。皆、面倒を見てやるように。櫻井は当分、一番前の列のまん中の席に坐《すわ》れ。そのとなりは田村蓉子。あとは順次、いまの席順でずらしていくように。

なお、櫻井はわからないこと、困ったことがあればいつでも相談にくるように。先生はいつも、教室、または職員室にいるからすぐに見つかるはずだ。

以上。質問は？」

誰からも質問はなく、皆行儀よく静かに聞いていた。

こんなふうにして東中での初日が始まった。その日の夜、私は母に報告した。

「とにかくみんなとても真面目《まじめ》なの。なにか、真剣に勉強してるのよ」

おかしなことかもしれないが、私はそれまでの人生で、子どもの仕事は外に出て遊び、体を鍛えることだと考えていた。母がそう言って育ててくれたからだ。

母が私たちに常に体を鍛えるようにと言いきかせた一つの理由は、私の体調にあった。とても元気に育っていたのだが、小学校高学年になる頃から微熱を発し始めたのだ。中津市の大幡小学校の向かい側に薦《こも》神社があり、そのさらに先に上村《うえむら》医院があった。上村先生は、私の病気は肺門淋巴《リンパ》腺がはれていることによるもので、放置すれば肺結核になってしまうと告げたらしい。五年と六年の二年間、上村医院に通い、すっかり回復したにもかかわらず、母はその後も警戒をゆるめず、私たちが体を鍛え健康を維持できるように、注意し続けた。私にとって子どもの仕事は外で体を動かすこと、逆に遊びは、母にかくれて面白い本を読むことだったのかもしれない。

学校での勉強も、中津市では気楽だった。英語担任の近藤先生は、授業をやめてよく英語の歌を歌って下さった。柔かいテノールの甘い声で身振り手振りを入れて歌う近藤先生のクラスはジョークもとび交い、授業というよりお話の時間のように楽しかった。ひたすら無邪気に楽しんだのが中津市での生活だった。それは私の人生の、まさに、子ども時代だった。

「でもね、東中ではみんな、真剣なのよ」

「じゃあ、よしこちゃんも真剣に勉強しなくちゃね」

何気なく言った母の一言が、私の心にスッと入ってきた。母が私に「勉強せよ」と言っているのだ。

夏休みの間に中津市の緑ヶ丘中学から小千谷市の真人中学に転校した私は、母の見通したとおり、勉強面で随分と遅れていた。夏休み以来勉強らしいことを殆《ほとん》どしないまま、数か月をすごしてきたからだ。真人中学校に転入したのは、農繁期のことでもあり、随分と多くの日が休みになった。国語も理科も使っている教科書は同じであり、真人中学では何も心配しなくてよかった。それなのに東中学校では戸惑ってしまったのだ。

近藤先生の目論《もくろ》んだとおり、隣の席の田村蓉子さんはそんな私の面倒を見てくれた。彼女は自宅に私を連れていって一学期からの問題集や読本を貸してくれた。私はそれらを初めから読んでいった。すると、習っていたのに忘れていたことを想い出した。はじめから読んだために中途半端《はんぱ》な理解でなく、課題をきちんととらえることが出来た。基本をおさえることがとても大切だと学んだような気がする。そんな私を見て田村さんはいつもニコニコしていた。彼女の色白のきれいな笑顔と大らかな性格が随分と私の気持を楽にしてくれた。田村さんと私は別々の高校に進み、あれから四十年以上がたつが、いまでもよい友人である。

長岡の人々は、大木の果実のような人々だ。硬い殻におおわれている。叩《たた》いても差し込んでも、なかなか割れてはくれない。割れるべき時期まで彼らはじっと辛抱強く待つ。外から転入した私も、じっと待たなければならない。

待つ間の時間が、人生のギアの入れ替えにつながっていった。私は、他愛ない子どもも子どもした生活にようやく決別し、大人の世界へと足を踏み入れようとしていたのだ。

しかし、母は当時をこう分析する。

「それはね、まだ大人の世界ではないのですよ。思春期にすぎなかったのよ。あなたはお母さんと二人きりになって、それまでお兄ちゃんがやってきたことをしようとしたのですよ。意識して、お父さんとお母さんのこと、生活のことを知ろうとしてたでしょ」

私の扱いが難しく苦労したと言う割に、いまになると母は達観していたかのように語るのだ。母が言うように、私はさまざまなことを知ろうとした。長岡の当時の暮しをとおして、否応《いやおう》なく父について考えざるを得なかったともいえる。幼い頃、母が語りきかせてくれた立派な父の姿は、すでに修正されていた。兄のために小松原高校を探してくれた丸眼鏡の女性の話から、かなりのことがわかってきた。彼女が語り、残していった詳細はじわじわと私の心の奥深い襞《ひだ》のなかに吸収されていった。久保田万太郎、大野伴睦《ばんぼく》、三津五郎《みつごろう》、新しい企画、はとバス、芸者衆、兄と同じ歳《とし》の同居女性の連れ子、私たちの弟、引きも切らないお客を迎えるお店の繁盛《はんじょう》ぶり。

一軒の料亭を舞台に繰り広げられる父の物語は、そんな世界とは無縁に生きてきた私にとってドラマのように感じられた。

そうした物語が真実なら、なぜ、母は、冷たい水で手を荒れさせながら仕出しの仕事を手伝っているのだろうか。なぜ、疲れた体で夜遅くまで編み物をしているのだろうか。なぜ、父は、夫として妻を支え養う義務を果たさないのだろうか。父親なら、なぜ、兄や私のことを気にかけないのだろうか。つましい生活のなかで、長岡に来て以来、私たちはバス旅行にも汽車旅行にも出かけていない。

そんな疑問をぶつけると母は言った。

「よしこちゃん、前向きに考えましょう。お母さんは生活保護も受けずに頑張っているでしょう。それに、この前はあなたに、グレーの地にとてもきれいな模様の入ったセーターも編んであげたでしょう。あんな手の込んだセーターは、そんじょそこら探してもありませんよ。編んであげられるお母さんも幸せ。編んでもらえるよしこも幸せ。感謝しましょうね」

私は東中にそのセーターを着ていったことがあった。制服の前ボタンをはめると襟元にのぞくセーターは単にグレーでしかない。私は授業中は大人しくしていたが、いつも昼休みには、体育館で目一杯遊んでいた。そして、昼休み、体育館で上着をパッと脱いでみせたのだ。そのときの皆の驚きようを、私は想い出していた。母が一面に編み込んでくれた模様の美しさと複雑さに、女生徒たちが駆け寄ってきた。いつもは感情表現の控え目な雪国の生徒たちがセーターに触りながら歓声をあげた。

「お母さんの手編みは凄《すご》いもんね。本当にありがとう……」

私は礼を言った。母の気持はとてもよく解《わか》っていた。それなのに心のなかの靄《もや》は晴れはしなかった。

真冬の長岡は深い雪のなかだ。窓際《まどぎわ》に置いた勉強机のすぐ前まで、雪が迫る。夜、窓を開けると、光りが雪の上を流れていく。キラキラと輝くその美しさは見飽きることがない。屋根の雪は二階の窓の敷居を追い越す勢いで積もり続ける。夜の闇《やみ》のなかを天から降り来《き》る雪は、光りのなかに入った途端に輝きはじめる。

私は両手一杯に雪をとり、顔に押しつけた。息をとめて、ずっと雪のなかに顔を埋める。母のために何が出来るのか。よい知恵は浮かんではこない。頬もおでこも、ジンジンと痛い。掌《てのひら》から、溶けた雪が雫《しずく》となって落ち続けた。

母はどうしてあんな風に前向きになれるのだろう。なぜ、愚痴や悪口や恨み言や批判を口にしないのだろう。なぜ、思いっ切り、父をなじらないのだろう。なぜ、父と同居する女性の悪口を、彼女の実姉と一緒になって言わないのだろう。

私は母に訊いてみた。

「なぜ、お母さんは誰のことも悪く言わないの。言いたいけれど、我慢してるの？誰にも言わないから、私に本当の気持を言ってほしい」

母は炬燵《こたつ》に入った私の向かいに坐った。じっと私の目を見詰めている。母の瞳《ひとみ》が優しい茶色であることに気付く。小首をかしげて暫《しばら》く考えるような仕草をして、ようやく母は語り始めた。

「お母さんはあなたたちのように学校に行っていないから、難しい話は出来ないけれど、こう思うの。人間はみんな、神様に愛されて生まれてきたんだと。

世のなかを見渡してごらんなさい。人間ほど恵まれて生まれてきた存在はないでしょう。使えば使うほど知恵を出してくれる頭脳を与えられている。努力すればするほど磨かれる才能も、ひとりひとりに与えられているでしょう。

神様は私たち皆を愛して下さっているの。だから、私たちは誰でもみんな、幸せになるようになっているの。どんな人も幸せになるために生まれてきたのよ」

母は、ひとりひとりの幸せはその人自身が決めるものだとも言った。真人村万年下屋敷に生まれたことを常に感謝し、機織《はたお》りをして家計を助けることが出来たことも感謝して暮してきたと語った。努力して努力して、上手に機を織り、他の人の反物よりも高く買い上げて貰《もら》ったことを幸せに思い、そのお金を父親に渡して喜んでもらえたことは親孝行が出来たことであり、本当に幸せだと思ったというのだ。

「幸せはね、みんなの前にあるの。見つけることが出来るかどうか、それは気持次第なの。大事なことは、神様はどんな人にも幸せになってほしいと思っていらっしゃること。だから、お父さんや女の人が不幸になればいいなんて考えて悪口を言うことは、お母さんには出来ないのです。お父さんも女の人も、皆、幸せでいることがいいことなの」

神様は全《すべ》ての人が幸せになるよう願っていらっしゃる。全ての人が幸せになるために生まれてきた。この母の言葉は私の心の中に浸《し》み込んでいった。人間の心の中には競争心もあれば嫉妬《しっと》心《しん》もある。他人を退けたくなることも恨みたくなることもある。自分がそのような後ろ向きの気持に陥ろうとするとき、私は母の言葉を想《おも》い出す。どんな人も幸せになる権利があり、それは天の意思なのだと。小さな存在の人間にすぎない身で天の意思に反して、他の人を憎んだり恨んだりするのは不遜《ふそん》である。他の生き物よりも恵まれた資質を与えられた人間として生を受けたからには、出来るだけ前向きに生きよとも、母は繰り返し言いきかせてくれた。これらの言葉をおまじないのように繰り返せば、私にも自分の中の後ろ向きな心を克服することが出来た。

母が語る言葉は、どんなときにも本音だった。そのことは、母の側《そば》にいる私が一番よく識《し》っていた。それにしても父は、こんな誠実な女性《ひと》を、なぜ、大事にしないのだろうか。なぜこの正直で愛に満ちた女性を貧しさのなかに放置しておくのだろうか。私は考えた。そして或《あ》る日、父に手紙を書いた。中学二年生の文章である。文章になっていたのかどうか自信もない。私はさまざまな理由を書いて父に、送金を頼んだのだ。

頼まれもしないのに、母の保護者か代理人になったかのような気分だったのだろう。父への手紙については母にも告げず、何日かがすぎていった。私には父がその手紙を読んでくれたのかもわからない。読んだとして、父は私に手紙をくれるだろうか。記憶をたぐっても、私は父から便りをもらった覚えがない。かといって、父が全く私たちを放置していたわけではない。中津市にいた頃は、よく荷物が届いていた。最新のテレビだったり、赤い自転車だったりした。兄の野球のミットも洋服もお菓子も送られてきた。けれど、手紙は記憶がなかった。

そして遂《つい》に或る日、長岡の私たちのところに東京から書留封筒が送られてきた。女性の筆蹟《ひっせき》で書かれたその表書きを、母はじっと見詰めていた。

「どこから？」

私は何気ないふりをして訊《き》いた。

「お父さんから」

一言だけ、母は答えた。言葉少ない母の前でいたたまれず、私は言わずもがなのことを言ってしまった。

「それ、お父さんの字なの？」

なんということを言ったのだろうか。あっ、まずいまずいと思いながらも、口が勝手に動きそうだ。黙っているのに耐えきれなくて、なんでもいいからベラベラと喋《しゃべ》ってしまいたいような気持になったとき、母が言った。

「一緒に開けてみましょう」

なかにはお金が入っていた。定かではないが、二万円か三万円だった。いずれにしても、当時の私たちには大金である。母は取り出したお金を封筒に戻した。手紙らしきものも、メモも入ってはいない封筒を、卓袱台《ちゃぶだい》に置いてポツリと言った。

「達筆ね」

それから何か月も経《た》った頃、女性の実姉が再び訪れた。寮生活を続ける兄の様子をしらせに来てくれたのだ。

彼女は兄の話に加えてまたもや彼女自身の生い立ちについて大いに語り涙した。今回は私も同室をゆるされた。表情豊かで機関銃のように言葉が連らなる。世の中のことは全て知っているかのような女性《ひと》だった。この女性《ひと》が、自分とは何のつながりもない兄の世話をやいてくれることに、私たちはどう感謝したら良いのだろうか。私はこの女性《ひと》が、父と暮す女性の実姉であることに抵抗感を抱いていたが、それでも、離れている兄のことを思えば、私もまた母同様、彼女に捧《ささ》げる言葉は感謝以外に思いつかなかった。

だが、私にとっての屈辱は帰り際《ぎわ》にやってきた。彼女は言ったのだ。

「お父さんはよしこちゃんからの手紙をその辺に放っておくのですよ。私たちが読むことを見越して、わざと放置しておくのです。自分から言い出せないものだから、私たちにさせるのです。本当に気の弱い人なんですよ」

顔がまっ赤に染っていただろう私は、一言も発することが出来なかった。誰のことも正視できずに、私は下を向いていたのではないだろうか。そのとき、半ば以上、私に聞かせるようにして母が言った。

「御迷惑をおかけします。この子と私の生活は大丈夫ですから、どうぞ御心配なく。ただ、昭弘とこの子が大学に行くときには、どうぞ学費について配慮してくれるように、主人に伝えて下さい。私の収入では二人を大学にやることは出来ませんので」

彼女は再び、彼女自身の実父がどれだけ彼女たちに辛《つら》くあたったかを語り、その辛さを識っているからこそ、彼女が父や女性に替って兄や私たちの存在に心配《こころくば》りしているのだと語った。

恐らく、彼女の気持はそのとおりだったのだろう。彼女が私たちのためにしてくれたことに悪意があったとは思わない。自分自身の幼い頃の境遇と私たちのそれとを重ねて、大いに同情したからこその親切心だったと思う。だが、親切心は時には誇りを傷つけ、屈辱をもたらす。私は、父にあてて書いた私の手紙を彼女に読まれたことを屈辱的だと思った。また、選りに選って、父がその手紙を彼女たちに見せるように放置したことに、ひどく傷ついた。私には父の振舞いはとても理解できなかった。

二人きりになったとき、悄気《しょげ》返った私に母が言った。

「よしこちゃん、人の言うことは半分に聞いておきましょう。それにしても、ほっほっ、よく見ていること。お父さんは本当に気の弱いところがあるのです。七人組の強盗の話を憶《おぼ》えてる？　あのときもね、お母さんのほうが勇敢だったのよ」

母はこう言って私の目をのぞき込んだ。母の言葉も表情もおだやかで、固まったまま凍ってしまったような私の心を溶かし、ほぐしてくれた。

「お父さんはね、目の前にいる人には、とても親切なの。目の前にいる人に弱いのです。だから、私たちに親切にすることといまの家庭を大切にすることを両立させにくいのだと思うのよ。私たちに親切にすることが、目の前にいる人たちへの裏切りのように感じるのかもしれないわね。

いつかお父さんに会うときには、よしこにもお父さんの優しさや細やかさがわかります。だからね、いまの状況だけで決めつけないようにしましょう。とりあえず、あなたにはお母さんがいるから、大丈夫でしょ」

こう言って、母はにっこり笑った。私は、あたたかいミルクにたっぷりの蜂蜜《はちみつ》を入れてもらったような気がした。この場は、母の思いやりで立ち直ることが出来る。しかし、父と私の関係は決してこれだけでは終わらない予感もした。

私は、もはや自分が母の言葉に全面的に納得して屈託なくすごせる自分でなくなっていることに気付いていた。人生を子どもから大人のそれへと、切り替えなければならない段階に至っていることを感じていたのだ。

よしこ、不良になる

「僕、遠くからいつも君のこと見てたんだよ。とても寂しそうな様子だった。暗い印象だったよ」

学級は違っても東中学から長岡高校まで一緒だった高木仁《ひとし》さんが言う。

東中学時代の私は思いっきり暗かったようだ。長岡の雪国の文化と大分の太陽の文化との相違のなかで戸惑っていたのかもしれない。慎み深い雪国の人々の生活は、自《おの》ずとひとつの規律を保っていた。それはある種の疎外感《そがいかん》となって私の前に立ち塞《ふさ》がり、自他の相対化のなかで、自分自身を見つめるきっかけとなった。新しい土地の異なる風土や暮し方が、それまで慣れ親しんでいた価値観から私をひきはがし、自身について考えさせてくれたのだ。

自然にウェーブした髪が柔かく額にかかっていた長沢紀子《のりこ》さんの家は呉服屋だった。私の住む上田町に隣接する本町《ほんちょう》に彼女の家はあった。隣町のよしみで、私たちは時折、一緒に下校した。

優しい二重瞼《まぶた》の彼女の家は兄弟姉妹と御両親、おばあ様の大家族だった。語尾に「……があて」とつける長岡弁で彼女は大家族の会話を面白おかしく語ってくれるのだった。おかげで私は彼女の家の朝や、お夕飯前後の賑《にぎ》わい振りを逐一知ることになった。

ころころと笑いながら二人で大手通りを下り、その通りの終わりに来ると彼女は右に折れて本町に帰っていく。私はまっ直《す》ぐに上田町に向かいながら、開放的だった中津市でのことを想《おも》い出したりした。中津のふる里では幼なかったせいか、気軽に友だちの家を行き来していた。おしゃべりがいつまでも終わらずに、仲よしの友だちはどちらかの家で母親に注意されるまでよく一緒にいた。そんなべったりした甘えた関係はこの雪国には似合わない、と私は感じていた。

そして冬。雪でグラウンドが使えなくなると、体育の先生はお山でスキーの練習をさせるのだった。すぐ近くに悠久山《ゆうきゅうざん》があり、初心者に手頃なスロープがあった。お山に行くときは、一日がかりだ。防寒具を着込み、お弁当持参である。

お山でのスキーは日常の行動から外れるいわばハレの日である。私は皆がどんなお弁当を持っていくのか気になった。中津では、遠足やバス旅行などのハレの日には皆、大騒ぎで仕度する。母親たちが幾段もの重箱に御馳走《ごちそう》を詰めて持参し、お弁当をつかうときには、皆で広げて楽しんだ。でも、長岡はどうなのか。気になってどんなお弁当を持っていくのかと尋ねた。すると、級友たちは一斉に答えたのだ。

「おむすび！」

「おむすび？ ひとつだけ？」

「おむすびは一個がいいがや」

驚いて聞き返した私に男の子が答えた。

「自分の食べたい大きさに結んでいくがや。それでひとつ」

感心してしまった。なんと合理的な考えだろうか。自分の胃袋に合わせてひとつだけおむすびを持参し、昼食にそれを食べてしまえば余計な荷物を背負う必要もない。チョコレートの一かけでもポッケに入れておけば疲れたときもそれで大丈夫だ。私は母に思いきり大きなおむすびを頼んだ。

翌日、お山は寒かった。雪にもスキーにも慣れていない私は悪戦苦闘したが、少しずつ滑れるようになっていった。体が汗ばみ息があがる頃にお昼になった。ザックに入れたおむすびを取り出して、食べ始めたとき、私は奇妙な感慨に打たれたのだ。

丸々とした斎藤雅子さんも、隣りの席の田村蓉子さんも、勉強も体育も全て秀《ひい》でて

中津・薦神社の楠の下で
右が兄、昭弘

長岡での学生時代　左から三人目がよしこ

いた高橋敦子《あつこ》さんも、皆、おむすびを食べていた。海苔《のり》を巻いた梅干入りのおむすび。飾りも無駄もない。余計なものはなにひとつないしっかりしたおむすび。実直そのもの。誠実そのもの。

「これが長岡なんだ」

雪のなかでしっかりとおなかにおさめたおむすびは、この地で何度となく聞かされた質実剛健の言葉につながっていった。私のなかの長岡のイメージのひとつは、常にこの雪のなかのおむすびに辿《たど》りつく。

けれど、十代の少女たちの関係は南国であろうと雪国であろうと微妙である。どこかでいつも競っている。どれだけ早く大人になれるか。どれだけ周囲より突き抜けることが出来るか。全てが相互の力関係を構築する微妙な要素となる。

或《あ》る日、大人びた級友のひとりが秘密の会話を交わすときの低いトーンで尋ねた。

「あなた、もう生理は始まった？」

彼女はこの問いを長岡弁で尋ねたはずだ。

しかし、私の耳に残っているのは、優位に立つ者がとり澄して使う「あなた……」という聞き方である。

答えてなんかやるものか。私は彼女を凝視した。緊張の一瞬である。好奇心を大きな目一杯にみなぎらせながら私の表情を窺《うかが》っていた少女が、ふっと力を抜いた。〝フッフッ〟と含み笑いし、ゆっくりとターンして彼女は離れていった。その背中には憎らしいほどの余裕が漂っていた。

或る日の休み時間、皆が廊下で遊んでいた。きっかけは忘れてしまったが、体格の大きな少女が私に足技をかけた。不意を突かれた私は板張りの廊下に倒され押さえつけられた。両手をおさえられ身動き出来なくなった私は、生まれてはじめて物理的な力の優劣、強弱の凄《すさま》じさを知らされた。

どんなにもがいても、起きあがることはおろか、少女を跳ね返すことも出来ない。少女は支配者の目つきで私を見下ろし、押さえ続けた。

誠実で真面目《まじめ》な少女たちの中に潜む小悪魔の断面。優しさの会話のなかから、親しさの触れ合いのなかから、ふとした隙《すき》に小悪魔たちが踊り出てくる。私は触角をフルに回転させながら小悪魔の危険サインを読みとった。辛うじて危機を回避しながら身を護《まも》った。クラスの中での私の位置はまだ定まらない。級友たちとの距離のとり方も流動的だった。

別の或る日、テストがあった。勉強の遅れていた分、田村蓉子さんに借りた読本でようやく追い着いた気のしていた私は、たまたま満点をもらった。

採点の終わった答案用紙を戻すときに近藤先生がクラスに活を入れた。

「百点は櫻井ひとり。残りのお前たちはどうしたのだ！」

先生の発表は嬉《うれ》しかったけれども、驚きでもあった。先生はこうも言われた。

「その他上位の得点者は伊藤に丸山。櫻井も含めてみんな転校生だ。地元のお前たちはどうしたんだ。気合いを、入れ直せっ！」

先生は相当怒っておられたが、この言葉で私は、転校生は自分ひとりではなかったことを知ったのだ。ずっとあとになって伊藤徹《とおる》さんが打ちあけてくれた。

「あのとき僕は九十八点だったんだよ。ひとつだけ間違えちゃって……」

私はいつも百点をとったわけではない。けれど転校してはじめてのテストだっただけに、伊藤さんの記憶のなかにとりわけ鮮やかに残っているのだろう。

私が転入したとき、伊藤さんはすでに東中のスターだった。野球部のキャプテンで、四番バッター、守りはキャッチャーで、三年生のときには生徒会長まで務めた。穏やかで思慮深い彼は、その人望ゆえにいまでも同級生たちのまとめ役である。

伊藤さんも丸山さんも、とても優秀だった。転校生は転校生である分だけ頑張るのかもしれない。新参者は自分が何者であるかを証明してみせない限り、故《ゆえ》なく埋没させられてしまうからだ。

三年生の秋になった。そろそろ進学先を決めなければならない時期だ。候補として長岡高校と第二長岡高校があった。前者は元々男子のみの進学校で前身は長岡中学である。北越戊辰《ほくえつぼしん》の役で敗れた長岡藩が、苦難のなか、親戚《しんせき》の三根山《みねやま》藩から見舞に贈られたコメ百俵を食さずに、それを元につくった学校といえば通りがよいだろうか。長岡高校は、私たちの入学の何年か前から、少人数ながら女子の入学をゆるしていた。他方、後者は女子のみの高校だった。

母は私を長岡高校に進学させる気でいた。近藤先生もそう考えておられた。願書を出す時期になり、願書提出に必要な戸籍謄本《とうほん》を母が取りよせた。その書類を、何気なく広げてみると、妙なことが書いてあった。妙な印もついていた。戸籍謄本を見るなど初めてである。しげしげと見詰めて、私ははっと気付いた。父は母と結婚する前に、一度、結婚し離婚していたのだ。母とは二回目の結婚だったのか。大きくつけられた×印が目に張りついて離れない。視線の先々で×印が点滅するようだった。動悸《どうき》が止まらず、心臓で小爆発が連続しているような気分だった。

「そう、そういう人生だったの」

私は思わず口に出した。それまで夢にも考えたことのない父にまつわる新たな事実を、私はどうしてもそのまま飲み下せないでいた。

母に問うことはしなかった。夜、布団《ふとん》に入って思案した。私は父にどう対処すればよいのか。父の生き方をどう考えればよいのか。

考えれば考える程、父を否定せざるを得なかった。最初の妻と子どもたちのことは、私たちと同じようにきっと放置しているに違いない。目の前にいる人を大切にしても目の前にいない人のことは忘れることが出来る人なのだから。私はそう考え、猛烈に父を否定した。

あのとき冷静に考えることが出来るほど大人だったら、父にもさまざまな事情があったであろうと思いやることが出来たはずだ。父母の人生を振りかえっても、二人の別居は必ずしも二人だけの責任ではない。戦争と敗戦という個人の力を超えた大きな事象が、両親の間の距離を広げていったからだ。最初の妻との間にも、父の力や気持を超えたところで大きな運命の流れがあったのかもしれない。

しかし、×印を見てしまった私は、そんなことを考える余裕をなくしていた。父が離婚していた、そのあとに母と結婚していたというだけで、心はザワザワと波立ったのだ。

まんじりともせずにすごした夜が明けかかる頃、私は一大決心をしていた。以降、父の力には頼らないことを。父の期待には決して沿わないことも決心の内だった。

父の力に頼らずに生きていくには何よりもまず、自分の口は自分で賄《まかな》うことだ。私は高校進学を取りやめて就職しようと決めた。

母にも言わず、願書は鞄《かばん》のなかに入れたまま、担任の近藤先生を職員室に訪ねた。セーター姿で先生は私に応対して下さった。

「あの……」

なぜか小さい声しか出ない。

「高校に行かず、就職したいんです」

先生はじっと私を見詰め、仰った。

「まぁ、そこに坐《すわ》れ。よく話してみなさい」

「あの……、就職したいんです」

「どうして就職したいのだ」

「働きたいんです」

「どうして働きたいのだ」

「高校に行きたくないんです」

要領を得ない私の説明に先生は成績表を取り出してきた。おもむろに成績表の頁《ページ》をめくってはいたが、別に成績をたしかめているのでないことは、私にも伝わってきた。

それでもひとつふたつ、学力について自信がないのかと尋ねて、やがて言った。

「では、シリョクがないのか」

シリョクって何？　死力？　視力？　どういう意味？　私には近藤先生の問いが理解できなかった。

答えられずにいると先生が重ねて言った。

「シリョクが理由なら、先生がどうにか考えてやる。先生はお前は就職するよりも進学したほうがよいと思う。もう一度、お母さんと一緒に考え直しなさい。必要なら、先生がお母さんを説得してやる。お金なら解決の道はある」

ここで私はようやく理解した。シリョクは資力だったのだ。言葉の意味がわからなかったことで、私は少しばかり圧倒されていた。それでも、もうひと踏ん張りして言った。

「母が進学を止めているわけではないんです。母には、まだこの話はしていません。母も就職には反対すると思います。けれど私が自分で働きたいと思ったのです」

「さっきからお前は働きたいと言うが、その理由が先生にはわからない。資力の他に心配事があるのか」

私は黙ってしまった。人に言えるようなことではないと、当時の私は思ったのだ。

黙っていると、先生はサッパリした声で言った。

「先生はお前は馬鹿《ばか》ではないと思っている。もう一度、しっかり考えてから出直して来い」

ウジウジしていた私は、あっさりと捌《さば》かれて職員室を退出した。軽く去《い》なされた形になったけれど、私の決意は変わらない。そう自己確認をして家に戻り、夕飯の仕度をしている母に言った。

「お母さん、私、進学しないことにした。就職するの」

母は意外そうな表情で何か言いかけたが、半分出かけた言葉をのみ込んで穏やかに言った。

「その話、夕飯のあとにしましょうね。大事なことだから」

余裕のある母の対応に私は反発した。

「大事なことだと思うならいま聞いてくれてもいいでしょ」

夕食のあと、私は不機嫌の罠《わな》に自ら落ち込んだ。意図的に不機嫌にしていたら段々と本当に不機嫌になってしまったのだ。私は先生との対話も報告しなかった。自分の気持も説明しなかった。不機嫌な振る舞いが、どこかで虚勢につながっていた。

翌日からは町の方々へ出かけて、社員募集の広告を探したが、そんなものが簡単に見つかるはずがない。職業安定所を探したが、入るのは憚《はばか》られた。こんな臆病《おくびょう》なことで仕事に就けるのか。考えると気持が暗くなった。

自分の心のなかの靄《もや》が晴れず展望も見えてこないとき、一番身近な人に当たることになる。一番愛してくれて全《すべ》てをゆるしてくれる母に、私は当たった。いつしか私の想《おも》いは母を困らせるにはどうしたらよいかというふうにねじ曲がっていった。そうだ、不良になればよい。しかしこれは兄と一緒のパターンだ、まずいかもしれないと頭の隅で考えた。しかし、一度回り始めたこのうしろ向きの思考は止まってはくれない。消えてもくれない。私は兄と同じ罠に落ちていった。では不良になるには一体どうしたらよいのか。そうだ、まず、煙草《たばこ》を吸うことだ、と私は結論づけた。

劇画にもならない単純さである。だが、私はとにかく煙草を買った。勉強机の引き出しに入れて夜になって取り出した。はじめてのことでうまくいかない。どうしてもうまく火が点《つ》かない。とても吸えないし、吸いこめない。ならば吹いてみよう。吹いてもうまくいかない。だが、吸い殻はなるべく多く、つくっておかなければならない。さもなければ、母はびっくりしはしないだろう。こうして悪戦苦闘の一夜が明けた。

翌日母の顔を見た。母は何も言わない。私は不機嫌な顔で学校へ行き、戻った。勉強机に坐って昨夜と同じことをした。気がつくと、母が背後に立っていた。私はこれ見よがしに振りかえった。すると母は言ったのだ。

「火の元に気をつけなさいよ」

愕然《がくぜん》として、私は母を無視した。振りかえってみたら母はもういない。隣りの部屋でいつものように編み物を始めていたのだ。

煙草を一箱消費するのは並大抵ではなかった。私は意地になってその日の夜も煙草と格闘した。夜も更《ふ》けて母がやってきた。微笑を浮かべている。

「かして御覧なさい」

母は私の手元の煙草を一本とって火を点け、上手にすっと吸い込んだ。鮮やかな手つきである。それどころか、深く、煙を飲み込んだ。何秒かして口紅をつけたきれいな口元からフーッと吐き出したのだ。

「煙草はね、吹いてはいけないの。こうして飲むものなのよ」

虚を突かれた私は母を見詰めていた。肩の力が抜けてしまったような私の脇《わき》に坐り、母は話してくれた。

「ずっと若い頃、ハノイでお父さんが浮気をしたことがあったの。お母さんは口惜《くや》しくて、お父さんが置いていた煙草を飲んだのです。お父さんへの反発かしら、それとも心配かけようと思ったのかしら。

それで煙草はお手のものなの。でも、煙草って美味《おい》しくないでしょ。お母さんもやめたから、よしこもういいでしょ」

不良になるという決心は、これで事実上空中分解した。私には不良になるだけの意気地がないのである。そう訴えると母は言った。

「それは意気地なしとは言わないわ。自分の気持を正確に言い表わすためにも、よしこはもっと勉強しなくてはね。いまのままでは、力が足りませんよ」

母にはとてもかなわない。それでも最後に抗《あらが》ってみた。煙草と不良の真似《まね》はやめるけれど、父に頼りたくないから就職はするのだと言い張った。母はこれまた朗らかに言った。

「よしこの目指しているのは県立高校でしょ。県立高校の授業料は決して高くはありませんよ。お母さんが仕事をしてそのくらいのお金は出せるから大丈夫よ。お父さんには頼らなくても、お母さんに頼りなさい。お母さんになら頼ってもいいでしょ。大丈夫、お母さんが支えるから」

母は完全に私の心を読んでいた。いま振りかえってみても、あのとき母が微動だにしなかったことを感謝している。なぜなら中学三年生の反抗は、大人の対応次第ではいか様にも迷走し混乱し深刻化していくと思うからだ。

私の気持が完全に落着いた頃を見計らって母は、父の一回目の結婚について語ってくれた。母も知らなかった一回目の結婚で、父は二人の娘を授かったという。そのかわいい娘二人と妻を置いて海外に進出し、そこで母と出会ったのだ。母は結婚後に父の最初の結婚について知らされるが、御本人たちにはまだ会ったことがなく、いずれ、その人たちに会う機会があるかもしれないけれど、全ては自然の流れに任せるのが一番よいと考えているなどと教えてくれた。

母の知る全てを聞いたとき、私も母と同じように自然にまかせるのがよいと考えた。事実は、必要でよりよいタイミングが訪れたとき、自《おの》ずと姿を現わしてくれると母は言った。中学三年生の私は、その母の言葉を信じることにしたのだ。

魚の目の女性

長岡高校は入学してみると実に興味深い学校だった。

生徒によっては耐えきれない程の厳しい指導で新入生は鍛えられていく。その日々をどうしのぐか、与えられた負担にどう耐えるか、そこから何を汲《く》みとるか。全《すべ》て生徒個々人の課題であり、ひとりひとり、課題を解いていくプロセスが、自分自身を見詰め力をつけていくことに帰結していくのだろう。

入学式当日、会場となった講堂は黒の詰襟姿の生徒で埋まっていた。雪国の早春はまだ寒い。校舎と講堂を結ぶ渡り廊下も講堂の床も冷気のなかにあった。だが、詰襟の生徒たちは全員素足である。長岡高校では生徒は真冬でも素足ですごすきまりだったのだ。

明治五年に創設されたこの学校の、約三十年前に編纂《へんさん》された百年史を見ると、生徒たちはやはり素足で写っている。入学式の日、講堂に掲げられていた二つの額には、

「剛健質樸」「和而不同」と大書されていた。在学中、耳にタコが出来るほど聞かされた言葉である。講堂正面には、偉大なる先輩の山本五十六《いそろく》元帥《げんすい》の大きな写真が飾られていた。

山本元帥の写真が見下ろす講堂の床に、生徒たちは正坐《せいざ》して式典をすごす。板張りの床に正坐するのはただでさえ大変なのに、このとき縦から見ても横から見ても斜めから見てもまっ直《す》ぐの線になるよう背を伸ばし、体を静止させて揺れないようにと注意される。縦横斜めの一直線が緊張感を高める。式典で聞かされたことは何も記憶になく、私の身体感覚だけが、その場の緊張感を記憶している。

式が終わると、各々《おのおの》、振り分けられた学級に行った。私たちの組だけが男女混合だった。私たちの学年は男子生徒が約三百人、女子生徒が二十三人の偏《かたよ》った編成だった。元々男子中学として創設された伝統の延長線上で、当時も女子の入学はとても少なかったのだ。女子が全員一クラスに集められた結果、他のクラスは全員男子のみだった。

教室に入った途端に担任の鳥羽先生に告げられた。

「今日から受験勉強を始めるように」と。

三年間の始まりだからこそ、行く末を考えて自分の生活を目標に沿った形でつくっていかなければならないと先生は仰《おっしゃ》った。入学初日から三年後の大学入試の勉強を開始せよという訓示も凄《すさ》まじいが、最大の凄まじさはこのあとにやってきた。新入生全員が、再び講堂に集められたのだ。

招集したのは三年生を中心とする応援団である。一年生だけが再び講堂に整列させられる。式典にいた二年生も三年生も、先生も親たちも、もはやいない。広い講堂に一年生だけが並ぶために、ひとりひとりの距離は随分と離れていた。

再びここで例の縦横斜めの一直線をやらなければならない。立たされたり正坐させられたりしながら、一年生の私たちは目を白黒させて上級生の指示にしたがった。

三年生の応援団のリーダーたちが鋭い目付きで回って来る。少しでも右にずれていたり左にずれていると厳しい叱責《しっせき》が飛ぶ。隣りの子はどうしているかと横を見れば「よそ見をするのは誰だ！」と一喝される。早く終わってくれないかと入学祝いに貰《もら》った腕時計を見たら、またまた一喝された。

一年生から見ると、たった二歳しか違わないのに三年生は二十歳も上のような気がする。体格も大きく、蛮カラで見るからに恐ろしい。その人たちに怒鳴られながら身じろぎも出来ないため、恐怖心は極限まで高まるのだ。

この状態で私たちは校歌と応援歌を習ったが、習得すべき歌の数たるや生半可ではない。

そもそも校歌が二つある。第一校歌は、学校の位置、歴史、その特徴、生徒の心得、目指すべきものが、全て一番から五番の歌詞に盛り込まれている。たとえば一番の歌詞である。

「我が中学の其の位置は
構《かまへ》は八文字浮島の
兜《かぶと》の城と名も高き
旧城跡を前に見て
峨々《がが》たる嶮峰《けんぽう》鋸《のこぎり》は
其の東面に天を指し
本島一の大河なる
信濃川は其の西に
汪洋《わうやう》広野を浸しつつ
北海さして流れ行く」

これを歌えば長岡高校（旧制長岡中学）の地理的条件がわかる。しかし、わからないこともある。「旧城跡を前に見て」とあるのだが、旧城跡などどこにも見えない。石垣もない。三年生が、何か聞きたいことはないかと大声で一年生に言った。私はつい、あの……と、石垣やお城の跡はどこにあるのかと問うた。一番先に覚えよ学べよと言われた校歌の一番の歌詞のイメージを、リアルなものとして受けとめようと考えた末の質問だった。

「馬鹿者《ばかもの》!」

と三年生は怒鳴った。そんなことは後でよいと言うのだ。余りにひどい怒鳴り声に、私の心臓は震えた。喉《のど》もカラカラになるほどこわい想《おも》いをさせられたが、眼鏡をかけた背の高い三年生の反応は、いまになってみれば少々おかしくもある。

彼も恐らく答えを知らなかったのだ。そもそも長岡城には石垣といえる石垣はなかったのだと、長高の先輩で現在長岡市立中央図書館館長の稲川明雄氏に教えてもらった。

「長岡には石がないのです。わずかにあったお城の石垣の石は、全て他藩から千石船で運んで来たものです。長岡城の垣は、土を盛り上げた形でつくられており、普通のお城から連想する堅固な石垣は、最初からなかったのです」

どんなに理屈が通っていなくても、三年生の言葉は絶対だ。応援団の三年生は、先生よりも怖かった。私たちは意味を考える余裕もなく、二番三番と覚え、第二校歌を覚え、次に団歌、応援歌の一、二、三、四、五を覚え、出塞賦《しゅつさいふ》を覚え、凱旋《がいせん》歌を覚え、閉戦歌を覚えなければならないのだ。

出塞賦は戦いに臨み、出陣していく想いと決意の歌だ。私たちはこれを、スポーツで他校との試合に出ていく選手たちを送り出すときに歌った。試合に勝てば凱旋歌、敗れれば閉戦歌である。凱旋歌は勢いはあるが太鼓をドンドンと打ち鳴らすような一本調子だ。閉戦歌には旋律があって私はこのほうが好きだった。

各歌ともに、歌詞は三番、四番、五番まである。三年生は怖い顔でその歌詞全て、翌日までに覚えてこいと言うのである。

こんな無理難題の宿題に加えて、気をつけ、休めの練習があった。気をつけのときには足先から頭のテッペンまで一本の線になれという。手は体の線に沿ってまっ直ぐ下におろし、指先までのばして一本の線にならなくてはならない。

日本が敗戦したとき、米占領軍司令官のダグラス・マッカーサーと昭和天皇が並んで写った写真がある。あの写真のなかの天皇陛下は正装で両手を体の脇《わき》にそってまっ直ぐにのばしておられる。指先だけ、自然に曲げられているが、基本的に気をつけの姿勢である。マッカーサーは対照的に腰に手を当てて立っている。敗れた国と勝った国の立場が双方の姿勢の保ち方に表現されているが、私たち一年生は、「きりりとした線になれ」と言われて立ち続けた。

そのうちに一年生の一人の海野洋子さんが足に痙攣《けいれん》をおこした。一本の線になろうと足先まで伸ばし続けた結果である。

「ハッハッハッ」と彼女は想い出して笑う。

「怖い顔して見回っていた上級生が、私が蹲《うずくま》ったら慌《あわ》ててしまって、大丈夫かなんて優しく聞いてくれたの」

群れで見ると怖い上級生も、ひとりひとりは存外気が優しかったり配慮がゆき届いていた。

こうして高校入学の日はすぎていった。ひたすら緊張し疲れた一日だった。こんなふうにして始まった長岡高校での生活は、私にとっては思いの外、楽しかった。何より転校生の悲哀はもうなかった。全員が同じスタートラインで始めたからだ。私は応援団の怖い三年生にも脅《おび》えないで、体を鍛えて、心を磨いていくと、母に誓った。すると、母は私の制服のスカートの襞《ひだ》にアイロンを当てながら、嬉《うれ》しそうに言った。

「よいお友だちをつくりなさい。いつでも家に連れていらっしゃい」

それにしても長岡高校の先生方は、私たちをよく叱《しか》った。一年担任の鳥羽先生は英語の先生だったが、独特の教え方をしておられた。英語の文章を常に分解させたのだ。主語、述語、目的語などは勿論《もちろん》、前置詞のｏｎを「くっついた状態で」、ｉｎを「占領した有様で」と教えた。私はこの教え方がいやで、或る日職員室を訪ねて言ったものだ。

「あの……」

「なんだ」

「先生の教え方が余り好きではありません」

「大馬鹿者、好き嫌いじゃないぞ。先生が一番良いと思って教えてるんだ。文句を言う前に勉強しろ」

「でも先生、もっと別なふうに教えてほしいです」

「神武《じんむ》以来の大馬鹿者。お前より先生が正しいんだ。文句言わずに勉強しろ」

思いかえしても呆《あき》れて笑ってしまう。一年生なのによくも教師に教え方が悪いなどと言いに行ったものだ。先生もまた、少しも生徒の私に媚《こ》びることなく「大馬鹿者」と言って自説を主張なさった。ちなみに「神武以来の大馬鹿者」というのは先生の好きな台詞《せりふ》のひとつだった。クラスの殆《ほとん》ど全員が、神武以来の大馬鹿者といって叱られ、満足のいかない答えだと言われて立たされた。

そして後年、そんな鳥羽先生の教え方が英語力をつけるのに役立ったと多くのクラスメートが評価しているのだ。

川上真澄先生は物理の先生だった。私立の文科系を受ける生徒にとって物理は受験科目ではない。物理の勉強から自然に遠ざかりがちになる。すると先生は活を入れる。

「私立文科の馬鹿者ども、これだけは覚えてこい」

そして六、七題の練習問題を出す。それをやればカツカツ物理が理解できる類《たぐい》の出題で、その約半分が試験に出る。そしてそれが出来れば落第しないだけの点数はとらせてもらえるのである。

体育の木島先生は存在自体に迫力があった。大きな体と大きな声、絶対に妥協せずに生徒をかっちり指導された。先生方さえも一目置いていた。この師を私たちは木島《ぼくとう》と呼んで、敬意を表した。〝木刀〟のように怖いという意味をかけての呼び名である。先生が近くにおられるだけで緊張し、挙措にも言葉遣いにも気を配った。また指示されたことは敏捷《びんしょう》にやってのけるようにとりわけ気をつけた。剛健質樸、或《ある》いは和而不同の教えは木島先生に大層似合っていたと思う。

中山礼治先生は銀髪の上品な佇《たたずま》いだった。古文の担当で、厳しいときには本当に厳しかったが、よく読み込んで文意を汲《く》みとっていることを示したときなどは、とても誉《ほ》めて下さった。

高野一能《かずよし》先生は三年生のときの担任だ。皆、一能《いちのう》先生と呼んで親しんだ。小千谷駅に近い五智院というお寺の御住持で、毎日の読経《どきょう》のせいか、すばらしくよい声でよく笑った。東大でインド哲学を専攻し、英語を教えて下さったが、英語の講義よりもインド哲学から始まって世の中のことについてよく話して下さった。御住職として法話をする機会が沢山あったのだろう。話し慣れた先生のお話に退屈することはなく、最後に、生きることも死ぬことも恐れることはないというふうなことを仰って破顔一笑するのだった。卒業のときに先生が、ひとりひとりの生徒を、丁寧なお辞儀で見送って下さった姿がいまも脳裡《のうり》に焼きついている。

長岡高校の校風はこんな先生方によってつくられ磨かれていたが、厳しい上下関係のなかでは、往々にして生徒にとって理屈に合わないことも多々、あった。しかしその割に生徒たちはよく言いつけを守り従った。叱り言葉の裏に生徒へのしっかりした愛があり、先生方の言動が大人としての自信に裏打ちされていたからだ。

長岡高校はまた、生徒のテストの点数を張り出すのを常としていた。どのテストも上位の得点者のみの張り出しだ。八十五点以上が「特」八十点以上八十四点までが「上の上」として名前が出された。

同期のなかで輝やける存在は幾人もいたが、とりわけ光り輝いていたのがフーチャンこと近藤フジエさんだった。私だけでなく、女生徒は大概成績がよかった。科目に得手不得手があるにしても、常に張り出し名簿の上位にいたのは女生徒だったが、フーチャンは特別だった。彼女はどのテストでもいつも張り出され、文科系も理科系も万能でおまけにテニス部でも活躍していたのだ。テニス部の彼女のパートナーは、実は私だったのだが、私は彼女の繰り出すスマッシュには全く対抗できなかった。

同学年三百余名の内、女子は圧倒的少数の二十三名で、運動部に所属する女子はさらに少なかった。何をしても目立つ存在であり、少数であるがゆえに私たちはさまざまな特典を得た。

真冬でも男子は靴下も上履きもゆるされないのに、女子は両方ゆるされていた。テニス部の部員は大層多く、男子は相当の実力があっても球拾いをさせられていたが、下手な私たちにはいつもコートが一面用意されていた。逆差別のなかにあって、女子は一様に人気者であり、ここでも勉強と運動の双方に秀《ひい》でていてサバッとした男の子のような性格のフーチャンがスターだった。

私は彼女や樋口昭美さん、古幡征子《ふるはたゆきこ》さんらと、毎日、日の暮れるまでまっ黒に日焼けして練習した。そのうえ写真部にも入って真似《まね》ごとのように写真の現像をしたりした。就職を考えたことなど忘れて、高校での毎日を楽しんだ。

当時を母が振りかえった。

「高校生のあなたは子ども時代のあなたとそっくり。明るくておしゃべりで何でも話してくれたわね。お母さんはね、あなたが運動部で体を鍛えたことがよかったのだと思うわよ」

練習に力を入れていた私の腕は、利《き》き腕の右腕が左腕よりも太いのが一目でわかるほどに鍛えられた。長さも一センチほど長かった。そして時々、校則を破った。練習で空腹となった私たちは、今朝《けさ》白《じろ》町の山正《やままさ》食堂で先輩たちにカレーライスやうどんを食べさせてもらった。大手町の岩佐屋でアンミツも食べた。そんな店に下校途中に寄ることは学校から禁じられていたのだが、先輩たちは内緒で連れていってくれた。帰宅して、私は母に食事をしてきたと言えなくて、再び家で夕食を食べる。育ち盛りで、運動した体に食事はいくらでも入っていった。

その頃、兄は大学に通い始めていた。

「ダムのような大きな大きなものをつくってみたいんだ」

兄はそう言って日本大学の土木科に入学した。小松原高校以来の親友の本多さんも同じ大学の同じ学部に進んだ。

「大学に入学しても、高校時代の藤井先生との生活が暫《しばら》く続いたんだよ。藤井先生は僕のこと、本当に可愛《かわ》いがってくれた。三か月くらいして、ようやく日大の藤田先生の所に下宿させて貰《もら》うことになってそちらに移ったの」

兄は今度は藤田教授のところに間借りして食事を賄《まかな》ってもらうようになった。

「大学の授業料は親父《おやじ》が出してくれた。その他に月に一万円の生活費を送ってくれたから、あと不足の分はアルバイトで埋めたんだよ」

どんなアルバイトをしていたのかと問うと、結構危険な仕事、と言って笑った。

「ハハッ、嘘《うそ》だよ。よしこがやれば危険だけど僕は大丈夫だ。よく行ったバイト先は佐藤工業という会社で電気系統の配線工事のバイトさ。土木科にアルバイトの案内が来ていたり先輩のツテで紹介されたりするんだよ」

兄は屈託なく語った。そして大学生活はバイトと遊びに明け暮れたとも言う。

「自慢できないけど、勉強しなかったんだよね。マージャンはうまくなって、大学の新しい友だちも出来たけどね。

そんななかで僕はあまり親父のことを考えなくなったんだよ。大学に入ってからは、向こうも来なくなった。使いに立っていた女性も含めて殆ど行き来もなくなった。それでいいか、とも考えた」

兄の大学入学に前後して私も高校生になったのだが、私にはひとつ気になることがあった。中学三年生の春の修学旅行で関東に行ったとき、私ははじめて父を訪ねたのだ。訪ねていった私の前に、父はなかなか姿を現さなかった。部屋に通されて待っていると、青緑色の着物の女性が現れた。小さな器に美しく盛りつけた菓子を運び、女性は勧めた。

白く端正な顔。日本的な美しさ。彼女はニッコリ笑って「よしこちゃん」と呼びかけた。

つややかに結い上げた年期の入った髪型は、彼女の姿と立居振舞に欠かせぬものであろう。私自身は着物に馴染《なじみ》もなかったが、明らかに美しく着こなして垢抜《あかぬ》けした姿であるのは見てとれた。

身じろぎもせずに見詰める私を、彼女は正面から見詰め返した。静かな迫力。顔には美しい微笑をたたえていながら、その目は冷たく凍っていた。魚の目、と私は感じた。

「魚の目のように冷たい。美しい顔のなかの冷たい光。ほほえみのなかの敵意」と十代の私は感じとった。

父はその女性と私を先に会わせてもまだ、姿を現しはしなかった。世話をしてくれる女中さんや父の店で働く同じ年頃の女の子が私の相手を務めて時間がすぎていった。

それでも、父は、来てくれない。

私に会うことが、父の眼前の人々、先程の女性や彼女の子どもたちに憚《はばか》られると父が考えていることは、私にもわかった。そして私は、どのくらいか覚えていない程、長い時間、待ち続けたのだ。

小さい頃から、私はどれくらい長い間、父に会ってこなかったのだろう。兄が訪ねた折りの写真がなければ、その顔さえ、定かには想い出せなかったかもしれない。遠くなり近くなりするそのイメージの人が出現したのは翌朝になってからだった。

私はあのとき、父の家に泊ったのだ。しかし、泊ったという実感はない。私は自分の目で父を確かめるために、ひたすら起きて待っていたのだ。流れていながら静止したかのような時間を、私は父を待ちながらすごした。

翌朝、姿を現した父は「よしこか」と聞いた。修学旅行の日程を尋ね、食事はきちんととったのかとも尋ねた。そして「お父さんは忙しいから」と言って短時間で姿を消した。テーブルの向かい側にきちんと坐《すわ》って会話したというより、襖《ふすま》を開けたところで父は立ったまま話したのではないかと思うほど、実体のない行き摺りの会話のような心細さが私の心のなかに残っている。けれど、仕方がないのだと私は考えた。青緑色の着物の女性も、その実姉も、皆が父の動きを見詰めているからだ。いわば衆人環視のなかで、彼女たちに好《い》い顔をしたい父には、私とじっくり話し、父親らしい心遣いをみせることは難しかったに違いない。短時間、顔を見た。私は、それが父の出来得る最大限のことなのだと考えた。

以来、私の脳裡には、父の顔と一緒に青緑色の着物の女性の、冷たい魚の目が棲《す》みついた。

彼女の目の冷たさの半分以上が、自己防衛のためだったかもしれないと、いまの私は考えることが出来る。だが十代の私は、彼女の全てを、視線の鋭さと冷たさも含めて額面どおりに受けとった。

けれど、長岡高校での楽しかった時間のなかで、私もまた、兄と同じく、父のことを忘れることが出来た。想い出して悩まずに済んだといえばよいだろうか。春休みがすぎ夏休みがすぎ、二年生も無事に終え、私は三年生になった。夏休みで長岡に戻ってきた兄を迎え、三人ですごしていた屈託のない或る日、兄が言ったのだ。

「親父がね、海外に行ってるらしいよ」

「そう……」

母は応《こた》えた。

このことが、まもなく、私たち全員に大きく降りかかってくることなど、まだ誰も予想していなかった。

白いワンピースと白い帽子

長岡高校入学の日に、担任の鳥羽先生が、その日から受験勉強をするようにと仰《おっしゃ》ったにもかかわらず、三年生になったとき、私は数学と物理が苦手科目になり果てていた。これでは国立大学には入れない。

炬燵《こたつ》で手を温めながら母に告白すると、編み物の手を休めて母が言った。

「人間はみんな同じように沢山の能力を授かって生まれてきているのよ。だからお母さんはあなたに能力がなくて数学や物理が出来ないとは思わないわ。ただ、好きではないんでしょうね。そのかわりに国語や英語や歴史は好きでしょう。だったら好きな科目をもっと勉強なさい。

国立大学でなくても私立でも、きちんとした大学なら、お父さんも喜んで下さるわ。授業料は高いけれど、そのことは以前から頼んであるから大丈夫よ」

三年前の高校受験のときには、父の資力には頼らないと考えたことなどすっかり忘れて、私は父に大学の授業料や入学金を出してもらう気になっていった。

やがて受験が始まった。誰かが合格すると皆が喜んだ。東京大学に入った生徒の名前は、晴れがましく学校の廊下に大きく張り出された。同期のスターのフーチャンは、国立大学も私立大学も受験校全《すべ》てに合格した。どこに入るか、彼女は贅沢《ぜいたく》な悩みの末に東京芸術大学を選んだ。もうひとりのスターだった古幡征子さんは津田塾を選んだ。テニス仲間だった樋口昭美さんは中央大学に、海野洋子さんは東京教育大学に合格した。私も一応名の通った私大に合格した。

だが、そこで私たち一家はハタと立ちどまったのだ。兄が言った。

「親父《おやじ》と連絡がとれないんだよ。日本にいないんだ」

兄はまだ大学生である。私の大学の入学金や授業料を出す力は到底ない。母と私は雪深い長岡で細々と暮していた。当座をしのぐ貯《たくわ》えはあってもそれは余りにささやかだ。大きな出費にはとても足りない。にもかかわらず、父は日本にいなかった。

兄が言った。

「実はね、あの女性《ひと》に聞いてみたんだ。親父からよしこの入学金などの費用は預ってないかって。全く知らないって言ってた。それ以上言いたくなかったから言わなかったけど」

私はようやく自分の甘さと迂闊《うかつ》さに気付いた。部活でテニスをしたりしている間にもっと勉強して授業料の安い国立大学に入れるほどの力をつけておくべきだった。或《ある》いはアルバイトをしてお金を貯えておけばよかったのだ。

おもむろに母が口を開いた。

「あの方にお父さんとの連絡をお願いしましょう」

「あの方」とは、父と暮している青緑色の着物の女性の実姉のことだ。何か事があると、彼女がなかに入って連絡役を果たすようになっていた。

間もなく彼女はやってきた。早春とはいえまだかなり雪の残る長岡に、彼女は箱一杯のエクレアを抱えて現われた。

彼女は長い長い物語を語り始めた。

もう一年も前から父がハワイに行っていること、海外に憧《あこが》れ続けた父がホノルルで大きな日本食レストランを開いたこと、商売は繁盛《はんじょう》しているけれど人遣いが下手なこと、気性が烈《はげ》しく自分が仕事の出来る分、働いてくれる人々に厳しいこと、一方、東京の料亭は〝妹〟を助けるために自分と弟がフルタイムで入ったため経営はうまくいっていること、父がいる間は経営に直接関わらなかった〝妹〟がいまや成長し、しっかりと店を支えていることなどを語り、こう言った。

「だからね、よしこちゃんがハワイに行けば全てが上手《うま》くいくんですよ。お父さんは元々、女の子は大学に行かなくてもいいと言ってらっしゃるし、高校を出てひとつの区切りもついたでしょう。

お父さんは単身赴任で身の回りの世話をする人もいないんですから、向うにあなたが行って、やがて皆で向うで一緒に暮したらいいのよ。妹は海外に行くわけにはいかないけれど、お母さんは海外生活も長いんですから、丁度よい機会ですよ」

彼女がハワイの父をその店に訪ねたときに、私に来てほしいと、父が語ったとも言った。そして彼女自身の辛《つら》い体験話をまた繰り返した。

「父親が料亭のお内儀《かみ》の元に居ついてしまって、家には母と私と弟妹が残されたんですよ。ある日父が帰ってきて、妹だけ連れていったのよ。妹は父と料亭のお内儀に娘として蝶《ちょう》よ花よと育てられ、一方の私はその料亭で女中のように働かされたんです。そして私のお給金を、お内儀はポンと床に投げて渡すんですよ。それを私は拾って、母のところに持って帰ったものですよ」

大粒の涙をこぼして、彼女は辛かった日々の残影を繰り返した。そして言うのだ。

「だからよしこちゃん、ハワイに行ってお父さんと暮しなさい。お父さんもあなたに来てほしいと言ってらっしゃる。あなたが取り戻すのよ」

取り戻す？ 何を？ 父を取り戻すという意味なら、その実体はなかった。心にあたため続けていた父の記憶は余りに少なく、取り戻す以前に、父は私のものではなかったのである。父については、無論、母からも兄からも沢山聞いた。けれど、私自身の父とのかかわりは春の淡雪のように頼りないものばかりだった。

彼女は意外なことも言った。

「お父さんのまわりにはいろいろな人が集まりますからね、新しい女性など出来たらいやぁね」

母の前でケロリとした表情である。

「青い目の英語の女性だと困るものね。その辺もよしこちゃんが見てくれるといいんですよ」

「青い目でなければいいの？」と私は心のなかで反発した。けれど母の手前、黙っていた。彼女も花柳界という言葉をよく使ったが、彼女たちの世界ではこんな会話が日常的になされていたのだろうか。

夕方近くまで語り続けた彼女が去ったとき、母が私たちに話した。

「残念だけれど、お母さんの力ではよしこの学費は出してやれません。お父さんが日本にいらっしゃるか、または準備をしておいて下されば、可能だけれど、その様子はないわね。だったら、よしこにとって遠まわりになるかもしれないけれど、ハワイに行ってらっしゃい。お父さんの世話をしてさしあげなさい。そして向うで大学に行くのです」

しっかりした口調で言ったあと、母は声音を一転させ落胆した調子でさらに語った。

「それにしてもお父さんが可哀相《かわいそう》……」

可哀相――

母はたしかにそう言った。なぜ可哀相なのだろうか。国立大学の受験さえ考えず、アルバイトもせず、考えなしにすごした自分の甘さと見通しのなさを棚にあげて、学費のない自分こそが可哀相と思っていた私は母の言葉にびっくりした。

「お父さんが家にいらしたとき、お母さんはお父さんを粗末にしたことはなかったと思うの。私は気が利《き》かないところもあるし、気の強いところもあるから、お父さんの気に入らないことはあったと思うけれど、いつもお父さんを大事にする気持で暮していました。

でも、〝あの方〟はまるで、お父さんはもう必要ないかのような言い方だった。御本人がどう思っているかはわからないけれど、今日のような言われ方をするなんて、お父さんが本当に可哀相」

「御本人」とは、青緑色の着物の女性のことだ。母は父が彼女たちに粗末にされていると感じたのだ。折角、一所懸命に働いて事業を拡大し、海外にも進出したのに、女性の実姉が父を取り戻せと私たちに告げたことに、母は静かに怒り、悲しんでいた。女人の気持、愛情や配慮とは、なんと複雑なものか。私は母の言葉を聞いて、なんだかひとつ大人になったような気持がした。同時に自分への可哀相という想《おも》いがスッと消えていき、ハワイに行く気にもなった。

兄は、実姉の話を否定するかのように、私にこう注意した。

「親父がよしこの大学進学は必要ないなんて考えてることはないと思うよ。学者になってほしいとは思ってないと思うけどさ。でも留学するとしたら、英語での勉強は大変だぞ」

それに母が言葉をついだ。

「よしこは英語は苦手ではないし、焦《あせ》らなければ大丈夫よ。お父さんと住んでお父さんの人柄を見ることも出来るでしょう。お父さんを大事にして、大学にも行って、出来たらアメリカという国をよく見て来なさい」

こうして私のハワイ行きが決った。その後、出発する前に私は青緑色の着物の女性に会った。彼女は後年随分とふくよかになったが、当時はほっそりとしていた。美しい人で表情はさまざまに変化した。上品な美しい表情も、いかにも世間智《せけんち》に長《た》けた遣《や》り手《て》の表情も、やさしい微笑も冷酷な目も、この女性《ひと》のなかにはすべてがあった。多くの客や取引先をあしらっていく内に、自然に身につけたものなのだろう。

よくよく話を聞いてみると、彼女もまた古風な人だった。彼女は父によく尽くし、父の言いつけを守ってすごしてきたと強調した。彼女には、兄と同じ年の娘が一人、父との間に男の子が一人いたが、父がその娘を実の子以上に大事にしてくれたとも語った。私は複雑だった。父が実の子の私たち以上にその子たちを大事にしているのは、三年前の修学旅行のとき以来、ちゃんとわかっていたからだ。父の実子であった私が、そのことによって傷つかなかったといえば嘘《うそ》になる。けれど私は傷ついた気持を周囲には見せないように努力した。出来るだけ自然に振舞うようにしていたが、彼女は、その傷口に鋭いナイフの刃を差し込むように繰り返したのだ。優しい物言いのなかに、こうして時々、鋭い針が混じる。

それにしても彼女の話と彼女の実姉の話は重ならないことも多かった。私はどちらの言葉を信じればよいのかわからなかったが、必要なタイミングが訪れたとき、どちらの言葉が事実だったのかがわかるだろうと考えた。人生には「羅生門」の世界がいくつもあるのだ。

父の世話をよくするように、変わったことがあれば連絡を入れるようにと私に繰り返した青緑色の着物の女性もその心中は複雑だったことだろう。彼女にしてみれば、なぜ、いまさら、私を父の元に行かせなければならないのかと思ったことだろう。彼女の立場に立てば、この成り行きは気の毒でもあった。そして彼女も母同様、私に父を大事にするようにと強調した。周りの女性全員が、父を大事にするようにと私に言い、父を非難した女性はいない。非難するのは女性の実姉であり、兄や私だった。父はこと女性に関しては実に幸せな人だったのだ。

父の元に行くにしても、私は母のことが心配だった。私が行ってしまえば母は雪国でひとりきりになる。どうしたら良いのかと私たちが思い悩む間もなく、母は行動をおこした。まだ学生だった兄と一緒に住むことにしたのだ。

こうして母は千葉にある日大の藤田教授の家の別棟に下宿していた兄のところに移ったのだ。

「よしこちゃんが行ったあと、どういう形で昭弘との生活を支えていこうかと考えたのよ。考えているうちに、別棟の空いている部屋に盛《もり》さんが下宿したいと言ってきたの。鉛筆のように痩《や》せている盛さんを見て、とてもいい考えが浮かんだの。寮母のような仕事を自分で考えたのがこのとき」

盛さんとは盛喜代嗣《きよし》さんのことだ。日大で兄の後輩にあたる。盛さんは大学入学のとき、体がとてもひ弱だった。その盛さんに母は兄と同じく栄養たっぷりの美味《おい》しい食事を朝晩つくって食べさせた。青森出身の盛さんは、母の手料理がすっかり好きになり、モリモリ食べた。そして一年で見違えるように頑丈な体格に変わった。

同じように母の手作りの料理に誘われて他の学生たちもやってきた。皆、兄の後輩である。日下《くさか》恒夫さんは広島県福山から、安達壮彦《たけひこ》さんも福山出身だ。朝倉修さんは三重県鳥羽市からだった。

「合宿みたいな暮しだもんね。あれはあれで面白かったんだよ。お袋も一度に子どもがふえたみたいで、忙しかったと思うけど楽しそうだった」

母もその時代を懐《なつか》しむ。

「食事だけでなく、皆にちゃんと大学に行くように厳しく言いましたからね。学生なのに授業をサボる人もいて、部屋でぐずぐずしているのを見つけると、クラスに出るように叱《しか》ったものよ」

母が手料理で健康管理をした兄の後輩たちは、いまでも毎年、母の誕生日に集ってくれる。あの日から何十年もたつのに、母にとってはまるで実の子のような人たちなのだ。時間を共有し、同じ空間で笑い、食事をし、お茶を飲み、相談事をし、悩みを打ちあけ、叱り叱られることが絆《きずな》を深めてくれる。大学生でいる間のわずか四年間、或いは留年組の場合は五年間を世話した彼らが、母にとって実の子同様にかわいいのであれば、父にとって一緒に暮して父親の役割を果たした、青緑色の着物の女性の娘さんが実の子同様かわいく思えたのは、当然だっただろう。

「育ち盛りの皆が、お母さんの料理は食べたことがないほど美味しいと言ってほめてくれたのよ。そして暇があると、皆と一緒に遊んだの。お母さんはトランプ・カードも麻雀《マージャン》も腕を上げました。週末には皆でお弁当をつくってドライブに行ったし、おかげでお母さんも学生気分を味わうことが出来たの」

私には母が兄たちと朗らかにすごした様子が見えるような気がする。つましい生活のなかでも、母は少しもめげない明るさと善意の優しさを失うことがないからだ。そして私は、はじめて海外へと踏み出していた。私は母が新調してくれた白いワンピースに白い帽子をかぶっていた。多くの友だちが羽田に見送りに来てくれた。東中学校から長岡高校まで一緒に学んだ伊藤徹さんや山田貞義さん、高校で仲良しになったフーチャンや昭美ちゃん、テニス部で一緒だった片桐忠さんもいた。勿論《もちろん》、母と兄もいる。そして、青緑色の着物の女性もいた。母は女性とも親し気に話している。長岡高校の友人たちは事情がわからないまま、母や私たちの周りで明るく騒いでいた。

出発の時間が迫り、私は皆と別れて、行かなければならない。緊張気味の私に母が言った。

「向うに行ったらお父さんの言いつけをよく守ること。お父さんを大事にすること。そして尽してあげなさい。こちらのことは大丈夫。よしこちゃんは自分の勉強も忘れないように。これまでのよしこを知っているから、お母さんは全《すべ》て大丈夫だと思っていますよ」

最後の最後まで、きちんと確認して母は私を送り出してくれた。ハワイへの旅は、半分は父への憧れ、半分は母のためであったのかもしれない。

第二章

私たちは二番目なんだ

父からの自立

二十二歳の頃

ミセス・ロングドレス

日本航空の私の座席は窓際《まどぎわ》だった。日本航空に問い合わせてみたら、羽田を出発してオアフ島・ホノルルまで七時間十五分の旅だったはずだという。

小さな丸窓から見るオアフ島は美しいの一言に尽きた。丸窓を埋める空も、見おろす海も、弾《はじ》けるように鮮やかな青色だった。

機体がぐんぐん下がり着地した。誘導路を移動するときもずっと、私は小さな丸窓からはじめての外国の風景を見詰めていた。遠くに林立する椰子《やし》や棕梠《しゅろ》の樹々《きぎ》が、つややかな緑の光りを放っていた。やがて、飛行機は所定の位置にとまり、私は忘れ物のないように注意して、飛行機を降りた。

着いてみたら父がいて、私は呆気《あっけ》ないほど簡単に父に会った。

会いたいときにすんなりと父親に会うなんて世間では当然のことなのだけれど、私の場合はそうではなかった。父との間にはずっと幾重もの壁があった。会うためには儀式とでも呼びたくなる複雑な手続きが必要だった。そういう事情で、会うのはとても難しかったために、ホノルルの空港で私を待つ父の姿をみとめたとき、私は意外の感に打たれたのだ。

それにしても父の姿はおかしい程に日本人だった。南国の開放的で色彩豊かな景色のなかで、白い半袖《はんそで》のカッターシャツに紺色のズボンと革靴だ。髪はごく短くサッパリと刈り込んでいる。遠目にも近目にも、ハワイの雰囲気を身につけることなく、父は丸々日本人の姿でそこにいた。

第一声は、「どうしてもっと早く出てこないのか」だった。

何事につけても元々ゆっくり調子の私は、おそらく入国審査もゆっくりこなしたのだろう。

そして第二声は「どうして日本の大学に進まなかったのか」だった。

こみ入った話を、いきなりふってくる人なのね、と私は思った。青緑色の着物の女性の実姉が言っていたように、気の短い人なのかもしれない、とも感じた。それにしても面白い人だ。時差を越えてはるばる来た娘に、「よく来たな」とか「疲れていないか」などの犒《ねぎら》いの言葉はないのである。

父は私を助手席に乗せて家路を急いだ。

「今夜はフルハウスでお父さんは大変に忙しいんだ。いま頃店では、皆がテンテコ舞いしているよ」

その夜、父の経営するレストランで六百人が集うパーティーがある上に、その他にもお客が入っていて満席なのだという。主人である父が不在だと何かと不都合なので、一刻も早く戻らなければならないのだった。

空港から小一時間、夕陽も沈んですみれ色の空に星が光っていた。詳しい道筋は記憶していないがヌアヌと呼ばれる地域に入り、日本総領事館の角を曲がり、クアキニ小児病院を通りすぎた。大木が繁《しげ》り、水の音が聞こえるあたりにひと際大きく明るい光りが見えた。そこが父の経営する日本料理店だった。

一歩足を踏み入れると、忙しく立ち働く人影がみえた。正面の大ホールの喧噪《けんそう》が伝わってくる。すれちがった女性は着物姿だった。

「あー、旦那《だんな》さん、お帰りなさい！」

甲高い声で挨拶《あいさつ》しながら、彼女は足早に去っていった。割烹《かっぽう》着の板前も「お帰りなさい」ときっちり会釈《えしゃく》した。あちら方向からもこちら方向からも、人が現われては足早に走り抜けていく。飛び交う言葉は日本語だ。

「お父さんは仕事があるから、お前は部屋で休んでいなさい」

こう言って父は私に居室を示した。ガランとしていてなんの飾りもない。とりあえず、ひとつだけあった椅子《いす》にかけた。帳簿などを整理するのであろうか、父の机の上には電話と筆記用具が並んでいた。

部屋のどこにも、嗜好品《しこうひん》や贅沢品《ぜいたくひん》は、かけらさえなかった。それどころか、毎日を楽しく、豊かにしてくれるであろう趣味を窺《うかが》わせるものもなかった。

そうだ、母が言っていた。

「お父さんはひたすら仕事の好きな方よ。あれほど仕事に熱中する人は、男性でも余りいないでしょう」

青緑色の着物の女性も言っていた。

「自分では贅沢は何もしない。けれど事業への意欲は想像できないほど強いの」

身近で父を見詰めた二人の女性の言葉を想《おも》い出しつつ、私はとりあえず、何をすべきか判断しなければならなかった。

時差もあって疲れているといってそのまま休んでしまうか、それとも勝手がわからないながらも店に行って父の手伝いをするかである。

迷うまでもない。答えは明らかだ。私は着替えて手伝いに立った。父は私を見て当然の如《ごと》く言った。

「大ホールのお客さんが帰っていま片づけをしているから、お前はそこに行って指揮をしておくれ」

文字どおり、西も東もわからない人間が、自分よりはるかに年長の従業員に指揮など出来るのだろうか。私は高校を卒業したばかりで、お金をもらって仕事をした経験はない。家庭で食事のあとのテーブルを片づけたことはあっても、レストランの、しかも六百人の大パーティーの後片づけなど、想像できない。

けれど、反射的に私は答えた。

「はい、わかりました」

何もわかっていないのに返事だけはよい。まるで体育会系のノリである。私は大ホールに急いだ。宴《うたげ》のあとの残骸《ざんがい》が会場一杯に広がっていた。膨大な数の食器がテーブルに残されており、白いテーブルクロスにはナプキンや灰皿や箸《はし》やフォークや考えられるあらゆるものが散らばっていた。床には人数分の座布団《ざぶとん》がこれまた乱れ散っていた。

そのなかで数人の女性たちが片づけようとしていた。着物姿の彼女たちは明らかにウェートレスの人たちだ。けれどひとりひとりの動きはバラバラだった。大きなトレイにお皿もお椀《わん》もグラスも盃《さかずき》も大きな鉢も小さな鉢も一緒に入れては、運んでいた。

運び先にはディッシュウォッシャーの男の人がいた。けれど何もかも一緒に持ち込まれてしまうと、持ち込まれた側の仕事も大変である。大変な勢いで洗っていくのだが、多種多様な器のごった返しの山では洗う能率も上がらない。破損する器も出てくる。

私は大きな声で挨拶した。

「今晩は、娘のよしこです。お手伝いさせて頂きます」

ハワイに住む人たちは皆、人懐《ひとなつ》っこい。彼女たちは私の所まで来て、ひとりひとり名乗った。日系の人もいれば、戦後米軍兵と結婚してハワイに移り住んだ日本人もいた。皆、日本から来たばかりの私が手伝いに出てきたことに驚き、いろいろ話を聞きたがった。私は出来るだけニコニコ笑いながら、まずさっと片づけましょうかと言って、大ホールのまだ全く手つかず状態の一区画で仕事にとりかかった。一番先に床の座布団を全《すべ》て片隅に積み上げげた。足場をきれいにしてから大きなトレイを二つ用意し、ひとつにはグラスだけを、もうひとつには紙ナプキンをはじめ捨てるものを全て入れた。

不思議なものだ。これだけで、この一区画は早くも随分と片づいた印象になった。ウェートレスの人たちの視線が集まるなか、私は食器を種類毎《ごと》に集めてトレイにおさめた。形が同じであれば積み上げても安定感がある。トレイの空間も無駄にならず一度の往復でかなりの量が運べる。

最後にテーブルクロスをはがして畳んで積み上げ、テーブルのひとつひとつをきれいに拭《ふ》いてその区画を終えたとき、他の人のところはまだ道遠しの観があった。彼女らの手伝いに入った私に、彼女らは疲れていないかと頻《しき》りに訊《き》いた。不思議にも疲れてなどいなかった。十代の若さと、新しい環境がもたらす刺激に、疲れを感じる余裕がなかったのだと思う。

気の好《よ》い彼女たちは、すぐに私のやり方を真似《まね》た。何もかもごちゃまぜだったトレイは、種類毎に集められた食器で満杯になると、キッチンに運ばれていった。

会場の片づけが終わったのは何時だったのか。憶《おぼ》えていないが、かなり遅い時間だった。広いキッチンの片隅に置かれた事務机で、父は煙草《たばこ》を吸いながら全体の様子を見渡していたが、一区切りついたところでウェートレス全員を集めた。

今日一日の仕事が終わったこと、御苦労さまだったことを告げて、父はその日のお給料を払い始めた。誰それさんは何時から何時までの何時間分、というふうに支払っていった。その日払いの現金渡しなのだ。その光景を見て、私はようやく幾つかのことを理解することが出来た。会社員のようなフルタイムの従業員だと思っていた人々は、全員パートタイマーだということが第一だ。あとでわかったのだが、板前さんも時間給で働いていた。そして賃金は職種によって異なるが、同じ職種の人たちは皆同一だった。たった一晩の観察でも、動きの早い人遅い人、口数の多い人少ない人、効率よく考える人考えない人など、貢献度にかなりのバラつきがあるのが見てとれた。けれど、皆、一律賃金だった。

最後に父が、大きな箱をひっくり返した。パラパラパラ、ジャラジャラジャラとお金が出てきた。チップである。それを、父の傍らに坐《すわ》っていた女性が慣れた手つきで数え始めた。ふくよかなロングドレスの女性だった。経理係にしては服装がきらびやかで化粧も濃かった。見ていると先程からずっとブラックコーヒーを飲んでいる。彼女が合計を出し、人数分で割った。これを父が皆に公平に支払った。その中の一部は、オーナーとしての父の儀式を横目で見ながらまだ山と積まれている食器の山に黙々と取り組んでいる、ディッシュウォッシャーの男の人にも分けられた。

誰もが、全てのシナリオを熟知している印象だった。膝《ひざ》近くまでスリットの入ったロングドレスの女性も違和感なく景色のなかに溶け込んでいた。一体彼女は何者なのか。

父が皆に言った。

「娘のよしこが今日、来ました。未熟者で何も知りませんがこれからは娘の言うことをよく聞いて、仕事をして下さい」

驚いたどころではない。私の言うことをよく聞けと年長のウェートレスの女性たちに父は言ったのだ。レストランビジネスについて何も知らない私に何が出来るのか。パートタイマーの女性たちだから、父はそんなことを言うのか。それにしても、私はまだ子どもなのに。

当時の自分が大人であるなどとはそれまで一度も感じたことはなかった。母も兄も、私に対してはいつも保護者の立場で接していたからかもしれない。父への反抗心から、一人立ちしようと考えたことはあっても、現実の私はまだ母たちに頼って暮してきた。だが、そんな甘い姿勢はアメリカでは通用しない。父もまた、この私を明らかに異る目で見ていた。そしてすぐにわかったことなのだが、そのことは、私がこの大きな店の重要な働き手になることを意味していたのだ。

しっかりしなくてはならないと思った私に、女性たちが真面目《まじめ》に挨拶した。

「お嬢さん、どうぞよろしく」

「どうぞよろしく、仲よくして下さい」

皆、父の前に出ると緊張するのだろう。大ホールで一緒に作業したときより、しかつめらしい挨拶だった。

父は車を持っていないその内の二人を自宅に送っていった。父の車の助手席にはロングドレスの女性、後部座席には私も乗った。車を降りるときに、パートタイマーの女性が言った。

「旦那さん、ミセス、どうもありがとうございました。お嬢さん、ゆっくり休んで下さい」

次に降りた女性も言った。

「旦那さん、ミセス、どうもありがとうございました。お嬢さんも宜《よろ》しく」

〝ミセス・ロングドレス〟なんだ、この女性《ひと》は、と私は思った。

そして、もうひとつ、心のなかでこうも呟《つぶや》いていた。

もしかして、お父さんの新しい女の人かしら。

でも、と私は心のなかで否定した。

お母さんも日本のお店の女性も、とても日本的だわ。お母さんはお洒落《しゃれ》だし、日本のお店の女性も美しくしているけれど、二人とミセス・ロングドレスはタイプがとっても違う。お化粧の仕方も、着るものの趣味も全然違う。だからもしかして、そうじゃないかもしれない。

そんなことを考えていると、父の車は二十四時間営業のレストランについた。

「おなかが空《す》いただろう。食事にしよう」

父はこう言ってメニューを開いたが、奇妙なのは三人の席だった。父とミセス・ロングドレスが並んで坐ったのだ。

注文を終えて料理の出てくるまでの間に、父が彼女を紹介した。

「よしこ、こちらはお父さんの力になって下さっている方だ。これからなんでも相談して教えてもらいなさい。ミセスと呼ばずに小母《おば》ちゃんと呼べばいい」

あとでもっとはっきりわかったのだが、店で働く人たちは全員、彼女を〝ミセス〟と呼んでいた。

〝ミセス〟が優しい声で言った。

「よしちゃん」

「子」抜きのこんな呼ばれ方をしたのは初めてだ。そして彼女の声はとても柔らかだった。親しげに〝ミセス〟は言った。

「一日目からこんなふうでびっくりしたでしょう」

はい、本当にびっくりしました。いまもまた、びっくりしていますが、私のびっくりは正当な理由のあるものなのでしょうか。言葉には出さなかったが、私は心のなかで尋ねていた。

父は仔牛《こうし》のステーキを、〝ミセス〟はクリームスープを、私はクラブハウスサンドとグレープフルーツジュースのダブルを注文した。

「サンドウィッチだけで足りるのか。お父さんのようなステーキはどうだ。遠慮しないで注文するんだよ」

と父が言う。母が言っていたとおり、細かいことに気がつくようだ。そこには心をほぐしてくれる優しさも滲《にじ》んでいた。するとミセス・ロングドレスが笑いながら言った。

「そんな、あなた、駄目ですよ。若いといっても、それほど食べられるはずがないでしょう」

父を「あなた」と彼女は呼んだ。その呼び方って、少しおかしくありませんか、と思いながら、私は思いきり大きくサンドウィッチを頬張った。戻って休んだのはすでに明け方である。こうして私のハワイ生活は幕を開けた。

ミセス・ロングドレスはやがて私に多くのことを話すようになった。派手な洋服、派手な髪、濃い目の化粧にもかかわらず、彼女は実に古典的で日本的な女性に思えた。外見の派手さと化粧のきつさは、彼女の趣味というより、ハワイの流行だったのだろう。彼女は移民した両親と共にハワイに渡ったが、日本人としての教育を受けるために日本に戻った。お寺の経営する女学校に通ったそうだ。

「お茶もお花もお習字もお針もそこで習ったのよ。字が書けなくて口惜《くや》しいから掌《てのひら》に書いて覚えたの」

会話では日本語に少々英語がまじるが、彼女の声はとても魅力的だった。なんともいえない響きがあるのだ。メゾソプラノないしアルトの音域でのゆったりした話し方は、大人の語りであり、郷愁を誘う趣があった。容姿に整った美しさがあるわけではない〝ミセス〟に父が惹《ひ》かれているとしたら、その要因のひとつは、包み込むようなこの声と話し方にあるのではないかと感じたものだ。

彼女は父を尊敬していると、繰り返した。

「明治の男性そのものでしょう。日本の男性ですよ、お父さんは」

彼女は私と語るとき、父をお父さんと呼んだ。

「愛想もなければお世辞もない。仕事のことばかりでまるで武士《さむらい》のような人」

彼女の父への想いは余りに手放しだった。ミセス・ロングドレスは父の実の娘の私に対して、言ってもよいことと控えるべきことの区別もつかず、童女のような無警戒の姿を見せていた。

私はつい聞いてしまった。

「父のこと、好きなんですか」

彼女は答えた。

「好きっていうのではないわねぇ。なんといっていいか、好きではとても不十分で、本当に大事にしたい人。これ以上の人はいないと思う人。考えると、どうしようもない想いにさせられる人」

真顔で語る〝ミセス〟はまさに恋する乙女だった。ここまで無条件に想いを寄せられれば、父も心を動かされるに違いない。もうひとつ尋ねた。

「これから先、父とどうなりたいのですか」

「息子が、マミー、ミスター・サクライと結婚するのって聞いたの。ううんと否定したけれど……」

そこで彼女は口ごもった。出来ることなら父と結婚したいと考えているのは明らかだった。彼女は若くして結婚し、男の子と女の子を授かった。夫は病死し、彼女は小さな食堂を経営しながら子どもを育てたそうだ。

その後、〝ミセス〟の二人の子どもさんに会ったことがある。二人とも私より年長でいかにも愛情深く育てられたと思われる、素直で感じのよい人たちだった。

私は父に尋ねた。

「お父さんはあのひとを好きなんですか」

ストレートすぎる聞き方だが、他に聞きようがなかった。父は真顔で答えた。

「お父さんの年になると好きも嫌いもないんだよ。いままで散々いろいろなことをやってきて、今更馬鹿《ばか》なことは出来ない。お前たち子どももいるんだし」

この理屈は正しいのだろうか。十八歳だった私は考えた。子どもがいるから馬鹿なことは出来ないと父は言った。

それは子どもに対して親の立場で配慮し、責任を果たすということだろう。では、私の大学進学のための学費も準備してくれていなかったことはどういうことになるのだろうか。私に〝ミセス〟を「小母ちゃん」と呼んで、母親のように受けとめて、可愛《かわ》いがってもらいなさいと指示したのはどういうことなのか。私は否応《いやおう》なく、気付かざるを得なかった。父は言葉では「お前たち子ども」と言った。しかし、「馬鹿なことは出来ない」と言うとき、父の心のなかにいる子どもは私でも兄でもなく、青緑色の着物の女性の子どもなのではないかと。

そう思ったけれど、そのときに母の顔が浮かんできた。母が言っているような気がした。

「よしこちゃん、後ろ向きにならずに、お父さんのよいところを見るようになさい。

人間関係は鏡のようなものなのよ。あなたが後ろ向きになれば、あなたとお父さんの関係も後ろ向きになるでしょ。だから、何があっても、前向きに、お父さんのよいところを見てあげなさい」

そうなのだ。私が前向きになることが大事なのだ。現に、私ははじめて父と一緒に暮すことが出来ているではないか。身近に言葉を交わし、母が言ったように、多少なりとも父の役に立つことが出来ているではないか。父親について多くのことを知り、父を、生まれてはじめて、現実の生身の人として感じることが出来ているではないか。私は、そうした機会がない兄のことを想《おも》った。兄が可哀相《かわいそう》だと思った。そしていつまで一緒にいられるかわからない父との生活を、母の言うように、出来るだけ前向きにとらえようと改めて考えた。

視点を変えさえすれば、父のよいところは幾つもあった。たとえば、父は子どもを可愛いがる人である。それも母が教えてくれたように、目の前にいる子どもにはとても親切なのだ。

ある日私にどんな食べ物が好きかと父は尋ねた。私は「林檎《りんご》」とためらいなく答えた。長岡で母と暮していたとき、旬《しゅん》の林檎は、私にとって主食のようなものだった。

すると、南国のハワイで、父はレストラン用の食材の卸業者に、毎回、食べきれないほどの林檎を運ばせるのだ。或《あ》いは化粧をしていなかった私に「年頃なのだから」と言って資生堂の化粧品一式を揃《そろ》えてくれた。頃合を見計らっては、化粧品を補充し、新しい製品を買ってくれた。このような点は、ときには母よりも細かい配慮が行き届いていた。

「好きも嫌いもない」と父が言ったミセス・ロングドレスは、毎日通ってきた。夕刻になると車を飛ばしてやってくる。父も彼女を待っていた。姿を見せるのが遅れたりすると、電話をかけた。電話で会話しているときの父の表情は、唇を少しばかり曲げて、嬉《うれ》しそうにほころんでいた。すると彼女は自分の経営する食堂をベテランの従業員に任せて、大急ぎで父の下へと駆けて来るのだ。

「お父さんが早く早くとせかすから、家に飛んで帰り、シャワーを浴びてすぐにきたのよ」

周囲に聞こえるように弾《はじ》けるような幸せな声で言う。高く結い上げて飾りをつけた髪、いつもながらあでやかなロングドレスは香水の甘い香りとセットだった。彼女は夢見る少女のような笑顔で父の世話をやき、レストランの切り盛りを手伝った。

日本を出発するとき、父の様子を報告してほしい、新しい女性が出来ないように、女性がまとわりつかないように監視役になってほしいと、青緑色の着物の女性に頼まれたことを私は想い出していた。

しかし、そんなことはいつの世にも出来はしない。

ひと月、ふた月とすぎていく内に、経営内容を除いておおよその作業の流れが摑《つか》めてきた。父が徹夜麻雀《マージャン》で総領事館に腰を据えていても、人の手配とレストランの準備はあらかた出来るようになった。そんなとき、親身になって手助けしてくれるのは、〝ミセス〟だった。

彼女の助力は、しかし、父への想いがあってこそのことだった。また、彼女が憧れる父がその憧れを満たす形を保ち続けてのことだった。

条件つきの愛は、条件次第でいつでも変わる。現に状況が突如変わったとき、それまで見せたことのない貌《かお》を彼女は見せることとなった。強く、それだけに揺らぐことはないと思われた父は、状況の大変化の前になす術《すべ》もなく立ちつくした。誰も考えたことのない危機は、私がハワイに渡って一年ほどで私たちを襲ったのだ。

豹《ひょう》変《へん》

「お父さん、大学に行きたいんです。行かせて下さい」

ホノルルに着いて暫《しばら》くして、私は父に言った。ハワイ州立大学は九月から始まるので夏の間に入学手続きをしておかなければならない。なのに、父は商売には熱心だが、その他のことは何も考えようとしない。

父は私の気持を汲《く》もうとするより、私が父と同じように考え行動することを欲していた。折角ハワイにいるのだから、少し時間をつくって海を見に行くとか、ダイヤモンドヘッドを見がてらワイキキの通りを歩くとか、父の店のあるヌアヌをさらに奥に進んでヌアヌ・パリという名所を訪れるとか、日々の生活にちょっとした変化をつけることでうんと楽しさがます。にもかかわらず、父は一切、そういうことをしなかった。とにかく生真面目《きまじめ》に働くばかりなのだ。

店に出入りする写真屋が、ある日、尋ねた。お客の注文に応じて写真を撮りすぐ紙焼きにしてお客の帰るまでに持参するのが彼の仕事だ。多くのツーリストが記念写真におさまる日は、彼は大忙しになっていた。

「お嬢さん、ワイキキはもう行きましたか。若い人はサーフィンの上達も早いですから、やってみるといいですよ」

私の代わりに父が答えた。

「この子はまだどこにも連れていってないんだよ。ワイキキもダイヤモンドヘッドも逃げてなくなるわけじゃない。慌《あわ》てなくてもいいんだよ」

なる程、そういう理屈も成り立つ。でもこじつけみたいだと思っていると、父は覆《おお》いかぶせるように言い渡した。

「この子に要らない知恵をつけないでおくれ」

命令口調で言い渡された写真屋さんは、二度と私に余計なことを聞かなかった。父は何事につけて、使用人や出入りの人々にはぶっきら棒だった。それで父の前では、皆が緊張してしまうのだ。

返事をしない父に、私はまた言った。何としてでも父を説得するつもりだった。

「お父さん、大学に行ってもいい？」

父はようやく返事をした。

「あんな青い目ばかりの所に行って、何をしたいんだ」

思いがけない反応に私は口ごもってしまった。

「だってここはハワイでしょう。白人は当然いるけれど、日系人だって多いわ。日本からの留学生も沢山いるって、大学案内に書いてありました」

「日系人や日本人と一緒なら、日本の大学と同じじゃないか。お前はなぜ、日本で大学に行かなかったのか」

幾本もの糸がこんがらがっていた。言っている父にも、自分の発言の矛盾はよく解《わか》っていたはずだ。あの頭のよい父が、日系人や日本人がいるから日本の大学と同じだと考えていたわけはない。父は私が日本で大学に行かなかったことを気にしていたのだ。その不満がさまざまな形で表現されたのだ。折々の会話のなかで父は問わず語りに言ったことがある。

「お前の受かったのはいい大学じゃないか。それを捨ててなぜハワイに来た。ハワイ大学はアメリカの三流大学だぞ」

こう言ったあと、「お前の人生はこれで終わりだよ」とまで言うのだった。いままた、日本で進学しなかったことを責める父に私は言った。

「行きたかったけれど、お母さんのシリョクでは行けなかったの」

勿論《もちろん》「資力」である。

意外そうな表情で父は問うた。

「入学金や授業料なんてものは、みんな店の方で準備しといただろう」

「店」とは青緑色の着物の女性のことだ。こんなとき、私はどう答えればよいのか。答えが見つからないままに、私の心に浮かんできたのは、渋谷天外の芝居だった。天外が舞台で演じる人情ものに、中学生や高校生の頃の私は、毎回涙を誘われた。

天外演じる遊び人の主人公には、〝妻と妾《めかけ》〟がいた。二人の女性はそれは〝仲良く〟、天外をまん中に挟んで互いを立て合うようにつき合っていた。ところが妻が病に伏せったことから、実は二人が死ぬほどの嫉妬《しっと》で苦しみ、互いに憎み、強い敵愾心《てきがいしん》を抱いていたことが明らかになる。天外は、いかに自分が好い《い》気でいたか、どれほど二人に苦労をかけたかを知り、罪つくりなことだと泣いて悔いる場面があった。

青緑色の着物の女性の笑顔も親切も、元々私に向けられたものではなく、彼女の父への想い《おも》の照り返しにすぎない。或《ある》いは父によく思われたいために私たちへの配慮を示したにすぎない。父あってこその心遣いであれば、父の不在は、微笑《ほほえ》みを含めて彼女の配慮を消し去った。そのことを知らないのは、父だけである。

母はこんな場面で私にどう行動してほしいと思うだろうか。私に、洗いざらい言ってほしいと思うだろうか。きっとそうではないはずだ。いろんな事情は、父が考え、自分で察するのが一番よいと考えるだろう。母は、ここで私にお店の女性を批判してほしいとは思わないはずだ。

第一、お店の女性には、私の学費を負担しなければならない義務も責任もない。筋違いのことをする必要はないのだ。それに彼女はハワイに〝新しい女の人が出来ないように〟と私に監視を頼んだ。彼女もまた、気の毒な立場にいた。一番悪いのは、父なのだ。

黙りこくってしまった私を見て、父は何やら考えていた。父の心のなかの想いまでは読みとれない。しかし、父は察したのだと思う。やがて口調を変えて言った。

「お前は大学とお店と、両立させていけるのか」

この頃までには、私は早くも父の一番の助っ人《すけと》になっていた。何百人もの大パーティーがあることも多く、お店は繁盛《はんじょう》していたが、私の見るところ、決められた時間枠一杯を、仕事に全力で打ち込む従業員は余りいなかった。工夫を重ねて、時間を無駄にせず、動作のひとつひとつも効率よくこなしていこうというよりも、仲良く皆でゆっくり仕事が出来ればよいと、考えているようだった。

そんな人たちを束ねながら、父は本当に頑張っていた。或る夜、来るはずの観光バスが時間がすぎてもなかなか到着しなかった。大人数のグループだけに、父は気を揉《も》んでいた。レストランビジネスにとって、時間はとりわけ重要である。料理はほどよい火加減でなければならない。大量の料理は予約の時間を考えながら、その時間に最善の仕上がりになるよう調理する。大幅に時間が狂ってまずい食事を出せば評判が落ちる。評判が落ちれば、客商売などはすぐに駄目になる。なのに、三十分すぎてもバスは来ない。直前のキャンセルなら、損害も大きい。一時間になろうとするときに、ようやく、バスの姿が遠方に見えてきた。

と、そのときである。父が脱兎《だっと》の勢いで駆け出したのだ。

あの父が、バスを迎え、先導するために駆けて行く。ちゃんとお客が来てくれた、よかった！　という想いが背中に表現されていた。一心不乱、ひたむきに走り行く背中が私を圧倒した。父の日頃の言動を考えれば父が走ったことは衝撃的だった。父は常々言っていた。

「慌てる乞食《こじき》は貰《もら》いが少ない」

お客でごった返すなか、ウェートレスの女性たちが着物の裾《すそ》を蹴《け》るようにして走る姿に向かって、こんなことを言うのだった。

殺到する注文を捌《さば》ききれずに、あちらの注文もこちらの注文も、半分くらいずつしか対応できずにいる彼女たちを見て、父はこうも言う。

「二兎を追うものは一兎をも得ず」

そして私に言いきかせるのだった。

「よしこ、よく見ておけよ。慌てたり焦《あせ》ったりするより、落着いて判断するんだよ。火事場になればなるほど、頭を冷やすんだ。決して慌てることはない」

理屈はそのとおりだ。しかし、現実に、猛烈に忙しいとき、人は走る。急ぐ。そう言うと父は答えた。

「走るときにも冷静に走れ。急ぐときも冷静に急げ。そしてお前は皆とは違うんだ。走るときも急ぐときもお父さんの娘らしく走れ」

私はこんなときには父の娘として見て貰えるのだ。父が言わんとしたことは、走る姿も急ぐ姿もお客に見られている。ならば、慌てていると見せないだけの配慮をせよということだろう。お客は、高いお金を払って、ハワイでは当時は珍しかった和食を楽しみに来ている。だから美味《おい》しいものを、出来るだけ優雅な雰囲気のなかで召し上がって頂けるように立居振舞に気をつけよという心だ。

父の言葉の背景には、父自身の行動と身のこなし方の実績があった。或る日、大きなグループを迎えて厨房《ちゅうぼう》はごった返していた。父は大きな天ぷら用の鍋《なべ》で揚げ物をしていた。すると突然、炎が上がったのだ。手伝いの女性たちから悲鳴があがり、私もギョッとした。だが父は慌てず素早くガスの元栓を閉めて、悠然と対処した。厨房の掃除に使う大判の厚い布を濡《ぬ》らし、ほどほどに絞って、それを燃えさかる大鍋の上に静かにかぶせたのだ。炎は天井に届くかと思われる程、高くのぼっている。だが父は気にせず、実に沈着に全《すべ》てをやってのけた。そして、ガス台のまわりに飛び散った油に粗塩をさっさっと、ふりかけた。

こうして炎は消えた。父の一挙一動を遠まきに見ていた全員が、父の冷静な判断と手際《てぎわ》のよさに感動していた。私は思わずパチパチと手を叩《たた》き、周りからも同じように感嘆と賞賛の拍手がおきかけたとき、父がひときわ大きくパンパンと手を打って言った。

「さあ、仕事仕事！」

この一言で、全員がハッと我れに返って料理を待っているお客さんのことを思い出したのだ。

あわや火災になるというときでさえ、走ったりしなかった父が、いま、バスを迎えに駆け出していった。これほど一所懸命なんだ。ここまで打ち込んでいるんだ。そう感じたとき、私は、母の言った父のために尽しなさいという言葉を真の意味で実行しようと決意した。

父の店は広大な敷地に建っていた。本館は詰めれば六、七百人が着席して食事の出来る大ホールになっており、舞台もあった。庭には川が流れ込み、それが滝になっていた。滝を見下ろす位置に、別館が二棟あった。各々、二、三十人と十人程の席がとれる広さだ。もうひとつの別館は本館の脇《わき》を、自然石の階段を下り、滝から流れ出る小川の両側に繁《しげ》る大木の森を見晴す位置にあった。滝壺《たきつぼ》の正面にステージをしつらえていたが、ここはバンドを入れると野外ダンス場になる。そんなときにあの写真屋さんは大忙しになるのだ。

私はこの小川沿いに敷地の端っこまでよく歩いた。南国の植物は成長が早く、始終手入れをしないと葉が重なり合って繁りすぎる。小川の両岸の大木は天に向かって枝を広げ、小川の上に樹木のトンネルの涼しい陰をつくっていた。

この庭をいつもきれいにしてくれていたのが日系人の父子だった。父と高校生の息子は毎日やってきて、落葉を拾い、小径《こみち》の石を取り除いた。

こんな場所だったからこそ、事前の準備はとても大切だった。お客が来てからではとても間に合わない。私は父に言われなくても、予約台帳を見て、各々の部屋の人数を確認し、テーブルをセットし、必要なものを用意した。時間直前のチェックも怠らなかった。段取りと準備は最重要事項だった。

それでも何人ものお客が入ると、予想をこえる事態が発生する。複数のことを同時にしなければならないときは、すぐにしますとお客に確認したうえで、ひとつひとつ落着いてこなしていくことが大切だ。まさに父の言う「二兎を追う者は一兎をも得ず」であり、幾つかを同時進行させ、ひとつをやりかけのまま次のことに移るのは混乱の元だ。仕事中はどの棟にも目を配らなければならない。動くときは全体の様子をよく見て、両手を空にしないこと、お客の望みを先取りして不足のないようにすること、何よりも、来て下さったことが心からうれしいと表現することなどである。言うは易《やす》く、実行は儘《まま》ならない。けれど世間知らずの私は、全力投球した。父にとってはそれなりに役立っていたのだろう。だからこそ、大学と店と両立できるかと尋ねたのだ。

「はい、出来ます」

私の返事はいつも明確である。こうして私は日本のクラスメートたちより半年遅れでハワイ州立大学に入学した。

ハワイ大学のキャンパスは明るく、広く、瑞々《みずみず》しい緑にあふれていた。私はストッキングをはいてきちんとした格好で行ったけれど、大半の学生は気楽な格好だった。

私はすぐにその雰囲気が好きになった。

入学してとても嬉《うれ》しかったけれど、まず取らされたのは英会話のコースだった。英文学を学びたいと思っていたのに、私は会話さえも満足には出来なかったからだ。そのままでは普通の授業についていけないので、留学生向けの英語集中講座であるELI（English Language Institute）の一番基本のコース、ELI50から始めた。

クラスには日本人が多かった。その時以来の親友のひとりが大谷和子さんだ。森井由美子さんや大谷則二《のりじ》さんにもそこで出会った。日本人以外では、香港《ホンコン》、台湾、ビルマ（現ミャンマー）、ラオス、タイ、フィリピン、ベトナム、ネパール、パキスタン、韓国などから沢山の学生が来ていて、目を見張る思いだった。

総じて英語の一番下手なのが日本人だ。香港の学生は発音は非常に聞きとりにくいが、日本人より遥《はる》かに英語力がある。フィリピンの学生も同様だ。植民地としての歴史のなかで英語に馴染《なじ》んできたからだろう。

キャンパスには、本当に多くの国の学生が集っていた。大学には東西文化センターという大学院生以上を対象にした研究機関もあり、ここもまた多国籍機関だった。私が入学した一九六四年当時、留学生の国籍は六十か国以上に及んでいた。

大学はなんといっても楽しかった。どの人も生き生きとしていて、その姿を見ていることが私の力になった。先輩の留学生たちは多くの単位を取るためにクラスからクラスに足早に移動していたし、キャフェテリアに集っては、教授やTA（助手）らとディスカッションしていた。

私もすぐにそうやって羽ばたいていける。大きく羽ばたいていこう。でも羽ばたいてどこに行くのか。そこまでは考えずに熱心に通った。

クラスが終わると三々五々、皆は遊びに行った。その頃流行《はや》っていたのがボウリングである。でも私はついぞ、皆とボウリングに興じた記憶はない。クラスが終わると、父の元へと急いで戻ったからだ。

大学に通い始めるときに父からおごそかに言い渡されたことがある。授業は午前中で終わらせて午後一番に戻ること、帰宅して一定時間勉強すること、そのあとはすぐに手伝うことだった。子どもの頃に、一日の時間割をつくって、就寝起床、食事、学校、遊び、宿題、手伝いなどを、円図にしたことがある。父の言っているのはそれに近かった。要は、早く帰って手伝いなさいということだ。それを守る条件で大学に行ってもよいというのだ。

不器用なのだ。一言、悪いが助けておくれ、と頼めない。頼むことは沽券《こけん》にかかわると思っているのだ。手元で育てなかったという引け目が逆に出てそうさせたのかもしれない。だから反対に、父は私の前ではいつも、どんなときも、強い父、威厳のある父であろうとした。それは一種の自己防衛の心理だったのではないだろうか。

授業を午前中だけで終わらせることはなかなか難しかった。必要な単位をとるにはどうしても午後の授業にも出なければならない場合があった。それでも私はなるべく早い時間帯のクラスを選んだ。そして授業が終わるとすぐにバスに乗り、家の近くのスーパーマーケットの前で降りて、父と私の食事の材料を買い、そこから歩いて戻った。店にはレストラン用の食材は山程あっても、家庭的なものは少なかったのだ。戻ると大概父は厨房にいた。事務机に坐《すわ》って予約を確認していたり、早々と料理の下準備をしていたりした。そんなとき父は半ズボン姿でいることが多かった。

「只今《ただいま》。いま帰りました！」

私はいつも大きな明るい声で言った。「明るい大きな声で御挨拶《ごあいさつ》」というのは母の躾《しつけ》の基本だった。父は「ウン」と一言だけ返事をするのがいつものパターンだ。

すぐに着替えて私は父のところに行く。予約台帳を見てその日の忙しさを頭のなかに入れて、準備にとりかかる。その一番はじめの仕事が、各部屋、各テーブルのしつらえである。

ところが或る日、おかしなことがあった。いつものように戻って予約台帳にしたがって部屋の準備をしようとしたら、前夜きれいに片づけた滝を見おろす別館が、明らかに使用されていたのだ。テーブルには茶托《ちゃたく》と湯呑《ゆの》み茶碗《ぢゃわん》が放置され、座布団《ざぶとん》が出されていた。明らかに来客があったのだ。

「よしこ、別館をきれいにしておいとくれ」

普段と変わらぬ調子で父は言った。二つ返事で行って整えた。七、八人の客のあとを見ながら、予約台帳にも書き込みのないこの人たちは、一体誰だろうと考えた。

「お父さん、どなたがいらしたんですか」

「ああ、ちょっとな」

語らないときには聞くものではない。その一件はそのままになって、また暫《しばら》く時間がすぎた。大学に慣れてくると同時に、大学と店との両立は並大抵ではないと実感し始めていた。若いだけに体はうんと動くのだが、連日、深夜二時、三時或いは四時頃に就寝して、早朝に起きてキャンパスに向かい、午前中か午後一番の授業を受けて、帰宅して父を手伝うという生活は厳しかった。朝八時台の授業があるのに寝坊してあたふたしたりすると、父は母の躾が悪いなどと言ったりする。意地でも私は遅れないようにしていた。

そんなふうにして瞬《また》く間に月日がすぎていったのだが、或る日大学から戻ると、お店の広い厨房の、清潔に磨かれた流しに料理がぶちまけられていた。無惨《むざん》に放置されていたのはミセス・ロングドレスが、父のために持参した手の込んだシチューだった。

「あの女に見せてやれ」

片づけようとした私に、父の鋭い声が飛んだ。「あの女」と言い、父は彼女の姓を呼び捨てにした。

一体何がおきたのか。一切説明はない。殺気立った父を恐れて、庭掃除の父子も板前も近寄っては来ない。夕刻になりウェートレスの女性たちも出勤してきた。父の様子は相変わらずである。その剣幕に恐れをなした女性のひとりは文字どおり震えていた。彼女は客室に料理を運ぼうとして父と出くわし、恐怖の余り、皿を落としてしまったのだ。

この日、ミセス・ロングドレスはなかなか姿を見せなかった。父も電話することなく、夜更《よふ》けになった。お客が帰り始めた頃になって彼女はやってきた。

父との間に流れる気まずい空気。凍りついたような父の表情。笑顔が笑顔にならず醜く歪《ゆが》んでしまうミセス・ロングドレス。

それでも二人は、いつもどおり定位置にいた。広い調理場の片隅の事務机の所だ。私が只事ではないと思ったのは、そのときだった。本来父が取り扱わなければならないその日の売り上げに、彼女が手を出したのだ。金庫を開け、現金やクレジットカードの分も、皆、彼女が勘定し始めた。父は黙って見ている。

やがて全員が呼ばれ、いつもの儀式が始まった。この種の小銭はいつも彼女が仕切ってきたのだから、今夜も彼女が仕切るのは不思議ではない。にもかかわらず、板前も、ウェートレスもディッシュウォッシャーも、言葉に出して聞く人はいなかったが、全員が、異変を感じていた。

よくよく見るとミセス・ロングドレスの表情はそれ以前とは異っている。豹変《ひょうへん》したと言ってよい。父を想《おも》い、父を賛美し、「どうしようもなく好き」と童女のような笑みを浮かべていた彼女はどこにもいなかった。どっしりと腰を据え、主役であるかのように振舞っていた。

父はといえば、唇をキュッと引きしめて、表情からは心を読みとることは出来ない。

その後も父は私に事情の激変についてきちんと話してくれたことはなかったが、この日を境に、父の店の経営者が入れ替わった。経営権は明らかに父からミセス・ロングドレスへと移ったのだ。

父との断片的な会話、〝ミセス〟から聞いたこと、のちに聞いた東京の青緑色の着物の女性の話などから、私は概要を理解したが、思えば奇妙な事件である。

父は、ハワイに進出して事業を興《おこ》して日も浅い頃、ある女性実業家の借金の保証人になった。この女性は日系人で、彼女の会社はいまでもハワイで幅広く営業している。ある分野の最大手企業のひとつだ。

保証人になる際、現地の銀行と弁護士らが、この会社の財務内容と営業内容の健全さを保証したという。そうした説明を信用して、父は保証人として署名した。ところがこの日系女性は借金を踏み倒して倒産し、借金は全《すべ》て父にかぶせられた。にも拘らず、彼女の会社はその後も存続し経営を続けたのだ。なんらかの経理上の操作が行われたとしか思えず、事実上、父は騙《だま》されたのだ。が、事はこれだけではなかった。

日系女性の保証人として借金をかぶった父は、直ちに、資産の差し押さえを受けた。銀行口座まで差し押さえられ、父の店は運転資金の調達にも苦労するようになった。父はその日その日の売り上げで、ようやく店を経営せざるを得なくなっていたのだ。しかし、それではいかにも経営は覚束《おぼつか》ない。

その隙《すき》に今度はミセス・ロングドレスが介入した。私はその内容をついぞ教えて貰《もら》うことはなかったが、その際にも銀行と弁護士が介在した。予約台帳にもなかったあの昼間の訪問者は、こうした一連の交渉のために来た銀行員や弁護士だったのだ。

結論から言えば、父は格好のカモになった。綱渡りのような父の経営は破綻《はたん》し、経営権はミセス・ロングドレスに移ったのだ。彼女は、十人も入れば満席になるささやかな食堂の経営者から、庭に滝が流れ落ちる大レストランの経営者になった。私の聞いたのは、ざっとこんな事情だった。私の知らない事実は、恐らくもっと沢山あるだろう。しかし、私は聞かなかった。語らない父に聞くのはしのびなかった。ミセス・ロングドレスが語るときには耳を傾けたが、私のほうからは聞かなかった。

それにしても、本当に日本人はなんと心優しい人々なのだ。日本の女性は、なんと優しい人々だろうか。対してアメリカの女性はなんと現金な、人情紙の如《ごと》くに薄い人々であろうか。ミセス・ロングドレスも、借金を父にかぶせた日系人女性も、人種上は日本人である。だが、心の芯《しん》は日本人ではなかったと思う。よく言えば合理的で論理的、悪く言えばドライで人情の薄い人たちだ。言葉で愛情を表現するわりに、心と行動であっさりと父を切り捨てた。好きだから、悪いから、自分は遠慮するということのない人々だ。日本に残った私の母も、青緑色の着物の女性も、程度の差はあるが、最後まで父との絆《きずな》を大切にした。父はその絆によって我《わ》が儘《まま》を許してもらい、好き勝手をさせてもらい、支えてもらった。その意味で、父は日本の文化にどっぷりつかった人であり、その分、呆気《あっけ》ないほどの無力さで米国の文化に敗れた。

小さなスーツケース

いまでも私は父に申しわけなく思うことがある。そのひとつは、知らぬこととはいえ大金を捨ててしまったことだ。

ハワイに行って間もない頃のことだ。西も東も様子がわからないなかで、父を手助けしようと工夫しては立ち働いていた。自分のすべきこと、しなければならないことを常に考えていたつもりの私は、行ってすぐに、父の居室が余りきれいではないことに気付いた。殺風景なだけでなく、片隅にはほこりが綿のように固まっていた。

そこでロビーや本館や別館のチェックが早めに終わった或《あ》る日、私はついでに父の部屋もきれいにした。カーペット代わりに花ゴザが敷いてあり、窓を開け放てば涼しい風の通っていくこの部屋で、父はよく胡坐《あぐら》をかいて考えごとをしていた。

父が坐《すわ》ったとき、花ゴザの感触が心地よいように、私は新聞紙を水に浸して絞り、小さくちぎって部屋に散らばせ、湿った新聞紙にほこりを絡《から》ませるようにして箒《ほうき》で掃き、堅く絞った雑巾《ぞうきん》できれいに拭《ふ》いた。ついでに乱雑に物が置かれていた机の上もサイドテーブルも片づけた。

書類はなるべく同じ位置に、しかし、きれいに整えて積んだ。ペンや鉛筆や計算器などを一か所にまとめたら、机にはごちゃごちゃと放置されていた小さな紙きれと机を拭くのに使ったようなティッシュペーパーなどが残った。私はそれらを勢いよく屑《くず》籠《かご》に放り込んで、磨けるところはみんな、きれいにキュッキュッと磨きあげた。

夕方近く、部屋に戻った父が慌《あわ》てた声で呼んだ。

「おーい、よしこ、大変だ。ちょっと来ておくれ」

「はーい」

勢いよく答えて店の事務室から父の部屋に走った。父が真剣な顔をしている。

「ここに置いておいた請求書がないんだよ。お前、知らないか」

「請求書？　部屋は私が片づけましたけど、どんな請求書？」

「ダイナースクラブなどのものだよ。お父さんの机の上とかになかったか」

「もしかして、それって便箋《びんせん》の三分の一くらいの大きさでカーボンペーパーがついてます？」

「そうだ、それだよ。お前、どこに片づけたんだ？」

「お父さん、大変です。私、それみんな、捨ててしまいました」

「ええっ!!　なぜ捨てたんだ」

なぜって言われても理由は単純明快だった。それが請求書だとは、私は夢にも思わなかったからだ。高校を出たばかりの私は、世のなかにクレジットカードというものがあることくらいは知っていたが、自分で使ったことも触ったこともない。お店のお金や領収証にも触れたことはない。ノンビリと田舎で育った私は、ダイナースカードの控えの紙片を父が会計処理してはじめて入金されることに頭がまわらなかったのだ。でも、そんなことを説明している暇はない。あの屑籠の書類は、さらに大きな屑籠のゴミと一緒にされて、或いは庭のゴミと一緒に大きな袋に詰められてゴミ収集のトラックに積まれて運ばれていったかもしれない。いずれにしても店の外のゴミ置場に出されているはずだ。

父と私はハタと目を合わせ、慌てて駆け出した。外に出てみると、すでにゴミ袋は全《すべ》て運び去られていた。

「お父さん、市のゴミ係に電話して下さい。まだ燃やしてないはずですから、間に合うかもしれません」

父は即、ホノルル市庁に電話をかけた。だが側《そば》で聞いていて気が気でない。父の会話は、どう贔屓目《ひいきめ》に見ても迫力がないのだ。若い頃、英文タイプは一分間に百語も打つ程の腕前で、英語力は大学院生にも負けないと言っていたのに、父は「アーッ」とか、「エーッ」とかばかり言っている。おまけに重要書類が棄《す》てられてしまった、あのゴミはどこに運ばれていったか教えてほしいと尋ねているのだ。そしてどうやら、追跡するのは難しいと言われているようだ。ハワイの人たちは何事につけてもノンビリしている。だから清掃局の人も「そんなに焦《あせ》っても、もう仕方がありませんよ」とでも言っているのではないか。私は父にハッパをかけた。

「お父さん、重要書類じゃなくて、お金を捨ててしまったと言わなければ、真剣に協力してくれないわ」

「そんなこと言ったら、盗《と》られるじゃないか」

「誰が盗るんですか」

お金に相当するものではあっても現金ではないのだから、盗まれるはずがない。それに誰がゴミ袋のなかに現金に等しい価値のあるものが入っていると気がつくだろうか。いずれにしても私たちはつまらない論争をしていた。父も気がついたのだろう。

「あれはお金であってお金じゃないんだよ。もうわかったから、お前は黙っていなさい」

悪戦苦闘の末、父は電話での問い合わせを諦《あきら》めた。当時の私に、いまの私の調査力と英語力があれば、ゴミと共に捨てられた請求書の行方を追跡することは或いは出来ていただろうと思う。しかし、父も私も英語が巧みではなかった。とりわけ私は殆《ほとん》ど外の社会を知らなかったために、どこに探しに行けばよいのか、皆目見当もつかなかった。一連の興奮のあとに、父が恐ろしい形相で睨《にら》んで言った。

「たしか三千ドル分くらいあった。大変だぞ」

三千ドルは、今では三十数万円にすぎない。だが当時は一ドル三百六十円の時代だから百万円を超える。貨幣価値から言えばいまの五百万円くらいになるのだろうか。

私はすっかり悄気《しょげ》返って詫びた。

「お父さん、ごめんなさい。このお金は、働いて返しますから少し待って下さい」

「お前が働いて返せるような額じゃない。もういいから諦めよう」

父はむっつりしてそう言った。父の不機嫌も当然だ。どう考えても腹の立つ事だったはずだ。しかし、父は、二度とこの件について私を責めはしなかった。

父は身辺整理という点では全く無防備な人だ。この人が本当に事業を興《おこ》し経営していけるのかと訝《いぶか》るほどに、書類もお金もそのへんに放置してしまうのだ。或る日私はまた父の部屋を片づけていた。請求書の件で懲《こ》りて以来、父の許可なしには何も捨てないように気をつけていた。そんなときもうひとつ、父と私にとって、知ったことが良かったのか悪かったのか、判然としないことがあった。この出来事も、私がハワイへ来て間もなく起きた。

この日父の机の上には一冊の大学ノートがあった。父がどこかから引っ張り出してきたに違いない。新品ではなく使い古しのノートだった。

私は何気なく手にとって開いた。余白が多く、気儘《きまま》にモノを書きつけているという印象の頁《ページ》が続いていた。父は料亭辻留《つじとめ》の辻嘉一《つじかいち》さんが著《あらわ》した料理の本を日本から持参していたが、その本を参考にしながら考えたのか、メニューについてのアイディアなども書き込まれていた。

さらにパラパラとめくってノートを閉じたとき、最後のほうの頁にしっかりした筆跡で書かれた人名と「神に祈る」という文字が見えた。というより、文字の方が私の目に飛び込んで来たといった感じだった。

心穏やかならぬ風がザワザワッと吹いていく感じがあった。こんなとき、人は一体どうするのだろうか。母なら、恐らく再びノートを開くことをせず、父の秘密は秘密のままにしておいたことだろう。私は迷った。流れ行く頁には、たしかにあの青緑色の着物の女性と彼女の二人の子どもの名前が書かれていた、と思う。さらに、母と兄と私の名前もあった、と思う。でも、父は何を神に祈ると書いたのか。そこまでは視界に入ってこなかった。

「お父さん、ごめん」

一言、口に出して私は先程の頁を探して開いた。日付があったのかなかったのかは、もはや記憶にない。大学ノート見開きの片方の頁に、達筆な父の字で力強く書かれていたのは、六人の無事を祈る言葉だった。それは単に、三名の名前を並べ、そのあとに「無事でいてくれ、神に祈る」と書き、また別の三名の名前を並べて書いて、「無事でいてくれ、神に祈る」と繰り返しているだけのことだった。

けれど私の目は釘《くぎ》づけになった。そこに書かれていたのは、まず、青緑色の着物の女性と、私たちの母親違いの弟と、青緑色の着物の女性の娘さんだった。父はこの三人の名前を書いて神に三人の無事を祈り、そのあとに、母と兄と私の名前を書いて、同じように神に無事を祈ってくれていた。

私がハワイに来る前の日々、一人で暮していたときに、父はこの祈りの言葉を書いたのだ。無事を祈ってもらって嬉《うれ》しいというより、私は、この三名ずつの順番に傷ついていた。

「私たちは二番目なんだ」という想《おも》いは、当時の私には、とても辛《つら》かった。あれほど誠実で愛情深い母と、父のいない空白を、悩みつつ反抗しつつ、埋めて成長した兄のことが想われた。胸の動悸《どうき》はおさまりはしなかったが、私は閉じたノートを、置いてあった場所に戻した。父はなぜ、ノートをここに置いたのだろうか。父の身の周りの整理を私がすることを重々知っていながら、なぜ、私の目にふれる場所にあんなふうに置いたのだろうか。

答えは恐らく、非常に簡単なのだ。父は自分の書いた内容など、全く意識していなかったに違いない。またノートもたまたま、置いたにすぎないのだ。その中に父の想いの一端が書かれていた。巧まずして私がそれを見た。全てが偶然なのだ。それが全てで、裏も表もない。そこまで考えて、ようやく私は、この事態にどう対処すればよいのかが見えてきた。全て私の胸にしまっておけばよいのだ。母は私に「よく見ていらっしゃい」と言った。明も暗も、正も負も、喜びも悲しみも、嬉しいことも口惜《くや》しいことも、全て、自分の目でよく見てくるようにと。そこからきっと、自分の道を歩みはじめるための扉が開いてくれると、母は言いたかったのではないか。とどのつまり父を見詰めることは、私の心を見詰めることだった。

こんなこともあった日々が過ぎて、店の経営権が〝ミセス〟に移って暫《しばら》くした頃、父が突然私に言った。

「今度二人が結婚してハワイに来ることになった。姉妹《きょうだい》としてつきあうようにしなさい」

二人というのは、青緑色の着物の女性の娘と、彼女が、大学卒業とほぼ同時に結婚した夫のことだ。二人は大学の同期生で、結婚後すぐに父の所に来ることになったというのだ。

彼女については、さまざまなことを聞いていた。なかでも、母親である青緑色の着物の女性は、なぜか雄弁だった。

「あの娘《こ》の父親は大変な事業家だったのよ。お邸《やしき》の庭には大きな池があって、その池に舟を浮かべてよく遊んだものですよ。あんなお大尽遊びの出来る人は、もう少なくなったわねぇ」

この話を聞かされる度に、私は舟遊びの出来る池を庭に持つ人とはどんな人かと考えた。明治の偉人だった伊藤博文や山県有朋《やまがたありとも》などならそんなイメージが湧《わ》く。でも彼らが昭和の時代に生きているはずもない。そんな〝お大尽〟が昭和に生きているとしたら、どんな職業の人か、兄と同じ昭和十七年の生まれなら、その頃の日本はどんな状況だったのか。当時私の両親はベトナムで生き生きと暮していたが、娘さんの父親の〝お大尽〟もさぞ羽振りが良かったのだろうか。さまざまに想像しながら聞いていると、青緑色の着物の女性は必ず、こうつけ加えるのだった。

「よしこちゃんのお父さんは、身ひとつでしたからねぇ」

前の男性とは違って、父は財産もなく、身ひとつで転がり込んできたと言うのだった。

彼女の〝実姉〟も繰り返し語った。

「妹は花柳界で育ったものだから、人の夫とどうにかなるなんて、ちっとも気にしないのよ。『蝶《ちょう》よ花よ』ですごしているんですから。不憫《ふびん》なのは子どもですよ」

〝実姉〟は、お店の二人の子どもが不憫だと繰り返し、その度に大きな瞳《ひとみ》からポロポロと涙を流した。

私は父に尋ねた。今度、結婚して来る人はどんな女性《ひと》かと。父が言った。

「不憫な娘《こ》なんだよ」

巧まずして〝実姉〟と同じことを、父が言ったのだ。

「お父さんが親代わりになって育てたんだよ。お前も姉だと思って仲よくしてもらいなさい」

倒錯の世界に放り込まれた気分だ。父は、彼女が「不憫」だから、自分が親代わりになったと言った。ならば、兄や私はどうなのか。そして、父の最初の結婚で生まれた二人の女の子たちのことは、どう考えていたのか。この人たちは、兄や私よりもっと置き去りにされてきた。「無事でいてくれ」と、ノートに書いてさえ貰《もら》えなかった。でも、みんな父の子どもたちである。誰ひとり、子どもの側から父の子として生まれたいと希望したわけではない。なのに実子ではない子どもを、親がいないから自分が親代わりになるといって、自分自身の子どもたちを親がいない状況のなかに置き去りにするのは、何か、狂っている。どうしてこんな簡単なことが父にはわからないのか。

母は以前言っていた。「お父さんは目の前にいる人に親切なの」と。たしかにそうだ。そして、ずっと父の目の前にいた人は、青緑色の着物の女性なのだ。目の前にいる人が全て、青緑色の着物の女性が全て、彼女の二人の子どもが全てなのだ。感情が揺らいでいるのに私は気付いていた。沸騰《ふっとう》してこぼれ出そうになる感情を、力ずくという感じで胸の奥底にギューッと、私は、押しやった。自分を抑えて父に訊《き》いた。

「そう。その、向こうのお父さんってどんな人だったんでしょうね」

私は心理学者ではないけれど、あの瞬間が、父と私の心の距離を離してしまったときだったような気がしてならない。あのとき、私のなかで揺らぎ立ち、沸き立ち、こぼれそうになる感情を、まっ直《す》ぐに父にぶつけることが出来ていれば、或いは、その後の展開は異っていたかもしれない。「お父さんはどうしてそんなに身勝手なの」と、父に迫ることが出来ていれば、多少の口論はあったかもしれないが、私はその後も父の側を離れずにいたかもしれない。けれど私は感情を抑制した。頭のなかは、潮が引いていくような気分だった。

「いまでも兜町《かぶとちょう》あたりをフラフラしている男だよ」

父はその人物を識《し》っているという口調だった。庭の池で芸者衆を連れて舟遊びする人物と、株式投資に成功したり失敗したりしながら浮き沈みを繰り返し、兜町をさまよう人物。同じ人物への評価でありながら随分と違う。まさに人間も人生も万華鏡《まんげきょう》なのだ。見る人、見る心、見る想いによって千変万化する。であればこそ、どんなことも、母が言ったように、私は自分の目でしっかり見詰めなければならない。

母は私に「お父さんによく尽しなさい」と言った。私はこの言葉を幾度も幾度も想い出し、母の教えのとおりにするように自分自身に言いきかせた。私が父にきちんと対処しなければ、父は母の教育が悪いと言うだろう。そんなことは、大切な母のために、耐えられないことだった。加えて私は、心から、父のために尽したいとも思った。父の望むように賢く気の利《き》く娘でありたいと、願った。父は強さのなかにもとても弱い面を持った人でもあったから、父が無私の愛と奉仕を必要としていたことも、その頃の私にはわかっていた。一方では仕事一筋に打ち込む父の姿に心を揺り動かす魅力を感じてもいた。その魅力を理解した人は誰であっても手を貸したいと思ったことだろう。

けれど、状況は変わりつつある。東京から、父が「姉妹としてつきあうように」と言う人たちがやってくる。どう考えても父の言いつけは私にはしっくり来なかった。二人が来るのであれば、父を二人に任せ、私がいなくなるのが一番良いのではないかと思われた。

それにしても、二人はなんと奇妙なタイミングでやって来るのだろうか。店の経営権は将来どうなっていくのか不明である。父がどのような形で再挑戦するのか、或《ある》いは出来るのか、私には見えてこなかった。その点に関しては、或いは二人のほうがより良い助っ人になれるかもしれない。なんといっても彼女はレストランの経営については、私よりは知っているはずだ。お店の女性の娘であれば、母と娘の連携は必ず、父にとっての強力な味方となるに違いない。そして彼女には夫もいる。彼もまた父の手助けのために来るのである。

私は、〝実姉〟の言葉を想い出していた。彼女は私に「取り戻すのよ」と言った。その言葉は、母や兄や私の想いとは異質のものであったけれど、何がしか、彼女や青緑色の着物の女性やその娘の心の一面を写しとっていたのではないだろうか。そんなことになっては困るという、言葉とは裏腹の想いがあったのではないだろうか。だからこそ、女性の娘さんは大学卒業後すぐに結婚し、その夫は就職もせずに、二人で父の元に来るのではないだろうか。

十九歳の私は、あれこれと考えた。そして一人で歩き始めなくてはならない時期が刻々と迫っていると感じていた。

年明けから春へと時間は飛ぶようにすぎて行った。店での父の存在は相変わらず心許《こころもと》ない。

そんな或る日、父は突然、「日本に行ってくる」と言い始めた。

「お父さんはちょっと日本に行ってくるから、お店のことは頼んだぞ」と。なぜ突然、帰国するのかは、父の電話での会話で理解出来た。

その日の仕事が終わってベッドに入ったとき、暫くして、私の枕元《まくらもと》の電話で父が東京の女性と話をしていたのだ。

父は東京の女性の娘さんの結婚式に出席するために日本に行くことを決めたのだ。電話は、お式のことやお仲人《なこうど》のことで、いろいろと指示を与えるためのものだった。かなりの長電話だったが、青緑色の着物の女性が私について何か聞いたのだろう、父が答えた。

「よしこはもう眠っているよ。眠ったらこの子は朝まで目が醒《さ》めないんだよ」

私はちゃんと目が醒めていた。枕元で大声で話されれば誰でも目醒めるだろう。でも、父の立場を想って眠ったふりをしていただけなのだ。

その日から間もなく、父は帰国した。父のいないお店には、なぜかミセス・ロングドレスも余りこなかった。大きなパーティーが入っていたわけではないが、店はほどほど賑《にぎ》わっていた。これだけ繁盛《はんじょう》しているのだから、上手にやれば、父はこの店の経営権を再び自分のものにすることが出来るかもしれないと、私は考えた。複雑な事情を一切説明してもらっていなかった私は、お店の繁盛と父の復権をつなげて考えていたのだ。十日程たった頃に父から電話があった。ハワイに戻ってくる日時をしらせる電話だ。父は、結婚した「二人」も続いてハワイに来ることになっていると告げた。

そのときである。私が父の元を去って一人立ちしようと決意したのは。

こう決意するまで、私は迷いに迷っていた。さまざまに考えたなかで、これだけは守ろうと考えたことは、まず、父が戻るまではお店のことをきちんと運営することだった。

そしてその少し前に、私ははじめて、自分の想いや事情をハワイ大学の先輩だった波平珠水子《なみひらすみこ》さんという人に話していた。彼女は私より二年先輩で合理的な精神の持ち主だった。日本人の留学生には珍しくハワイ大学の授業料も生活費も自分で賄《まかな》って自立していた。そしてステディのボーイフレンドもいた。学生の身分だったからお金は余りなかったはずだけれど、お洒落《しゃれ》で、セミロングのつややかな髪を風になびかせて光りのなかを軽やかに舞っている風情《ふぜい》だった。東京出身のせいか、話す内容が大人びていて割り切りが早く物事に余りこだわらなかった。

彼女は言った。

「私だったら自立するわ。よしこさんがレストランビジネスで身を立てたいんなら、その複雑な関係のなかで頑張ってもいいでしょうけど、そうでなければ、もう余り、無駄な努力はしないほうがいいと思うわ」

彼女はこうも言った。

「お互いに幸せにし合うような関係になれる人と一緒にいるのがいいんじゃないかしら」

たしかにそのとおりだ。けれど母はいつも言っていた。人間関係は五分五分だと。幸せも不幸せも、相手次第というより自分次第だと。自分の気持が、鏡のなかに自分が映し出されるように対人関係にも反映されていく。だから、自分が前向きに考え、相手を好意的にとらえていくことが大事なのだと。そうすれば相手も前向きに好意的に考え行動してくれるという考えだ。

波平さんの助言と、母の助言は、積極的に前向きに生きようという点では同じだったが、大きな違いもあった。波平さんは複雑な事柄を整理してきちんと結果を出すことが大切だととらえていた。一方母は結果を出すにしても父の意向を尊重することを主軸としていたし、それがどんな結果であれ与えられた枠内のことを全面的に引き受けるという姿勢だった。波平さんの助言は、父は変わることはないから、早く父から離れて自立せよということだ。母の助言は、それでも父の側にいてそのなかで自立せよということだ。

私は自問した。私は父と一緒に暮したいのかどうかと。私とは血のつながりはないが、父と共に暮してきた女性の娘さんと〝姉妹〟のように暮したいかと。

結論は、すでに半ば以上、明らかだった。父と〝娘さん夫婦〟の三人のなかに私がいるのは変だと私は感じた。そう思いながらも逡巡《しゅんじゅん》し、逡巡しては再び決意する堂々巡りが続いた。

そんなときに、東京に行っていた父からハワイに戻る日程をしらせる先述の電話が入ったのだ。

「ああ、よしこか、お父さんだ」と切り出して、父は事務的にこれからの予定を告げた。電話のあと、私は日本から持ってきたスーツケースに自分の衣服と多少の本を詰めた。抽《ひ》き出しの中に整理していた私の衣類は質素簡素このうえなく、十分もあればあらかた片づいた。空になった抽き出しは、後戻りはしないという決意の表現だ。いつも父がホノルルに戻ってきた日のその時間帯、私は大学のキャンパスにいた。いつもどおり、お店に戻ると、父は不機嫌な表情でそこにいた。

「抽き出しも全部片づけて、どういうつもりなんだ」

そう言って私を睨《にら》んだ父に、いまは済まなく思う。親にとって、子どもが自分から離れていくことは辛《つら》いことに違いない。どんな事情や状況があっても親子は親子だからである。でも私は言った。

「お父さん、私は自立しようと思います。ひとりでやってみますから、そうさせて下さい」

「何が不満なのだ、悪い友だちに入れ知恵でもされたのか」

私には合理的に思えた波平さんの考え方は、父にとっては好ましくない、したがって悪い友だちになるのかもしれない。私は言った。

「友だちのせいでこう考え始めたのではありません。◯◯さんたちもいらっしゃるし、私はひとり立ちしたほうがよいと思います」

私は青緑色の着物の女性の娘さんの名前を出して言った。父は尋ねた。

「以志子はどう言っているのか」

母は父の側にいるようにと手紙で書き送ってきていた。そしてよくよく考えて行動するようにと警告もしてきていた。父との暮しをそれなりに完結させよという助言だった。そう父に伝えると、父は安心したように言ったのだ。

「お母さんの言うことを聞かないのか」

そう言われたとき、思わず、涙がこぼれそうになった。母の気持もよくわかるし、その母の気持に添って、約一年間、頑張ってきた。父の期待には十分応《こた》えることが出来なかったかもしれないけれど、レストラン経営という心も体も駆使する仕事に没頭もした。広いお店の敷地を〝冷静に〟〝優雅に〟走りまわった翌朝は、足が疼《うず》いて辛かったこともある。しかし、そんな体験が、私をきちんと育ててくれた。それらは父の私に対する教育であり躾《しつけ》だった。私はさまざまな形で示された父の気持に心から感謝している。けれど、運命の糸は奇妙な具合にこんがらがってき始めたのだ。結婚して来る〝娘さん〟と私が、父の元で一緒に住むのは、どこか、青緑色の着物の女性と〝実姉〟が、彼女らの父とそのお妾《めかけ》さんの下で一緒に暮すのと似ているのではないか。

〝実姉〟はその頃の体験について語るとき、必ず大粒の涙を流したが、私はそのように哀《かな》しい人生を生きてこなければならなかった彼女や彼女の母親、兄弟たちに同情した。そして、自分自身が同種の哀しくも奇妙な、倒錯したような複雑な人情のあやに絡《から》めとられるかもしれないと感じたとき、そのなかに埋没することは建設的ではないと思ったのだ。母はきっと、いつか、理解してくれるだろう。私はそう願いながら父のみならず母の気持にも反する道を歩み始めようとしていた。

いま想《おも》い出しても、辛い気持になる。そして考える。私はあのとき結局、逃げたのではないかと。母が教えてくれたように、何があってもひたすら前向きに生きる力を備えていたら、私はあのとき踏みとどまって〝娘さん夫婦〟とも父とも、仲よく関係を築いていけたのではないかと。真っ正面から父とその周囲の人たちの存在を受けとめきれなかったその弱さは、どこかでいまも私のなかに残っているのではないかと、考えたりもする。

ずっとあとになって、母に尋ねたことがある。あのとき私はやはりずっと父と一緒にいた方がよかったのかと。母はにこやかに言った。

「そこまでクヨクヨするのは、あなたは言葉では反抗しながらもお父さんのことが気にかかるのね。よしこが一人でハワイ大学を卒業したことを、お父さんは誇りに思っていると思うわよ。立派に一人立ちしたでしょう。全《すべ》ては良い方向に進んでくれたでしょう。よしこちゃんはよしこちゃんの選択を完《まっと》うしたのよ。だから思い悩む必要はないのですよ」

母は賢く優しい人だ。このように言い聞かせて、私の心を軽くしてくれる。けれど、両親の想いに反したことは、事実としていまも私の心のなかに残っている。

父は言った。

「二人はもうすぐ、来るんだよ。不憫で神経質な娘《こ》なんだ。心配させないようにしてやらなければならないんだよ」

「どうして神経質なの」と私は聞いた。

「不憫な生いたちだからだ」と父。

父が彼女を保護してやらなければならないと感じていることは痛いほどに伝わってきた。それは父の、彼女に対する愛情である。彼女が父の愛を受けて、幸福にすごすことは、母が言っていたように、万人の幸せを望む神様の心に叶《かな》うことに違いない。けれど、その場に私はいない方がよいだろう。私は父に言った。

「とりあえず、私は友人の所に身を寄せます。お父さんに御迷惑がかからないように、頑張ります」

父はもう言わなかった。私は荷物を整理した小さなスーツケースを持って門を出た。仮りの宿が必要な場合、波平さんが泊めてくれることになっていた。しかしそこから先は何も定かではなかった。何も保証されてはいなかった。けれど、自分の目でよく見詰めて下した結論だ。自分を信じて行くのみである。

父を手助けしながら、すごした店と家。軋轢《あつれき》はあったけれど、長所も短所も以前よりはずっとよくわかるようになった父。暮し慣れた場所には愛着がわく。共に時間をすごした人間には尚更《なおさら》である。

さまざまな形で直面した多くの別れに、若かった私は思わず、涙を流した。その途端、母の一言が聞こえてくるような気がした。

「よしこちゃん、泣いてもいいけれど、涙に溺《おぼ》れては駄目よ」

幻のように聞こえてきた母の一言一言が、夜空の星のように、私に進むべき方向を示してくれた。

新婚の二人は間もなくハワイに来た。

「不慣で神経質だ」といった人に関して、父はこうも言っていた。

「とにかく社交的で、新しいものが好きだ。流行の店や品物については、どこで仕入れてくるのか、最新の情報をもっている。いつ行くのかは知らないが、どこそこの店がいいというわさをすると、あの娘だけはもう行ってるんだよ」

父から離れても連絡は保っていた私は、ハワイに来た「新婚の二人」とも会った。父の表現していたとおり、彼女は明るくてチャキチャキの都会の女性だった。「神経質」という感じは、少くとも、表面的にはなかった。目がクルリと丸くて、可愛《かわ》いらしくも勝気な表情をしていた。にぎやかな人で声が大きく、彼女の笑い声は遠く離れていてもよく聞こえてきた。御主人となった人は、いかにも穏やかな優しい性格の人に思えた。

二人ともに悪い人でもいやな人でもない。通常の状況で会えば、よい友人になれるような人たちだ。けれど、私は、この人たちと「姉妹づき合い」をしなくて良い状態に自分の身を置いたことは、正解だと考えた。姉妹づき合いはやはりとても不自然だからだ。余りにも不自然で無理なことは、いつか必ず破綻《はたん》する。微妙な間柄の人々とは、無理して近づかず、距離を保って接したほうがよい。そのほうが、心静かに平らかな気持で相手を見ることが出来ると心底、思った。

お店の事情は彼女たちが来ても大きくは変わらなかったようだ。ミセス・ロングドレスが手にした経営権はそう簡単には取り戻すことが出来なかったのだ。二人とも間もなく実情を把握したのだろう。ハワイに来て暫《しばら》くして、二人は父のもとを離れて自立の道を歩み始めた。そして、とうとう父が決断する日がやってきた。ミセス・ロングドレスは父と一緒に店の経営を続けてもよいのに、と言った。

「お父さんを置いておいてもいいのよ。東京の店では下足番をしていたと聞いたけど」

父は東京の店では帳場に構えていた。店の仕切りをする場所だ。〝ミセス〟はそれを下足番と言った。「置いておいてもいい」などと言われて、父がハワイの店にとどまる訳がない。父を「武士《さむらい》のような人」と崇《あが》めた人が、「下足番」と表現するようになった。それ以前に二人の間にどのような気持の交流があったとしても、それら全てが帳消しになって当然の変化が生じていた。こうして彼女は愛する対象を失った。けれど、以前の彼女には考えられもしなかった大きな店の経営権を得た。これはこれで彼女の選択であり、人生だ。帰国すると決断した父は私に、一緒に帰国するようにと言った。私は父の言葉を親心の表現として受けとめながらも、ハワイ大学での勉強を続けることにした。ブルッと武者震いするような心のひきしまる瞬間だった。

財布のなかに、五ドル

父と私が別れる際、二人で話し合った場面は、まるで芝居のひと幕のような印象を私のなかに残している。

お店の庭の滝壺《たきつぼ》を見おろす別館で、テーブルを挟んで私たちは相対した。父が口を開いた。

「お前はこれから先一体どうしたいのか」

「大学での勉強を続けさせて下さい」

「お父さんは間もなく日本に撤退する。こんな所にひとりで残っても仕方がないだろう」

「撤退」という言葉が、父の世代と想《おも》いを表現していた。「こんな所」という言い方にも、結果として事業に失敗したハワイへの、苦い気持が滲《にじ》んでいた。私は、どうしても帰国せよという父に尋ねた。

「日本に戻って、私は何をすればいいんですか。もう一度、大学に入りなおすんですか」

「結婚すればいい」

「誰と結婚するんですか」

「嫁に行く相手くらい、お父さんが探してやるよ」

こんなことを、父は本気で言うのである。犬や猫の子ではない。自分の子どもとはいえ、全く別人格であることなど留意しないのだ。それに、父のそれまでの人生を眺めれば、結婚や伴侶《はんりょ》に対する考え方について、父の判断を信頼するわけにはいかなかった。私は言った。

「お父さんと一緒には帰りません。大学に残って勉強します。そうさせて下さい」

「ここまで言っても、お父さんの言うことを聞かないのか」

父は私を凝視した。

「ひとりでやってみます」

精一杯、私は父を見詰めた。

「どうしても言うことを聞けないのなら、これでお前との親子関係は終わりだ。勘当する。もう親でもない、娘でもない。それでいいんだな」

「勘当する」と言われて、私はそれが何を意味するのか、実感できなかった。芝居の勘当物は幾つも見てきた。けれど、目前の父と私は、勘当によってどんな関係になっていくのだろうか。父が父であること、私が娘であることを止《や》めるとは、一体どんな意味を持つのか。考え込んだ私に父は言葉を続けた。

「いいな、勘当だ。一切、お父さんは助けてやらない。一人でやっていく覚悟はあるんだな」

あら、そんなこと？と私は心のなかで考えた。これからの私の道を切り拓《ひら》いていくのを助けてくれないことを勘当というのなら、それは覚悟のうえだった。私は、もっと、別の恐ろしいことがおきるのかと想像した。例えば一生口をきかないとか、会わないとか、心が冷えきってしまうような展開を、父は考えているのかと思った。だがそうではないらしい。私にとって、問題は沢山あっても、父は父である。その父との、心のつながりまで、全《すべ》て断ち切ってしまうというのではないのだ。ならば勘当などいかほどのものか。私は答えた。

「私にとってお父さんはお父さんです。でも、お父さんがそう決めるのなら、勘当して下さってもいいです」

いま考えると、父は「勘当」という言葉で、私に覚悟を迫り、父もまた、その言葉のなかに、父の覚悟を込めていたのかもしれない。

最終的に父の元を去ったとき、私の財布には五ドル余りのお金しか入っていなかった。私はお店のお金には手を触れたことはなく、父を手伝っても賃金をもらったわけではなかったため、手持ちの現金は通学用のバス代程度しかなかったのだ。

勘当を宣言した父は、別れ際《ぎわ》に幾ばくかの現金を渡して甘い顔を見せるような、未練がましいことはしなかった。実にきっぱりとして揺らがなかったことに、私はいまでも感謝している。別れの厳しさは、私の背中を強く押し、一歩踏み出した道はすでに引き返しのきかない道であることを、自覚させてくれたからだ。

先輩の部屋を使わせて貰《もら》うという中途半端《はんぱ》な状況から抜け出て、安定した形の暮しを始めなければならない。自分の泊まる場所と生きていく糧《かて》を得なければならなかった。私は、留学生のアドバイザーだったA・リー・ジグラー教授を訪ねた。教授はすぐに会って下さった。一応の事情を説明し始めたときのことだ。勘当という言葉が急に生々しく、胸に迫ってきた。「勘当する」は英語で“disown”と言う。それまで親子として、自分の一部分であった血縁関係を“disown”、断ち切ってしまうのだという事実が、はじめて心細さとなってこみあげてきた。その瞬間、ジグラー教授が言った。

“You'll be fine!”（大丈夫だよ）

思いがけないところで出会った「大丈夫」の言葉。教授は笑顔で私を見詰めた。

「君が努力さえすれば、問題はみんな、いつか、解決するよ。大丈夫だよ」

落ち込みそうになった私の気持を、ジグラー教授はふわっと受けとめ、軽やかにして下さった。そして机の引き出しから、留学生を受け入れるホストファミリーに登録している家族リストを取り出した。

「この長いリストのなかから、君にピッタリの家族を見つけ出そう」

教授はその場で、電話をかけ始めた。その日の内に、私はハワイの電話会社の副総裁、ジャクウェット家に住まわせてもらうことになった。条件は、夫妻と小学生の男の子と私の四人分の毎日の夕食の仕度と後片づけをすること。その代わりに部屋代と食費は免除されるというものだ。

私にとって四人分の夕食をつくることは極めて容易だった。後片づけも食器洗い機にお皿を入れれば、事は済んだ。ジャクウェット家は私以前にも留学生を受け入れてきており、私の前はインドの女子留学生が住んでいたという。

初対面のとき、小柄でブロンドの夫人が尋ねた。

「これから一緒に暮すのだけれど、あなたの文化で、これだけはしたくないということがあったら遠慮なく教えてね。私たちは互いに違う価値観をもっているかもしれないから、その違いを大事にしましょうね」

それまで、父が言うことには疑問をさしはさまないで耳を傾けてきた私にとって、夫人の言葉はとても新鮮に響いた。聞いてみると、私の前の留学生はヒンズー教徒だったそうだ。食べ物や生活習慣で幾つか、厳しい条件があったために、夫人は日本人の私にも同様の配慮をしてくれたのだ。

夫人は浮世絵や日本の陶磁器についても知りたがった。ジャクウェット氏は日本の国会の構成や仕組について知りたがった。十二月七日になると、真珠湾攻撃を日本人がどう思っているのかについて、幾つも質問された。夫妻の知的好奇心は尽きるところがなく、折りに触れ、日本の文化や歴史を夕食の席で話題にした。その度に、私は答えるのにとても苦労した。

当時の私は、余りに日本について知らなかったからだ。大学生活を続けていく内に明確にわかってきたのは、自国の歴史や文化文明について、恐らく最も無関心で無知なのが、私を含めた日本人留学生だということだ。中国人の学生も、韓国人もベトナム人もタイ人も、アフリカからの留学生も皆一様に、自国のすばらしさについて詳しく話してくれた。一時間でも二時間でも、説明を続けることが、彼らには出来た。しかし、日本人の私たちは、それが苦手だった。知らないために説明できないのだ。教えてもらっていないために、殆《ほとん》ど知らないのだ。この種の体験はのちに私に、戦後日本の教育について、疑いを抱かせるきっかけのひとつとなった。

ジャクウェット家で暫《しばら》くすごす内に、私はもうひとつの難題に直面した。学費である。住居と食費は確保したけれど、次の学期になれば授業料を払わなければならない。しかし私のポケットには五ドル程しかない。とても足りない。

私は再びジグラー教授を訪ねた。

「先生、次の学期の授業料がありません。どうしたらいいでしょう」

教授は前回と同じくニッコリ笑って言った。

“It will be taken care.”（大丈夫だよ）

ひまわりのような笑顔を見詰めながら、私は嬉《うれ》しくなって訊《き》いた。

「どのようにすれば、大丈夫になりますか」

「君はなんのためにひとりでハワイに残ったのか、考えて御覧」

なんのために、勘当されてまで残ったのか。難しく考えると複雑すぎて上手に説明できない。だが、教授の表情を見ると入り組んだ説明を求めているようではなさそうだ。私は最も単純明快な理由を言った。

「大学で勉強するためです」

「そこまで解《わか》っていれば、問題はもう半分解決したのと同じでしょう」

教授は本当にニコニコしながらざっと次のように語ったのだ。大学で学ぶために残ったのだから、うんと勉強すればよい。そして優れた成績をとって奨学金を受ければよい。ハワイ大学には、さまざまな奨学金制度があるから、本当に学びたい学生が学べないことはないんだよ、と。

しかし、私は心配だった。私の英語力はまだ不十分だ。どの科目でも読まなければならない教科書や参考書は、目が回るほどの分量である。授業の内容だって一〇〇パーセント理解できているとは言い難い。奨学金に値するほどの好成績をとる自信など、全くなかった。すると教授はまたもや、ニッコリ笑って言ったのだ。

“You can do it.”（大丈夫だよ）

ひまわりの笑顔のなかに、私は再び希望を見出《みいだ》して身を乗り出した。教授は続けた。

「全部Aでなくても大丈夫な奨学金がある。平均でB以上はどうしても必要だが、ひとつの科目でCをとったとしても、別の科目でAをとれば平均はBになる。これなら君にもとれるでしょう」

「はい、それなら大丈夫です」

すっかり自信を取り戻して答えた。平均点がBでよいのなら、なんとかなる。こうして私は、奨学金を受け取れるようになり、卒業までずっとハワイ大学の奨学金に支えてもらった。

暫く日がすぎた頃、それまで我慢していた問題がとても切実になり始めた。いつも手元不如意《ふにょい》なのである。五ドルのお金は、無駄使いをしなくてもすぐになくなってしまった。とはいっても、大学には歩いて通える距離だ。大学でのランチには、ジャクウェット家でサンドウィッチでもつくって持参すればよかった。奨学金で授業料も教科書も賄《まかな》えた。基本的なものは全て与えられていて、不足はないはずだった。また、ハワイでは、遊ぶのにもそれほどのお金はかからなかった。美しい海で泳ぐのも、公園でテニスをするのも、ピクニックに行くのも、殆どお金は必要ない。たとえ何がしかの出費があるとしても、通常は男の子たちが払ってくれた。

それでも、人生にはお金が必要だ。なのに私の手元には一ドルもない。学生ビザなので働くことも出来ず、収入を得る道がない。或《あ》る日、自分の部屋で休んでいたときのことだ。夜中にふっと目が覚めた。眠れずに、考えるともなく考えていると、心細さがつのってきた。このまま私はどうなっていくのか。何から何まで、大学やジャクウェット夫妻や、クラスメートたちに支えてもらいながら行くのだろうか。それもとても幸せなことではあるけれど、なんと心細い状態か。自由になるお金が全くないということは、なんと寂しいことか。

寂しさと心細さの海に溺《おぼ》れそうだった。私はクルリと反転してふかふかの枕《まくら》に顔を押しつけた。涙があふれてきた。あとにも先にも、お金がなくて心細くて泣いたのは、あのときだけだ。そして、泣いている内に気持が落ち着き、決心した。またジグラー先生に相談することを。

翌朝、私は早目にキャンパスに向かい、また教授を訪ねた。今回は、少し気後れしていた。前回と前々回は、教授の力を借りる十分正当な理由があった。しかし今回はどうだろうか。いわば、自分の使えるお小遣いがほしいからどうにかしてほしいという、我《わ》が儘《まま》な要望である。それでも私はとにかく教授室の扉をノックした。

ジグラー教授はひととおり話を聞いたあと、キッパリと言った。

「全く大丈夫だよ、なんの心配も要らないでしょ」

またまたひまわりのように晴れやかな笑みである。

「労働ビザがなくても、キャンパスには出来る仕事があるはずだよ。調べて御覧。それだけでなく、学生ビザのまま、ハーフタイムくらい働けるように、移民局から許可を貰《もら》えるよう、早速手続きを進めなさい。大学の推薦があれば、許可はスムーズに出るはずですよ」

ジグラー教授は、私の要望を少しも我が儘だとはとらなかった。留学生の抱える問題について、いつも一〇〇パーセント、学生の側に立って助力を惜しまなかった。そして、どんな時でも、学生の抱いている夢の実現の後押しをして下さった。

日本での教育が、あれはいけない、これも問題がある、だからしない方がよいというわば減点方式と受動に陥りがちなのに比して、米国での教育は完全に加点方式と能動を特徴としている。

夢を描いたら挑戦して御覧なさい。こうしたいと考えたらやってみなさい。どんなことでも尻《しり》ごみしたり諦《あきら》めたりしないで突き進んで御覧。他人に迷惑をかけてはならないけれど、自分の責任で、なんでもやって御覧、という具合なのだ。

三度目の相談にジグラー教授が嫌な顔ひとつみせずに、むしろ楽し気に応じて下さったことが私はとても嬉しかった。こうして私はキャンパスのキャフェテリアで働くことになったのだ。

午前六時からキャフェテリアでサンドウィッチ作りに励んだ。アルバイト料は食券で支払われる。その分、現金で払ってくれるアルバイトよりも高いレートだ。時間当たり六十五セントだったと記憶している。

あの頃、マクドナルドのハンバーガーが二十五セント、コカコーラが十セント、級友たちがよく行っていたボウリングは一ゲームが三十セントだ。

キャフェテリアで働く学生たちは、自分一人では使いきれない額の食券で支払いを受けると、これを友人たちに二割引きで売って現金収入としていた。私も早速そうやって収入を得た。

こうしてお金を手にしたときは本当に嬉しかった。特に使う目的があったわけではないが、なんとなしに豊かな気持になることが出来た。それにしても私はあの頃、一週間に十時間も働いていなかった。食券から得る収入はせいぜい五ドルほどだったはずだ。その五ドルを得る道があるのとないのとでは、気持のうえで大きな違いがあった。

こんなことを体験しながら、私は少しずつ、ハワイでの自活に自信をつけていった。やがてジグラー教授の手助けもあって、週に二十時間のアルバイトが許可された。行動範囲は広がり、私は国際留学生協会（通称ＩＳＡ）の活動に手を貸すようになった。

ＩＳＡの指導教授はジグラー教授だ。何でも前向きに指導して下さる教授を慕って多数の留学生が集って来ていた。

ビルマの留学生、チュチュメイは、京都広隆寺の弥勒菩薩半跏像《みろくぼさつはんか》のような美しい人だった。ウエストラインを越す漆黒の髪が、ハワイの陽光の下でキラキラと輝き風に揺れていた。みどりの黒髪とはこのような髪のことか、みどりの黒髪の乙女とはこのひとのことかと思って見詰めた上品な姿。チュチュメイの謎《なぞ》めいた不思議な美しさに、女子学生たちは溜息《ためいき》をつき、男子学生たちは彼女の前では何となしに緊張した。シャキラ・カナンは、パキスタンの大学院生だった。彫りの深い顔立ちと黒い大きな瞳《ひとみ》が印象的だった。非常に頭のよい女性で、博士課程に進んで博士号をとり、母国に戻って女子大の学長になった。後日、帰国の途中日本に立ち寄り、私の母と大の仲良しになった。

チュチュメイもシャキラも常に、民族衣装を身にまとっていた。チュチュメイはくるぶしまでの巻スカートで、巧みに縄跳びをしたり、バレーボールにまで興じた。シャキラは美しいサリー姿でキャンパスを闊歩《かっぽ》した。民族衣装は彼女たちの美しさに一層の趣きを与えていた。文化文明を、衣装、立居振舞で表現するという点において、日本人留学生は比較の対象にならなかった。

カジ・シラズルは、当時はパキスタンの一部だったバングラデシュの留学生だった。お国では大富豪の長男だ。身の回りのことなど自分でしたことがなかったのであろう、ハワイ大学の学生寮でも部屋の掃除に他の学生を雇っていた。

アジアの発展途上国からの留学生は、殆どが大富豪や政府高官の子弟だった。ネパールの大臣の息子も、寮の部屋の片づけに他の学生を雇っていた。

彼らとは対照的なのが、中華系の留学生だった。香港からにせよ、シンガポールまたは台湾からにせよ、中華系の学生はとてもよく働き、勉強もよくこなしていた。学生ながら格好のよいスポーツカーやムスタングを乗りまわしていたのは、殆どが中華系の学生たちで、並外れた生活力があった。

キャンパスの学生たちは、皆のびのびと暮していた。当時あの南国のハワイ大学でも、ベトナム戦争についての議論が闘わされており、留学生たちもさまざまな集会に出ていた。しかしそのなかでただ一国、決して政治的な発言をしないグループがいた。台湾からの留学生だった。当時の台湾は蔣介石《しょうかいせき》総統の時代だ。国民党政府、つまり中国大陸から逃れて台湾に渡った中国人が強い支配力で元々の住人である台湾人を締めつけていた。共産主義は禁じられ、思想的取り締まりの厳しさは、日本人学生には想像もつかないほどだった。留学生の動きは逐一見張られていたらしく、台湾の留学生は政治的な集会には来ようとせず、発言にも注意しているのが手にとるように感じられた。事実、キャンパスでビラをまいただけで、帰国後、刑務所に収監された学生もいた。

学生たちは本当にさまざまな国情を背負っていた。彼らは各々の国情のなかで、自国と国際社会の関係についても考えていた。そんななかで、日本人留学生だけ、考えることが少なかった。良くも悪《あ》しくも他愛ない存在で、問題意識に欠けていた。国家や経済や安全保障や外交は、日本人学生の間で殆ど、話題にならなかったし、自国の文化についてきちんと話せる日本人学生は一体どれだけいただろうか。私たち日本人の関心事は、圧倒的に個人的なことが多かった。

なぜだろうか。この問いは、大学在籍中も卒業後も私にまとわりつくことになる。短期的には、しかし、私は大学生活をこの上なく楽しんだ。自由な世界を自力で歩き始めて、やがて私は一連の小爆発とでも呼ぶべき体験をすることになる。

ダンスパーティーの季節

父から連絡があったのは、私が父の下を離れ二〜三か月すぎた頃だった。私たちはワイキキのロイヤル・ハワイアン・ホテルのロビーで落ち合った。その日の父の姿は、懐《なつか》しかった。サッパリとした表情で尋ねた。

「元気か」

「はい、とても。お父さんは？」

「お父さんは大丈夫だよ」

多少緊張しながら私たちは互いにいたわり合った。砂浜に隣接するレストランでお茶を飲みながら、父は私の近況について尋ねた。私は安心してもらいたくて、出来る限り具体的に報告した。一連の話を終えたとき、父が言った。

「お父さんもいよいよ日本に帰ることにした」

サッパリとした表情は、諸々《もろもろ》の後始末をつけたからだったのだ。私に詳しいことがわかる由《よし》もない。それでも私は尋ねず、父も語らなかった。敗軍の将、兵を語らずといった風情《ふぜい》だったが、私はひとつだけ、聞いた。

「お父さん、日本のどこに帰るんですか」

いま考えても、なぜあんな質問をしたのか、十分には説明できない。だが、かなりの投資をしてハワイに進出した父が結果として事業に失敗して引揚げたとき、あの〝青緑色の着物の女性〟が快く迎えてくれるだろうかと考えていたのは確かだ。投資資金は店から出ているのであり、そうであれば、それは父のものであると同時に彼女のものでもあったはずだ。

それに私の心には、〝実姉〟の言葉が刻み込まれていた。父がハワイに赴任した結果、青緑色の着物の女性が店の経営に乗り出し、実姉も彼女らの弟も経営に手を貸すようになり、もう父がいなくても大丈夫だと言うかのような説明だった。それは実姉の言葉であり女性本人の言葉ではなかったが、私の心にひっかかり続けていた。店の経営が父の不在を前提にしてまわり始めているのであるなら、戻った場合、しかも失敗して戻った場合、さぞ居心地は悪いだろうと心配だったのだ。

かといって父が母の元に戻ることも考えられなかった。結局、答えはわかりきっているのだから、聞くべきではなかったのだ。

「決っているじゃないか、そんなこと」

父は言った。真実、それが「決っていること」なら、私も安心である。父は一呼吸おいて言葉を継いだ。

「お父さんは帰ってしまうから、今日はお前に幾つか言っておこうと思う。ひとつは、一人で暮していく際に、他人様《ひとさま》に恥ずかしいことはしないこと。もうひとつは、ここでの生活に見切りをつけたら帰って来なさい。日本航空の事務所に行って東京着払いの切符で戻ればいい」

恥ずかしいことはするなという父の戒めはもっともなことだったが、私は心のなかで呟《つぶや》いていた。大丈夫よ、お父さん、そのことならずっと前からお母さんに言いきかされてきましたから、と。

折角父が私に言い残したことだったけれど、私は、父の生き方こそ、他人様《ひとさま》から見たらどういうことになるのかという疑問を払拭《ふっしょく》することが出来なかった。従順と反発の狭間《はざま》で、私はそのどちらにも徹しきれずにいた。けれど返事をしなくては悪いと考え、言った。

「はい、恥ずかしいことはしません。帰るべきときが来たら帰ります」

東京着払いの切符が、本当にあるのかどうかはわからなかったけれど、父の気持だけは嬉《うれ》しくもらっておこうと思った。父はやがて立ち上がった。

「じゃ、お父さんは本当に帰ってしまうからな」

「いつ発《た》つのですか」

「見送りは要らないからいいよ」

「じゃあ、気をつけて、お体を大事にして下さい」

「あぁ、お前も無理をするんじゃないぞ」

こんなふうにして私たちは別れた。それにしても父が言い残した「他人様《ひとさま》に恥ずかしくない」とはどういうことなのか。父はその言葉にどんな価値観をこめていたのか。私はその後、何度も考えた。母が教えてくれたことは、いつも自分の心や気持を軸にしていた。自分が感じたこと、考えたことを基に行動せよと教えてくれたのは母だったが、父の〝恥〟の概念の基軸はどこにあったのか。自分の心を見詰めて恥じないようにするというより、社会における自分の名誉や仕事が念頭にあったのではないかと思えてならなかった。

父に娘として向き合おうとした日々、父が私に示し続けたのは主として父の仕事だった。生身の父は、いつも仕事の衣の裏に隠れようとしていた。父を取り囲む人間関係が複雑だったために、それらをかき分けて、父の心に辿《たど》り着き、その喜怒哀楽を感じ取り、違和感や隙間《すきま》がないようになることは私には難しかった。ある瞬間、半歩引いたら、もう、その溝を埋めることは難しくなっていった。

他人様《ひとさま》に恥ずかしくない生き方とは何か。米国の友人やキャンパスで出会った多くのアジアの学生たちと語り合ったことのひとつが、この恥についてだった。恥の基準をどこに置くか。父をはじめとする多くの日本人は、その家庭に相応《ふさわ》しい振舞やその地位に見合う振舞を重要視しがちだった。それはそれで非常に重要なことだ。けれど、それらは変化し得る要因にすぎない。豊かな家庭が突然貧しくなることも、社会的地位の高い人が突然失脚することも、勿論《もちろん》、それらの反対のケースも、あるだろう。だからこそ、恥ずかしくない行いの基準は、そうした外面的なものを軸としてはならないのだ。だが、アジアの学生たちはこの点、日本の規範と似たような基準が大切だと語った。大好きだったチュチュメイも、社会に向けての家族の面子《メンツ》を守らなければならないのがビルマ社会だと述べた。一方、西ドイツの留学生エリカは、神の前で恥じなくても良い行いこそが大事なのだと言った。そんなときに私は母の言葉を想《おも》い出した。

「誰も見ていないと思っても、神様が見ていらっしゃる。神様が見ていらっしゃらなくても、自分が見ているでしょう。だから、自分に恥ずかしくないように生きなさい」

母は神を大切にしながらも、より大切なのは自分自身をごまかさないことだと言ったのだ。厳しい言葉である。振りかえれば、自分自身に恥ずかしいことは山程ある。けれど、十九歳だった私は、未熟にも青くさくも心に誓っていた。これまでの枠の中におさまっているのは止《や》めようと。父との生活と父の仕事の手伝いを中心にしてきたために、大学の友人たちと出かけたり語らったりすることも十分になかったけれど、これからはどんな人とも、とにかく語らってみようと。してはいけない、はしたないと言われてきたことも、異なる文化を基軸にすれば異なって見える。だから自分にタブーを課すのはやめよう、自分の心に恥じない限り、何でも挑戦してみようと考えた。

友人がふえていくにつれて、キャンパスでの行動範囲は広がった。そして或《あ》る日、ダブルデートをした。波平珠水子さんと一緒である。デートの相手はフィンランドとネパールの留学生だった。四人が車一台で出かけ、ドライブイン・シアターで映画を見たり、ビーチに出かけるケースが多かった。これといった会話を記憶しているわけではないが、開け放った車の窓から吹き込んでくる風に、波平さんの髪がサラサラと揺れて美しく光っていた記憶が鮮明に残っている。他愛のないデートだったが、ダブルデートってこんなふうにするんだわ、と思った。

必須《ひっす》の教養講座のひとつに音楽があったが、このクラスには評判のハンサムな学生がいた。米国人で映画に出てくるようなブルーアイと金髪、背がとても高かった。大学で行われるクラシック音楽のコンサートが近づいたとき、なぜか私はこの男の子に誘われた。音楽会はとても素晴らしかったし、彼はジョークがうまくてよく笑う面白い性格だった。けれど、よくよく観察していると、ジョークを言って吹き出すときに、必ず、彼は私の肩に手をおいたり、くっついてきたりするのだ。

用心して、私は早目に帰宅した。それから何日かしてキャンパスの大きな木の下で、同じ男の子がジョークを言いながら女の子の背中を軽く叩《たた》いていた。見てすぐに、同じ手を使っているんだとわかってしまった。その手には乗らないわ、と考え、もうこの男の子とは出かけなかったが、デートでウカウカしていると詰らないことになってしまうのだ。

香港の留学生たちはなぜか皆、共通項があった。大体どんな学生も車を持っていた。そして、まめまめしく、世話をしてくれる。出かけるときだけでなく、大学の勉強も彼らはよく手伝ってくれた。試験の前には、教科書の重要部分やテストに出そうな質問を想定して一緒に勉強した。

とびきり勉強好きの香港からの留学生がリチャードだった。彼ほどのガリ勉も珍しい。学部の四年間を三年で修了し、さっと大学院に入ったが、こんな男の子でも、デートとなるとまめまめしく世話をしてくれた。車のドアの開閉は言うに及ばず、食事のときにはナプキンをさっと広げ、料理も皿にとりわけてくれる。香港留学生のサビオはいまもハワイに住んでおり、私は行く度に彼と彼の家族に会う。彼は昔も今も、誰かれとなく甲斐々々《かいがい》しく世話をする。女性への優しさは、きっと香港人の文化の一部なのだ。

中華系の学生が生活力もあり人生にも勉強にも貪欲《どんよく》だったのとは対照的なのがやはり日本人留学生だった。日本人留学生は、多くが親がかりで、常に親にぶら下がっている印象があった。優しさを含めて感情表現は控えめである。ドアを開けたり閉めたり、ナプキンを広げたりすることに、テレてしまう。また彼らの多くが車をもっていなかった。だから日本の留学生と出かけるときは、グループで乗物を都合し合いながら、割勘にすることが多かった。

クラスメートのひとりにイタリア人のジョヴァンナ・マニルダがいた。彼女はひと回りほど年長で、スチュワーデスをしていたときに知り合った米国人と結婚してハワイに住み、大学に通っていたのだ。口癖は「アメリカは素晴らしいけれど、イタリアはもっと素晴らしい」だった。だから家ではアメリカ文化ではなくイタリア文化に基いた生活をしているのが彼女の自慢だった。

幾度か招かれて訪れた彼女の家は、目を見張るほど美しく磨き上げられていた。テーブルも棚も、客間も寝室も、お風呂《ふろ》もお台所も、目がさめるほど清潔だった。ヨーロッパの人々の家の中の整え方は半端《はんぱ》ではない。その彼女は、男女のことについても一家言もっていた。

「男女の仲をリードすべきは女性なのよ。決して男にリードさせては駄目。アメリカ人の悪いところは、そこが無茶苦茶なことよ」

人差指を立てて、目をクリクリさせて熱弁するジョヴァンナ・マニルダの言葉に、夫のジャックは笑顔で聞き入っていた。完全に彼女のペースでことが運ばれているのだ。

「だからヨシコも男の子についていくようでは駄目なのよ。彼らがあなたについて来るようにしなくちゃ」と彼女は強調した。

キャンパスのさまざまな学生たちと語ることで、新しい世界が次々に開けていくようだった。その頃、留学生のアドバイザー、ジグラー教授の力添えもあって、前述のように私は週に二十時間までは仕事をすることが出来るようになっていた。大学の仕事案内で見つけたのは、モイリリ・コミュニティセンターという所で、ハワイの子どもたちに日本語や、日本についての簡単なことを教える仕事だった。小学一年生から中学三年生まで、さまざまなクラスがあったが、新米教師の私は、小さな子どもたちのクラスを担当した。

子どもたちは走りまわるし、彼らに教えるのは大変だった。けれど、大きな発見は、アメリカの子どもたちは五歳や六歳で一丁前の理屈をこねるという点だ。日本の子どもたちの大人しさしか知らなかった私にとって、まさに目を開かされた体験だった。ハワイの子どもは、主張するにも要求するにも一応の理屈を言う。それは彼らが子どもの頃から論理的に考える訓練を施されていることを示していた。

このセンターでの仕事によって、私の収入はキャフェテリアでのサンドウィッチづくりとは比較にならない程にふえた。その時点で私は二学期間お世話になったジャクウェット家を辞して大学のすぐ近くの女子寮に移った。ハワイ大学には、それより少し前までの私のように、スチューデントメードの家を探している学生が沢山いたのだ。そんな後進たちのためにも、仕事が見つかり、自活の目途が立った場合、さっと自立して飛び立っていくのがよいのである。

その頃から私はダンスに興味をそそられるようになった。流行《はや》っていたのは優雅でも何でもないリズム中心のゴーゴーダンスだった。いまでいえば、エアロビクスのよ

モイリリ・コミュニティセンターの子どもたちと

父、清　ハワイにて

ハワイ大学のキャンパスで　左がよしこ

うに激しい動きを続ける踊りである。一応パートナーと組みはするけれど、各々《おのおの》好きなように振りをつけてリズムに乗っていればよいのだ。

なぜ、ゴーゴーダンスがあれほど気に入ったのだろうか。私にとってそれは、自分の心や気持にはめた枠を、ビシビシと破りながら突き進むような心理的な効果があったのではないか。こう書くのは、もしかして後知恵かもしれない。それでも殆《ほとん》ど何も考えずにただリズムに乗ることを楽しみ、多勢の友人たちと熱中した夜をすごした時期は、私にとって、飛行機が滑走路でエンジンをフル回転させ離陸に備えてエネルギーをためこむような時期だったと思う。

当時は音楽が聞こえてくると、体が自然に動き出すほどだった。自分が自分のままでいることが出来るのはすばらしいことだった。どんなふうに表現してもよいというのもすばらしいことだった。そんなふうに実感させてくれるダンスパーティーを、私はついに自分で主催することにしたのだ。

企画は国際留学生協会（ＩＳＡ）の仲間たちと一緒にたてた。大学周辺には学生たちが共同で借りている大きな一軒家が散在していた。それらの家にはゆったりした芝生の庭があり、かなりの人数を収容出来る。私たちはそんな家々をパーティー会場にした。

皆に一番喜んでもらえたのは生のバンドだった。バンドを組んでいた学生たちもいて、彼らは程々の料金で来てくれた。生バンドの都合がつかないときは仕方がない。レコードを活用し、ジョッキー係を割り振った。

激しく体を動かして草臥《くたび》れ果てた頃に、最後の曲はペトラ・クラークの“I remember you”、ダスティ・スプリングフィールドの“You don't have to say you love me”、ベン・E・キングの“Stand by me”や、トニー・オーランド&ドーンの“Tie a yellow Ribbon, round the old oak tree”などをかけた。静かな曲を二～三、楽しんだあと、皆踊り疲れて、満足して帰っていくのだ。

戸外での運動に熱を上げたのもこの頃だった。暇を見つけては、キャンパスから遠くないワイキキやアラモアナで泳いだ。ちょっと遠出をしてハナウマ湾まで行き、シュノーケルで潜って水中の景色や魚たちの姿を楽しんだ。海水に濡《ぬ》れたうえに太陽で灼《や》かれるために、この頃の私は真っ黒に日焼けしていた。髪も自然にブリーチされて茶色になっていた。

一方、毎週のように、各科目ではテストが行われていた。そのための勉強は大変だったのだが、その合間に、熱病にかかったように、ダンスパーティーを催し、海に通った。

いつもクラスメートたちと一緒だった。賑《にぎ》やかなことばかりしていた。けれど静かにしていたいとき、ただ波の音だけを聞いていたいときもあった。そんなときはとびきり早くに起き出して海に出かけるのだ。フランスパンとチーズと牛乳を持参して、浜辺で朝食をとった。

ハワイの太陽は海から昇り、海に沈む。日の出前に太陽の昇る島の東側まで行って日の出を見詰めたことがどれだけあっただろうか。砂浜に坐《すわ》ってじっと見ていると、少しずつ、空の色、海のはるか彼方《かなた》が明るさをましてくる。水平線の彼方に、ポッと小さな光が差すと次の瞬間、たちまち光は広がり、海も空も、朝の色に染まっていく。海も空も朝焼けの光りのなかで、刻々とその色を変え、一瞬も目が離せなくなる。天が描き出すこの世のものとは思えない美しさに、万物が包み込まれていく。潮風と波の音がバッハの交響楽のように天空を充《み》たしていく。

南国なのに早朝の潮風はヒンヤリとしている。冷気を含んだ潮風を深く吸い込むと海の精霊たちと交信しているような気分になる。この景色を絵にするとしたら、砂浜も人間も、大海原と同じ色、朝陽に染まった輝くオレンジ色のシルエットになるに違いない。

オレンジ色に染められて、持参したフランスパンとチーズをかじり、牛乳を飲む。

これ以上の朝食はないと感じる瞬間だ。

日の出を見るのに遠くまで連れて行ってくれるのは、気の好《い》い日本人学生だった。彼は小さいときに御両親と共にハワイに移住して米国籍を取っていた。のちに建築家になった彼は、絵心があり、特に水彩画が得意だった。彼の描く海の絵は、ハワイの海でありながら、日本の海の風情を宿していた。波の音と風の音、太陽に染まる自然の姿。それ以外、何もほしくないと思いながらパンをかじる私を、彼はそのままにしてくれていた。

ダンスパーティーに通い、主催し、憑《つ》かれたように踊り始めてから足かけ二年になる頃、ふっと、十分踊ったと感じた。なぜかわからないが、あれほど心待ちにしていた週末のパーティーがそれほど魅力的でなくなってしまったのだ。私はダンスパーティーの企画をやめ、踊りに出かけることも、パタリと止めた。

突然出かけなくなった私に、友人たちはなぜかと問うた。友人たちを納得させるように答えることは出来なかったけれど、私は、どうしても一人の時間を持ちたくなったのだ。

皆は、私に恋をしたのかと尋ねた。そうではなかった。恋をするにも、私には相手がいなかった。身を焦《こ》がして燃えるような恋の対象はまだ、現れてはくれなかったのだ。

日本では母と兄が新たな局面に立っていた。大学を卒業して就職した時点で、兄が母の生活を支え始めていた。兄の初任給で、母と兄は全《すべ》てを賄《まかな》った。母は兄の後輩たちの食事をつくって何某《なにがし》かの収入を得てはいたが、それは微々たるものだった。母への父からの仕送りが全くないなかで、私は兄や母を助けることが出来ないかと考えた。

幸いにも、モイリリ・コミュニティセンターでの仕事は、工夫すれば多少の余裕が生じるほどの収入を私にもたらしてくれた。私は工夫してお金を残し、時折り母に送金した。殆ど役に立つはずもない少額だったが、母や兄に心を送ることが出来ればそれで十分だと考えていた。そんなお金はどこかの支払いに消えていったものと思っていたら、ずっとあとになって母が言った。

「いいえ、全額、貯金して残していますよ。よしこの送ったお金を、お母さんや昭弘が、そのまま使えるはずがないでしょう。私たちはよしこの気持をとても嬉《うれ》しく思ってそれが私たちの頑張りの源にもなったのですよ。本当にありがとう」

心から礼を言いたいのは私のほうである。

大学を卒業し帰国してからも、母の生活は基本的に兄が支え続けた。兄のおかげで、私は自由に羽ばたき続けることが出来たのだ。その意味で、いま私がこうしていられるのも兄のおかげだと感謝している。

私のなかの日本人

大学近くの女子寮での日々、一番嬉しかったことは、日本からの便りを受けとることだった。寮の入り口には、火炎樹の大木が涼しい木陰をつくり、まっ赤な花をつけている。ブリキ製の郵便受けはその太い幹にとりつけられていた。寮住いの学生は皆、キャンパスへの往《い》き帰りに、その郵便受けを期待をこめてチェックする。

家からの手紙が来た日は、一日中幸せな気持だった。けれど、母の手紙にはいつも小さな難点があった。封を開けようとすると、封をするときの糊《のり》がはみ出ていて、必ず便箋《びんせん》と封筒がくっついていた。だから私は便箋を破らないように、そっとはがしながら取り出すのがとても上手《うま》くなった。手紙には母の愛が溢《あふ》れていた。美文でもない。長文でもない。簡潔な文章は、日本の四季の移ろいを伝え、母と兄の毎日の暮しを描き、最後に必ず、毎回、同じことを尋ねて終わる。

きちんと食事をしているか、元気で暮しているか、勉強はしているかと。いまでも母は当時と同じことを電話で尋ねる。流石《さすが》に勉強しているかとは聞かなくなったが、食事と健康管理の懸念《けねん》は、母の脳裡《のうり》を去らないらしい。きっとどの子の母親も同じことを心配するのだろう。幾つになっても、母親は母親なのだ。

母の心配ももっともだった。寮では誰も監督していないため、全《すべ》てが自分の意思で決まる。それだけに食事も生活もリズムを崩さないことが重要だった。

この寮で私は、その後ずっと、つきあうことになる親友たちに出会った。ジニーとフローレンスという姉妹である。日本で生まれた日系米国人で、父親のカタヤマ氏は、在日米軍に勤めていた。戦後すぐ来日、新潟出身の色白の女性と結婚し、ジニーとフローレンスが年子で生まれた。少し年が離れて、ヘンスという弟もいる。彼女たちが語らう姿は、二羽の小鳥が囀《さえず》っているような愛らしい風情《ふぜい》だった。

寮は、ひとつの棟に六人が住んでいた。一人部屋が四部屋、二人部屋がひとつ、六人共同のシャワー、洗面所、キッチンと小さなスペースなどがあった。

六人は学期毎《ごと》に入れ替わることもあったが、卒業までの間、比較的長く住んだのが、ジニーとフローレンス、それに私だった。彼女らは二人部屋に、私は一番端っこの一人部屋にいた。

寮生活は自炊である。大学のキャフェテリアで食事をするのでなければ、街に出かけるか、自炊するかである。街に出かけることは比較的少なく、私たちはよく自炊した。だが、一人分の食事をつくるほどつまらないことはない。その内に、自然に助け合いの仕組が出来ていった。

食事をつくるときは、五、六人分を念頭に大量につくり、ジニーもフローレンスも、その他の寮生も、望むならば一緒に食事し、その代わり、彼女らがつくるときも同じように数人分をつくり、それを分かち合う。

確定したルールではないために、一緒に食事をしてもいいし、しなくてもいい。だが、味についてうるさく言いさえしなければ、これで自炊の手間はかなり省かれた。

ちなみに私のレパートリーは、ジャンボ茶碗蒸《ちゃわんむ》しとサラダ、カレーとパンケーキだった。他の人のレパートリーも同じような簡単なものだった。ジニーの得意技はミートソースのスパゲッティだ。

料理が全く出来ないのがジョアンだった。彼女はゆで卵をつくるとき、毎回のように火にかけたことを忘れて卵を爆発させた。キッチン方向から、突然ボンッという音がすると、私たちは「やったぁ」「ジョアンの卵よ」と言って台所に駆け出していった。

夜、小腹が空《す》くと皆でシェーキーズのピザを注文した。そんなときの話題は専《もっぱ》ら、ボーイフレンドのことだ。ステディな恋人のいる人の話を皆で聞いては羨《うらや》ましがったり、注文をつけたりした。皆で人の恋人を好き勝手に論評してお喋《しゃべ》りに耽《ふけ》るのだ。

そんな寮生活で事件が発生した。ある女の子の部屋に、深夜、男が忍び込んだのだ。ハワイの戸締りなど簡単なものだから、ちょっと技術があればすぐに侵入できるのだろう。

ベッドで眠っていた彼女は、圧迫感を感じて目を醒《さ》ましたという。〝たしかに誰かが自分の横にいる〟。胸の動悸《どうき》が激しくなるのをおさえてよく見ると、暗闇《くらやみ》のなかに人間のシルエットが見えた。目醒めた彼女に男が何か言った。「声を出すな」と、脅したに違いない。だが、理性よりも恐怖が先に立ち、本能の命ずるままに彼女は大声で叫んだ。

「ワアーッ、ワアーッ」途轍《とてつ》もない声が途切れることなく響きわたった。

彼女は声楽専攻のメゾソプラノだ。背も高く体格もすばらしく立派な彼女の声は迫力に満ちている。ステージでのプリマを目指す歌い手が思い切り声を張りあげたものだから、悲鳴は寮全体に響き渡り、冗談ではなく窓ガラスが震動した。私はベッドからとびおき、パジャマのまま廊下に走り出た。他の女の子たちも全員、自室から転がり出てきた。窓々に電気が灯り、騒然となったなかを、男は泡を食って逃げていった。誰かがいち早く電話したのだろう。警官も駆けつけ、被害はそれ以上に及ばなかったのだけれど、私たちは興奮して事件について語り合い、好《い》い加減、語り飽きたあと自室に戻ったが、なかなか眠れなかった。その後、随分長く、私たちはその事件の余波のなかで暮していた。

するとまた、事件が起きたのだ。今度は覗《のぞ》き魔だった。夜になると怪しい男が様子を窺《うかが》っているようなので、窓やカーテンを閉めて、注意するようにとお触れが出た。或《あ》る夜、私の隣室のマーレという女の子がキャーッと叫んだ。叫び声は続き、私たちはまた全員が廊下に飛び出ていった。男が窓から覗き込んでいたと彼女はパニック状態で訴えた。

男はまだその辺にいるはずだ。「マイグッドネス!」「ハウテリブル!」などと言い合いながら、私たちは男がいまもどこかから覗いているのではないかと脅《おび》えた。冷静に考えれば一人対六人なのだから、皆で追いかけて捕まえることも出来るかもしれない。けれど見えない敵は怖《おそ》ろしい。だから誰も追いかけなかったと、私は思っていた。警察に電話をしたり、鍵《かぎ》のチェックをしたり、マーレを慰めたりと、皆各々《おのおの》、出来ることをしていたら、寮の大家さんが息を切らしてやってきた。旦那《だんな》さんではなく奥さんの方だった。

「覗き魔を追いかけてきたのよ。追いついて裸のお尻《しり》を蹴《け》とばしてやったわ！」

彼女は勝利の自信に満ちていた。それを聞いて私たちは笑いころげた。下半身裸で逃げる男。追いかける大家夫人。追い詰められてお尻を蹴とばされる意気地なしの男。

「きっと貧弱でモテない男なのよ」

「私のボーイフレンドがいたらワンパンチでやっつけていたのに」

「蹴られたお尻はきっとアザになってるわ」

さっきまでこわがっていたのに大家夫人の快挙で皆んなすっかり強気になった。

それにしてもなぜ、大家さんの旦那さんではなく、夫人が追いかけたのか。私たちが問うと、夫人は言った。

「ウチのは意気地なしで駄目なのよ」

私たちはまたもや、ドッと笑った。

寮生活を振りかえると、そこで出会った学生たちと彼女らの人生が想《おも》い出される。時期は前後していたが米国の白人の学生ですでに結婚している人たちがいた。男子学生禁制の寮に彼女たちが入ったのは、夫が軍に入隊していて当面ひとり暮しをしなければならなかったからだ。当時の米国は徴兵制が敷かれていて、男子学生は一定の年齢に達すると基本的に入隊した。

アニーの夫は海軍の軍人だ。彼女の元には世界各地の港から絵葉書などが届いた。彼女は夫の便りをみせながら、夫が除隊してキャンパスに戻る頃には自分は就職するのだと語った。

「彼が大学を卒業できるように、私がPHTをするのよ」

PHTはput him through（おわりまで彼の面倒を見る）の略で、学生たちは博士号を意味するPhDとかけて使っていた。キャンパスには、夫が卒業するまで、或いはさらに修士号や博士号を取るまで妻が生活を支える〝PHT〟カップルは珍しくなかった。アニーもその一人だったのだ。

だが、アニーの夫は一年すぎても帰ってこなかった。「また、除隊が延びたの」と彼女は淋《さび》しそうに言っていた。そんなことが度重なるにつれて、彼女の服装が大胆になった。豊かな胸を強調するローカット、きれいな色の下着に、シースルーのドレス。そしてその下着も徐々に大胆さをましてついには水着のようになっていった。

そんな彼女が事件に遭遇した。痴漢が襲ったのだ。以下は彼女が繰り返し、私たちに語った話だ。

「夕方、マノアへの道を歩いていたの。するとレインコートを羽織った男がこちらに向かってきたの。すれ違いざまにそいつはコートの前をパッと広げたのよ。靴は履いているけど、素っ裸なの。私に見せつけるようにパッと広げたからクールに言ってやったの。私の夫の方が立派よって。

するとそいつは突然、泣き出して走っていったわ」

彼女はなかなかの話し上手で、声を低めたり、緩急をつけて語る。何度聞いても「パッと広げた」のところで私たちは息をのみ、クールに彼女が突き放すところで感心し、男が泣き出すところで笑いころげた。

アニーが卒業間近になっても夫は除隊してこなかった。彼女の服装は相変わらず大胆であり続けた。卒業後の彼女の消息はわからないが、度胸があり、前向きの人だからきっとどこにいても成功しているだろうと思う。

もうひとりの女子学生、キャシーの夫も入隊していた。彼女はアニーとは正反対のタイプで、夫に毎日のように手紙を書いていた。私の隣りの部屋に住んでいたせいもあり、よく会話したのだが、ある日、とても寂しそうにしていた。事情をきくと、「今週の水曜日の九時に電話連絡することになっていたのに、彼の居所がわからないの」と答える。

幾度か似たようなことがあったあと、彼が休暇でハワイに戻って来ることになった。彼女が私たちに説明した。

「彼が戻ってくるの。一週間だけれど、彼を私の部屋に泊めてもいいかしら」

寮は男子禁制だが、誰も駄目だなどとは言わない。皆が秘密を守って寮の大家さんにも内緒にすることにした。

彼はやってきた。背が高く逞《たくま》しく美形に属するだろう。しかし、妻の寮友である私たちに対してはよそよそしかった。彼は妻の部屋に一泊しただけで、その後は〝友人の所〟に滞在した。寮に残された彼女は、夫を迎える前の浮き立つ様子から悲しそうな表情に一変した。

「離れている間に人が変わったようになってしまった。私たちはもう駄目かもしれない」

キャシーはその後どうなっただろうか。恋や愛の世界では、理屈や道理は往々にして通用しないのか。真面目《まじめ》で誠実な想いが報われるとは限らないのか。私たちはしきりに考えたものだ。

そんな日々をすごしている内に、私はＥＬＩ（留学生向けの英語集中講座）を終えて六五年の九月の学期から、大学の正規の科目をとり始めた。単位数を幾つ取るかは学生の意欲と力による。通常は一学期で十二単位から十八単位だ。十八単位をとるとかなり忙しくなる。しかし、大学を早く卒業したい人は二十一単位取ったりする。留学生は英語力の問題もあり、はじめて正規の科目をとるときは十二単位くらいが普通だった。進級するのは修得した単位数による。したがって早く進級する人もゆっくり進級する人もいる。卒業も十二月に卒業する人、六月に卒業する人というふうに、柔軟な組み立てが可能だ。全員が同時期に入学、進級、卒業する日本の大学の仕組みとは、ハワイ大学は異なっていた。

教養課程では英文学、社会学、宗教学から数学まで、幅広く科目をとらなければならない。基礎の英語教育を終えたとはいえ、英語力はまだとても貧しかった私は迷っていた。すると先輩学生が教えてくれた。

「日本人は数学が得意でしょう。だったら数学をとるといい。英語が不得手でも数学は計算だから容易なはずだよ」

私はそのとおりにして、数学を筆頭に社会学などもとった。社会学をとったのは、早く米国社会について全体的に知りたかったからだ。自分の体験だけから米国を見るのは十分ではない。系統的に米国を知るには社会学が役に立つかと思ったのだが、両方とも、思惑はずれだった。

まず数学である。授業はなる程、とても易しかった。英語の講義の全てが理解できなくても、扱われている素材は目をつぶっていても解けるような内容だった。

ところが試験当日に、私は大きく躓《つまず》いたのだ。試験用紙に何組かの数字が並んでいた。問いには、それらの数字の"mean"(意味)を答えよと書かれている。だが、いくら考えても、各々の数字の間に何らかの有意のつながりやルールがあるとは思えなかった。加減乗除をしてみても一定の期待値に落着くわけでもなかった。とうとう答えられずに終わった私は、TA(助手)に、一体これらの数字の〝意味〟とは何なのだと問うてみた。するとどうと彼はニコニコしながら言ったのだ。

「平均値を求めよということだよ」

思わず拍子抜けして笑ったことを覚えている。"mean"というのは〝意味〟ではなかったのだ。英語力がないからとりあえず数学でもとろうという姑息《こそく》な作戦は外れたことになる。

一方、社会学は米国社会の問題点を取り上げていて非常に面白かった。だが、ここでも私は思わぬことに気付かされた。日本人は子どもの頃から〝単一民族〟であると教えられて育つために、民族や人種について意識することはさほどない。けれど、米国には強烈な民族意識と人種意識が根付いている。社会学では、米国における各人種の社会的地位は、白人を頂点にして米国に到着した順に築かれる傾向があると解説された。たとえば米国の植民地にされたフィリピンからは早い時期に多くの人々が移民してきた。彼らは米国社会の階層（social ladder）を一番下から昇りはじめ、すでに多くの人材が技術者や看護婦、医師、教師などに〝昇格〟済みで、社会の最下層の仕事は、当時ふえつつあった南ベトナムからの移民などによって担《にな》われるという解説だった。移民して来た時期が古ければ古いだけ、〝上の階層〟に到達しているとの説明は、移民で成り立つ米国の性格をわかり易《やす》く示してくれた。

だが、クラスでは、では〝黒人〟はどうなのかという点が議論された。アフリカ系米国人はフィリピン人やベトナム人よりはるか前から米国に連れて来られた。その人々が米国社会の階層を昇ったかといえば、一言では言えない複雑さがある。米国社会は社会学を学んだからといって、すぐに理解出来るものでもないと思ったものだ。

ハワイのようにノンビリした州の大学でも、勉強しなければならない量は大変なものだった。社会学の入門編、基礎講座であっても、何本ものレポートを書かなければならなかった。どんなテーマを取り上げればよいのか、俄《にわ》かには決められずに迷っていると、教授がひとりひとりの学生に割り振った。

「あなたは日本人留学生なのだから、日本の少数民族についてまとめるか、ブラクピープルについてまとめるかしたらどうですか」と教授は私に提案した。

日本の少数民族とは在日韓国人または朝鮮人、またはアイヌ人のことだ。彼らのことか被差別部落について報告を書けというのだ。当時の私はこれらのことをあまり知らなかった。レポートを書くのは容易ではない。そう言うと教授は次のように語った。

「知らないから学ぶのだよ。大学の図書館で調べればかなりのことがわかるでしょう。それにハワイにはブラクピープルの移民もいるから話も聞けるでしょう」

こうして私はハワイで日本の少数民族や被差別部落について学ぶことになった。ハワイ大学のオリエンタルライブラリーにはその種の資料や書籍が驚くほど揃《そろ》っていた。

被差別部落の差別の歴史は遠く室町時代にまで遡《さかのぼ》り、統治のために民衆を分断、不満のはけ口として、蔑《さげす》みの対象としての最下層を、政治的に構築したなどと書かれていた。島崎藤村の『破戒』に瀬川丑松《うしまつ》と猪子蓮太郎《いのこれんたろう》が登場する。そのモデルは被差別部落出身の大江磯吉《いそきち》であり、身分を知られて教師の職を追われる。オリエンタルライブラリーには、藤村の描いた世界のはるか昔からの歴史を示す資料があった。私はそれらを図書室の片隅で読み耽《ふけ》った。

一応の資料や書籍を読んだあとは、教授の言った被差別部落からのハワイへの移民探しである。いま考えると、恥ずかしいばかりのリサーチだった。私は日系人の友人の幾人かに助力を依頼し、該当する人々を探そうとしたのだ。

だが、彼らが日本での差別に耐えかねて移民してきたのであれば、自らの出身について快く語ってくれるとは思えない。むしろ、隠し続けるに違いないだろう。土台、その種の体験談を聞かせてもらうには、強い信頼関係がなければならない。いきなり、大学のレポートを書かなければならないから、話を聞かせてほしいとは、余りにも失礼だ。

結局、私の試みは実を結ばなかった。だが、このリサーチの過程で、私はもうひとつのことに改めて目を開かされた。ハワイの日系人社会は、本当に明治や大正時代の日本の社会そのものではないかということだった。彼らが古きよき日本の心を残していることは、父と親しかったあの〝ミセス〟を通じても気付いていた。多くの日系人に話を聞いてみると、彼らはまさに、昔の日本人だった。そして彼らの〝昔〟ぶりには、良い面も悪い面もあった。

伝統や文化文明を大切にする一方、気になったのが、古い価値観に縛られていることだった。たとえば被差別部落の人々に関しては余り知らずしたがって殆《ほとん》ど実感のない私などより、はるかに強い拒否反応を示した人が多かった。日本の差別や偏見を嫌ってハワイに移民したと仮定すれば、被差別部落の人たちは存外、困難な状況に置かれているのかもしれないと思った。

日本のなかの少数民族についても、教授は私がどのように感じているのかに対して、強い関心を示した。私のなかの〝日本人〟が試されている感じだった。

多くの国々の学生との出会いや、大学でのこの種の授業によって、私は、ハワイではじめて自分が日本人であることに強烈に目ざめさせられたと言ってよい。多国籍の留学生との接触を通して否応《いやおう》なく互いの相違を認識させられ、社会学での学び方のように、その相違と由来を正面から考えさせられた。何よりも周囲の視線が私に日本人としての自覚を促した。

宗教のクラスではもっと考えさせられた。ユダヤ教からキリスト教、イスラム教へと学び進み、ヒンズー教、仏教など、世界の宗教が広範にとり上げられるのだが、その教育内容と周囲の人々の暮しがきちんと連動していることに、否応なく気付かされたのだ。

たとえばインドやパキスタンからの留学生たちはヒンズー教徒だった。彼らはバラモンの階層に属し、そのために床を掃くなど特定のことは絶対にしようとしなかった。食事も食材をきちんと分けていた。宗教の教えにしたがって生活を律している彼らを見て、宗教が実生活のなかで生きていることを見せられたのだ。

インドネシアからの留学生はイスラム教徒で、坊っちゃん刈りの髪を長くしていた。彼は非常に口達者で、アジアの学生にしては珍しく聞き易い発音で英語を話した。インドネシアでは超モダンな男の子であるに違いない。が、その彼も一日に五回の祈りを欠かしたことがなかった。話し込んでいても、時間が来ると手と足を洗い、口をすすぎ、メッカの方角に向かって額を地につけ祈りを捧《ささ》げた。ＩＳＡ（国際留学生協会）で親しくなるにつれて、他の学生たちがいる前でも、一人でこうして祈りを捧げていた。私は彼の祈りの姿を見る度に、彼の生活がまさに宗教によって支えられていることに驚き、感心したのだ。

キリスト教徒の学生が教会に通う姿は特に記憶はないが、それでも例えば、一年間お世話になったジャクウェット家ではよくクウェーカー教徒の集りに通っていた。私も時折り連れていってもらい、話を聞いた。なかなか心にしみる話が多く、私は結構楽しんだ。

そして、もっと驚いたことは、日系人の学生たちが〝ホンガンジ〟などと言いながらお寺さんに行っていることだった。彼らは自ら積極的に仏教に帰依《きえ》するというより、親や祖父母と共に行動する結果、お寺での行事に行きつくのだが、仏教やお寺や神社への帰依は日本の私たちよりははるかに彼らの方が強かったと思う。

こんなこともあった。イタリア人のジョヴァンナ・マニルダがＥＬＩを終え、御主人のジャックの転任でハワイ島に引越したので、仲のよかったＩＳＡの仲間とハワイ島のジョヴァンナ・マニルダを訪ねることにしたときのことだ。

島と島を結ぶアロハ航空のカウンターで待っているところに、一緒に行く筈《はず》の日系人の女の子から急遽《きゅうきょ》、自分だけ遅れて翌日の朝、行くことにしたとの断りの電話が入った。理由は、旅立ちの日と方位がよくないからだと言う。迷信だと言って片づけることは簡単だが、私は、そんな古い風習を米国に住む日系人が守り続けていることに感慨を覚えた。

宗教も含めて、様々な過去と歴史の蓄積としての教えが息づいていたのが当時のハワイであり、米国だった。多くの国の学生たちのなかで、もっとも宗教観が確立されていないように見えたのが日本人学生だった。宗教を忘れた日本人と日本という国は、その分、足下が不安定で流されていくかもしれないと感じた。

私はやがて自分の専攻をアジア史に絞り込んだ。歴史が好きだったから専攻したのだが、例えばアメリカ史でなくアジア史にした理由は、余りにも日本のこと、アジアのことを知らない自分に気づいたからかもしれない。

アジア史を学んでみると、列強がアジアを力ずくで変えてきた経緯がよくわかる。

一八四〇～四二年のアヘン戦争によって、清国《しん》がどれ程痛めつけられ、当時の日本の指導者たちが清国と同じ轍《てつ》を踏んでは大変だと、どれほどの脅威を感じたことか。一八八〇年代、列強は凄《すさ》まじい勢いでアジアをはじめとする世界各地に侵略の手をのばした。

そして、一八九四年七月二十五日早朝、仁川《インチョン》のそばの豊島《ほうとう》沖で清国の軍艦が日本側を攻撃して日清戦争が始まった。日本は大国清に大きな勝利をおさめ、世界の注目を浴びた。

その四年後におきたのが米西戦争である。一八九八年の米西戦争の意味について、フローレンスと語り合ったことがある。この戦争は、一見日本とは無関係だが、実は非常に深いところで日本の運命に大きな影をおとしているのだ。スペインに勝った米国はそれまでの内向きの国から外向きの国へと変貌《へんぼう》し、のちに日本と対立する構図に陥っていく伏線となった。

各国の歴史の概要と、全体的な流れを頭の中に入れたことは、その後、ジャーナリズムの世界で働くようになったときに、予想以上に役に立った。歴史を踏まえて物事を見ることで、いま表面に姿を見せている断片的な情報が奥深い意味をもつことを理解できるからだ。時間の流れを情報の背後に読みとれば、情報は未来の展望をも見せてくれる。歴史を学ぶことで、巧まずしてジャーナリズムの仕事に備えたことになる。「よく見ていらっしゃい」という母の言葉どおり、私は多くの物を見た。米国を見るつもりが、最終的には日本と自分を見詰めることになった。奨学金で助けられ、クラスメートたちの貸してくれたノートで助けられ、折々のジグラー教授の助言に助けられた。米国社会と米国人の公平さに魅せられた。思い切り、羽ばたいた結果、若さ故《ゆえ》のあやまちも多くあった。しかし、それらを補うだけの実りを得たのもハワイ大学時代だった。

気がついてみれば、大学生活は半ばをすぎていた。自分は一体何になりたいのか。どんな人生を生きたいのか。どこですごしたいのか。考えなければならないことが山程あった。ハワイの美しい朝陽や夕陽を見詰めながら、波の音を聞きながら、私は海のように大きく広い未来にどのように羽ばたいていこうかと夢を描き続けた。

打ち上げ花火

ようやく一人前になった。

一九六八年の春、三年生になった私はそんなふうに感じていた。ジュニアと呼ばれる私たちのうしろには、新たに入学してきたフレッシュマン（一年生）や年下のソフモア（二年生）が沢山いた。日本人留学生も少なくなく、なんとなしに先輩としての十分な経験を積んだような、自信がついたような気になっていた。

自信は、少しずつ身についてきた英語力から来ていた気もする。一、二年生のときは、授業もわからないことが多かった。ノートも取りきれない。そんな私に米国の学生たちは親切だった。彼らは驚くほどノート取りが速かった。講義の内容だけでなく、教授が学生たちの眠気を醒《さ》ますために披露する冗談話まで書き込んでいたりする。

そういう学生のひとりにオハイオ州からきた女子学生がいた。金髪、碧眼《へきがん》、透明な白い肌と信仰心。当時ハワイではそんな白人たちをハオレと総称していた。ＷＡＳＰ

などの現代風の呼び方が少しばかり冷たい雰囲気を伴っているのとはちがって、熱帯のハワイらしい親し気な呼び方がハオレだった。

どうしても名前が想《おも》い出せないこの彼女から、私はよくノートを借りた。大概、教室やキャンパスのキャフェテリアで会ってノートを写したり借りたりするのだが、或《あ》る日彼女の寮の部屋に行ってみて驚いた。彼女は『大草原の小さな家』に出てくる母親のキャロラインや娘のローラたちのような帽子をかぶっていたのだ。ウェーブのかかった美しい金髪は、帽子に包まれてしとやかにまとめられていた。服装も、レースの飾りのついた長袖《ながそで》のブラウスにロングスカート、スリッパは花模様の縫い取りが施された優しい印象のものだった。

暑いハワイでは、寮の部屋に戻ると、学生たちはショートパンツやTシャツという気楽な格好をしていたが、彼女は本当に物語のなかの登場人物のようだった。

彼女の姿を日本人に移し変えるとどうなるだろうか。暑い夏の日の浴衣《ゆかた》姿ではないだろう。涼し気な絽《ろ》のひと重の着物に白足袋をはいて、長い黒髪をゆるやかに結い上げている姿だろうと、私は想像した。

ノートのことも忘れて、私は尋ねた。いつもそのような身仕舞なのかと。優しいブルーの瞳《ひとみ》に笑みが宿り、彼女は柔らかく囁《ささや》くような調子で答えた。

「随分保守的だと思うでしょ。故郷では皆こうなの。遠いハワイに勉強に来たけれど、私は卒業したら故郷に戻るわ。そのときに変わってしまったと思われたくないから、ずっと、故郷と同じふうに生活してるの」

私が彼女に見たのは、自分の価値観を大切にする伝統的な保守、旧《ふる》きよき米国人の姿である。

声も柔らかな彼女は、おっとりした見かけからは想像できないような能力を備えていた。彼女のノートの取り方はピカ一で、まるで速記者のように教授の咳《せき》の音まで書いている感じなのだ。優秀なだけでなく、英語が不得意な級友のためにノートを貸し、毎回、懇切丁寧に解説してくれるのだ。米国には彼女のような人たちが多かった。

〝彼女のような〟というのは、他人の役に立つことを心から喜んで行い、一時的でなく、その行為を継続する人々である。学生でありながら、自分のことだけに力を注ぐのではなく、周囲の友人、そして社会に対しても前向きに関っていく人々である。彼女のような級友たちがいなければ、私は授業についていけず、落ちこぼれていたかもしれないと思う。

しかし、そんな状況も三年生になる頃には解消され、なんとか自力でやっていけるようになった。どうしてもわからなければ教えてくれる級友はいたが、頼らなくても済むようになった。表現力も向上して、スピーチやディベートで表現したいことをかなり言えるようになった。

頭のなかで物を考えるとき、英語で考えているのに気づいたのもこの頃だ。毎週のように提出するレポートは、まず、日本語で組みたてて、英語に訳していたはずだった。それがあるとき、日本語の部分がスッと消えて、最初から英語で考えていた。自分の頭のなかの思考回路が日本語から英語に変わったようで、とても面白い発見だった。そして、英語の文章を書くとき、まずタイプライターの前に坐《すわ》るようになった。手書きではとても書ききれないことでも、タイプを打つとスムーズに書けた。

私にタイプを最初に教えてくれたのは父だった。ハワイに行って暫《しばら》くして、ハワイ大学に通いたいと父に頼んだ頃、父は厨房《ちゅうぼう》の事務机の脇《わき》に古びたレミントンのタイプライターを置いた。

「打って勉強しておきなさい」

父はそう言ったきりだった。私は見様見真似《みようみまね》で打ち始めた。A、B、C、D……と。ポツポツと雨垂れのように打っていると、

「そんな打ち方じゃ駄目だ。どいてみなさい。こうするんだ」

十本の指を使って父はリズミカルに文章を打ち出した。

“How do you do, I’m very glad to meet you. I just came from Japan. Please pardon my inadequate English.”

などの基本的な文章を、父は打ち出した。当時の私の目には、父の指の動きはとても鮮やかに見えた。

「な、こんなふうに打つんだよ」

そうか、文章を打たなければならないのかと私は考え、それからは毎日配達されていた“Honolulu star Bulletin”を読んでは、その文章を打ったりした。

大学に通い始めて改めてタイプのテキストを手に入れて練習した。父は言った。

「一分間に六十語打ってはじめて一人前。プロになるには八十語は打て。お父さんは百語も打てる」と。だから私はそのスピードに近づけるように頑張ったけれど、打ち損じなく正確に百語打つのは大変な技術を要する。六十語は打てると思うが、そこから先は大変だ。自分でタイプを打ち始めてから、私は父の〝百語〟は誇張ではないかと思い始めた。

しかし、〝父の実力〟はあとになってわかったことだ。習い始めの頃は、父の言葉をそのまま信じて、百語を打つという父を一所懸命に目指したのだ。

父に貰《もら》ったレミントンのタイプライターは大学卒業までずっと使った。父のように古めかしく、重々しく、年を重ねたタイプライターは、いつも私に、父が私の人生に注ぎ込んでくれたプラスの要素を想いおこさせた。反発し父から離れてしまったけれど、人生の先輩として、父が教えてくれた幾つかのことは、米国で生きていく上で、紛れもなく極めて重要なことだった。

日本を含むアジア史を専攻した私は、中国の近代史が面白いと思った。日本で歴史を学ぶと、近現代はサッと表面をなぞるだけだが、ハワイ大学の歴史の講義はもっと面白かった。とはいっても、いま振りかえってみると、随分簡単なことしか学んでいない。それでも面白かったのは、当時の私がそれだけ、歴史を知らなかったからにすぎない。

歴史は往々にして政治的な衣装を纏《まと》う。ハワイ大学でも、中国現代史は教授によって教える軸が異なっていた、と思う。

〝思う〟というのは、私自身が異なる教授のクラスを全《すべ》てとったわけではなく、学生仲間の情報交換でそのように感じたからである。

大国清の衰亡と辛亥《しんがい》革命、日中戦争、国民党軍と共産党軍の面白くも複雑な関係などは、当時生存中の毛沢東や蔣介石も題材にしていたために、非常に臨場感があった。

そして、アジア現代史のなかでの日本の描かれ方は往々にして余り好意的ではないトーンで教えられていると感じた。米西戦争以降、外へと勢力を広げ始めた米国が、アジアで英国に代わって覇権を握ることを目指し、その過程で日本を排斥していった歴史を考えれば、現代史において日本が批判される立場に立たされるのは自然の流れかもしれない。けれど、日本人学生としては居心地はよくない。ただ、それも第二次世界大戦に関連する時代以降に目立つ傾向で、それ以前の日本の歴史は、日本人が日本で教わる内容よりは前向きの評価を与えられていた。日本人とは何かという問いを、さまざまな形で突きつけられていた私は、日本の明治以前、江戸時代の幕府の統治によって、豊かな文化的繁栄を築いていたとの指摘が、嬉《うれ》しかったことを想い出す。

人口の増減から歴史を評価する方法は、いまでは当然だと思うが、私がはじめて明確な形で、江戸時代に日本の人口はほぼ倍増し、それは士農工商全ての国民が豊かに暮していたことを示すと教わったのは、ハワイ大学でだった。秀吉の時代の日本の総人口は約一六〇〇万人と言われてきた。最近、一二〇〇万人説も出ているが、それが二百六十年余の江戸時代にほぼ倍増して、明治はじめまでには二六〇〇万人から三〇〇〇万人になったのだ。

日本史の教授は、日本が好きで日本研究を始めたに違いない。だから、鎖国時代の日本の繁栄や、明治政府の近代国家建設のための努力や、驚嘆すべき成功や、大正デモクラシーの花開いた時期のことなど、日本で詳しくは学ばなかったことを、熱意をこめて教えてくれた。

必修単位の修得も進み四年生になった年の夏、私は壁にぶつかっていた。ゴールの卒業が見えてきたとき、そのあと何をしたらよいのか、決め兼ねていたのだ。モイリリ・コミュニティセンターで子どもたちに教える仕事はずっと続けており、私は教えることが大好きだった。しかし、米国で教師になるとしたら、米国人と競いながら、私が米国人より優秀な教師になれる分野として、何があるのか。

歴史は好きではあったが、教えるとなれば、とても私の力では無理である。学部を終えたあと、修士号、博士号をとらなければ、物にはならない。私は自分の学力にようやく自信を持ち始めていたが、それは学部レベルのことにすぎない。

キャンパスには日本人留学生で修士課程や博士課程の人たちも少なからずいたのだから、頑張れば私にも出来ないはずはなかった。けれど、最初の英語のみの集中講座の時期を入れると、私は、もう五年近くもハワイにいた。

長く日本を離れており、父と別れて以降はずっと一人の生活が続いていた。友だちは多かったが、寂しい想いもつのっていた。私は母に手紙を送った。四年生の夏休みに、日本の様子を見に帰国するのがよいか、それともまだ行ったことのない北米大陸を見てくる方がよいかと尋ねた。私の手元にはアルバイトで貯《た》めたお金が日本か北米大陸か、どちらか一方に旅行出来るくらいあった。

母からの手紙はすばらしかった。

「日本にはいつでも帰って来られるでしょう。見たこともない北米大陸を、是非、見ていらっしゃい」

と書いてあった。そして朗らかな調子で続けていた。

「お母さんも行きたいくらいだけれど、いまはそれは出来ません。だからお母さんやお兄さんに、よしこの見聞を是非、伝えて頂戴《ちょうだい》。

寂しい想いに沈み込みそうになったら、未来への夢を膨らませなさい。寂しさを、未来の可能性につなげてくれるのが、大きな夢ですよ。よしこちゃん、忘れないようにね。人間は前向きになってさえいれば、本当に何があっても大丈夫なのですから」

「本当にそうなんだわ。折角、自分の力でここまで来たのだから、夏休みには広いアメリカを見てこよう」

そう決めた私は早速計画をたて始めた。一本の手紙で私を勇気百倍にしてくれた当時の母のことを、兄はこう語る。

「よしこも貧乏学生だったけど、僕らも同じだったよね。でもお袋は意気軒昂《けんこう》だった。僕は大学を卒業して田中興業という土木建設会社に就職したけれど、初任給は二万四千円くらいだ。卒業と同時に僕がお母さんのことも含めて全部見るようになったから、家計はきつかったけれど、そんなこと余り気にならないほど、あの頃は楽しかった。僕の就職先の現場に、日下君とかがアルバイトに来て、会社の費用で随分、うまいものを喰った。家の延長線上でにぎやかに仕事しているような感じだったんだよ」

少しでも家計の足しになるように、母は兄の後輩たちの食事をまかなっていたが、その後輩のひとりが日下恒夫さんである。彼をはじめ、盛喜代嗣さん、安達壮彦さん、山本弘さん、朝倉修さんらは、その当時から母にとってまるで実の子どものような存在だ。兄は言う。

「お袋はね、僕たちにいろいろ教えようとしてくれたんだよ。みんな土木専攻だから行儀作法も荒っぽくなるといけないと言って、お茶を教えようとしていた。皆のなかで、一番熱心に習ったのは日下君だった。彼はお袋と一緒にお茶の稽古《けいこ》に通ったからね」

母は兄や後輩たちと一緒によく幕張《まくはり》の海にも出かけた。あの頃の幕張海岸は、埋めたてられたいまとはちがって自然の遠浅の浜だった。潮が引くと、遥《はる》か先まで砂浜が広がった。潮干狩《しおひが》りでは、信じられないほど沢山の大粒の貝が採れた。

幕張の人たちの自慢が貝のすき焼きだった。大粒のあさりを、殻ごときれいに洗い、砂出しをして、すき焼き用の鉄鍋《てつなべ》に油をしいて熱したところにパッと入れる。貝は暫《しばら》く我慢しているが熱くなって耐えきれなくなるとパカッと口を開く。貝のおつゆが出てきたところに、牛肉でつくるすき焼きと同じように、お酒と砂糖と醤油《しょうゆ》を適当に入れて、端から端から熱々で食べるのだ。

縮めて〝貝すき〟と呼んでいたこのお料理は、皆が好きだった。はじめて出されたお客様は、決って喜んでくれた。

賑《にぎ》やか好きの母は、兄や後輩たちを潮干狩りに総動員して、その夜は皆で貝すきを楽しんだ。

「そしてね、皆でトランプや麻雀《マージャン》を、よくやったんだよ。夜中過ぎまで盛りあがったけれど、家でやるから全然、お金がかからなかった。お袋も結構、巧《うま》くなって、トランプではかなわないこともあったね。僕たちが現場で拾ってきた雑種の子犬のジュリーも、シャム猫のジャンも一緒で、本当ににぎやかだった。帰国した親父《おやじ》からは連絡もなかったけれど、僕たちは僕たちで完結した暮しを楽しんでいたんだよ」

母は語る。

「昭弘が就職して、あなたの卒業が見えはじめた頃、お母さんにもようやく余裕が生まれてきたの。あの頃は、昭弘や後輩の皆とよくドライブに出かけたわ。箱根や伊豆や富士五湖をまわりながら、この美しい自然のなかを走り抜けるように、二人には、思いきり、自分の夢を追ってほしいと思ったの。お父さんがいなくても、二人ともちゃんとやっていける。何があってもひるんだり、自信をなくしたりする必要はないのですからね」

私は、四年生の夏休みを目一杯使って北米大陸に出かけた。一番安い切符でサンフランシスコに飛び、三か月間乗り放題の九十九ドルのグレイハウンドの長距離バス切符で米国とカナダをほぼひと回りする予定だ。

私の手元に、一束の荷札が残っている。米国一周の旅に持っていった鞄《かばん》についていたものだ。三十数年も前のものなので、荷札はみな色褪《いろあ》せているが、一枚一枚並べていくと、一人で挑戦したアメリカ大陸バス旅行のコースがわかる。

いまの私に三か月間の自由に使える時間が与えられたとして、果たして私は一人旅に出るだろうか。答えは「ノー」である。いまなら、好きな人や心許せる人と一緒に旅をするだろう。しかし、あの頃の私はなんの躊躇《ためらい》もなく、一人旅を選んだ。そして飛び出していった。あらゆる意味で若かったのだ。好奇心が先に立つ旅は、はじめからハプニングがあった。

サンフランシスコに着いてみると、旅行鞄がないのだ。いつまで待っても荷物が出てこないために問い合わせると、航空会社のミスで鞄だけロサンゼルスに行ってしまったことがわかった。サンフランシスコには、ハワイ大学での友人だった江崎由美子さん（後に結婚して森井姓になった）がお父様の転勤で移り住んでいた。彼女とお母様は旅行鞄がロサンゼルスに行ってしまった私を笑顔で迎えてくれた。

「あら、荷物がないの」

由美子さんに事情を説明するとおっとりした調子で、「そう、面白いわね」と言う。彼女は物語に出てくる夢見る少女のように、何があっても切羽詰ることがない。私たちは、早速街に出た。サンフランシスコ名物の坂を上り下りして港に行った。太平洋から金門海峡を経て入る美しい港。幕末に米国を訪れた勝海舟《かつかいしゅう》や、明治のごく初期に米国と欧州を回った岩倉具視《ともみ》らは皆、米利堅《メリケン》合衆国への旅の一歩をこの桑方西斯哥《サンフランシスコ》に刻んでいる。彼らが見た港と街の風景は私が見ているものとは全く違うものだったはずだが、広大な北米大陸への第一歩であるサンフランシスコの美しさは、いつの時代も人々の心を打ったに違いない。

真夏だというのに港から吹きつけてくる風は霧を含んで冷たく、夕方から夜にかけては夏でもコートが必要だとのことだった。

由美子さんと私は、街角の店々を覗《のぞ》いたりして、マーケットでは大きな蟹《かに》を買った。蟹は夕食のメインディッシュになったが二人でお母様を手伝いながら由美子さんが言った。

「よしこさん、蟹をバラして下さる？」

「由美子さん、バラすって言うの？」

「ええ、そうよ。おかしかったかしら」

私は笑った。お人形のようなイメージの彼女に〝バラす〟という言葉がいかにも不釣合いだと思ったからだ。

彼女はポッと頬を染めて言った。

「いけなかったかしら」

「ウン、ヤクザみたいよ」

そう言い合って私たちはまた笑った。

いま考えてみると、海外で暮す日本人は、かつては、そして恐らくいまも、日本で暮す日本人よりも、ずっと美しい言葉遣いを守っていると思う。日本を離れることで日本人であることを意識すると同時に、日本人であることの証《あか》しとしての文化や言葉を大切にし始めるのではないだろうか。当時の日記を開いてみると、自分自身のことながら、とてもきれいな言葉遣いで日々の出来事を綴《つづ》っているのに驚くほどだ。日本的な価値観を意識して大切にするという点で、日本人は海外に行ってはじめて本当の日本人になる、とさえ思う。

旅行鞄がないために何から何まで由美子さんとお母様の世話になり、一泊したあと、私はデポと通称される長距離バスの停留センターまで送ってもらい、バスの旅をはじめた。まず目指したのはロサンゼルスだ。ロサンゼルスはやたらに広い。ハイウエイが四方八方に広がり、ちょっと移動するにも車を飛ばして行かなければならない感じだ。ここでも私は知り合いのお宅に世話になった。ハワイ大学の日系人の友人の先生のお宅である。私の友人は広島出身の日系人だったが、その彼を広島で教えていた先生が結婚して、ロサンゼルスに住んでいたのだ。夫は技術者で、先生は学校を退職し専業主婦となっていた。子沢山の家庭で、末っ子の女の子はお父さんベタベタだった。

一家は全員、日曜日毎《ごと》にキリスト教会に通い、地域のボランティア活動を通してその土地に馴染《なじ》んでいた。私の到着を待って、一家は賑やかなバーベキューパーティーを催してくれた。御近所の人たちも多勢招いて下さった。招かれた人々は、白人もいたが、多くが日系人だった。米国に少数民族として住む日系人にとって、日本人であることは本当に大きな絆《きずな》なのだ。日本語と英語がまじる会話のなかで皆が口々に言った。

「女性ひとりでバス旅行というのは勇気があるねぇ」「メインランドはいい人も多いが悪い人も多い。呉々《くれぐれ》も気をつけて」「ロサンゼルスは日系人が多くて安心だけれど、東部での生活は何かと気を使うようですよ」

皆心優しく注意をしてくれるのだ。翌日、夫妻は子ども全員と私を連れて早朝から出かける準備をした。ディズニーランドで遊ぼうというのだ。私は言った。「ディズニーランドは子どもが喜ぶ所ですか」

子どもを対象としたディズニーランドにわざわざ、一日を費して行くことにあまり興味を抱けなかったのだ。すると夫人が目を輝やかして応えた。

「大人も十分楽しめるの。行ってみるとびっくりするから、とにかく行きましょう。アメリカは大人も子どもも一緒に楽しむのが好きな国なのよ」

こうして出かけて、その仕掛けの壮大さに私は驚嘆した。ゲートをくぐると別天地が広がる。ロサンゼルスでもサンフランシスコでもないファンタジーの国がそこにあった。訪れる人たちは皆、お伽《とぎ》の国の住民になりきって、お伽の国の時間をすごすのだ。全《すべ》てが清潔でゴミひとつ落ちていない。働く人たちは赤と白の可愛《かわい》い制服を身につけてキビキビと動いていた。彼らの動きの俊敏さが仕事の内容をよく理解し真面目《まじめ》に役割を果たしていることを表わしていた。どの催し物の入口にも長い列が出来ており、人気の程がわかった。

「ワン・ワールド」が日本語を含む各国の言葉で歌われているように、全ての催事が国境を超えた愛と友情によって貫かれていた。人間と動物、鳥たちや魚の区別もなく、現実と非現実を超えた物語がファンタジーのなかで演じられていた。

「あー楽しかった。本当にありがとうございました！」

一日の終わりに私は心からお礼を言った。夫人が誇らし気な笑顔で言った。「アメリカって無邪気な国でしょう！」

本当にそうだ。無邪気さと、それとは無縁の長期戦略を練り上げる知性と理性と謀《はか》りごとが交叉《こうさ》する国が米国である。

航空会社が誤送した旅行鞄をようやく回収して、翌日、西海岸を北上してヨセミテ国立公園に向かった。旅立つ私に、夫妻はすてきなプレゼントを下さった。いまでも記憶しているそれは、渋いブラウンの厚手の布地のワンピースだった。

「ハワイよりもこちらはとても寒いわ。ヨセミテのあとはカナダも回るんでしょ。寒くなったら着てね」

私は人情のこもったワンピースを鞄に詰め込み、バスに乗った。ヨセミテ国立公園の雄大な自然と動物たち、人間たちがそこにちょっと入らせてもらうという風情《ふぜい》の米国の人たち、公園の自然環境を保護しながら、自然を学び、観察する姿勢は当時の日本にはないものだった。ヨセミテ国立公園ほどの広大な自然があれば、日本人は放ってはおかないだろう。建物を建てたりお店を出したり看板を掲げたりして、雑多で見苦しい観光の町の風景がたちまちの内に出来上がっていくに違いない。近年ようやくエコツアーが日本でも広まりつつあるが、北米大陸を見て、またその後、ヨーロッパ各地に出かけるようになって、私は、日本人は本当の意味で自然を大切にすることを学んでいない国民だと思ったものだ。

ヨセミテの次はイエローストーン国立公園に足をのばした。ヨセミテに劣らぬ広大で美しい自然が広がっていた。いろいろな宿泊施設のなかで、私はテント小屋を借りた。テントの中には極く簡素な寝具しかなかったが、横になって体を伸ばすとバスの長旅で固くなった背中がほぐれていくようだった。

夜空には日本で楽しんだ十五夜を連想させる丸い大きな月が出ている。月光を受けた五葉松の大木がシルエットとなってそびえ、吹き始めた風に、テントに映る松の枝が揺れた。ぐっすり眠って翌朝早く起きた。自然保護官について数人で出かける公園内のツアーに参加するためだ。朝露に濡《ぬ》れた草原の細い道を歩いていると立派なエルクに出会った。日本語では箆鹿《へらじか》と言う。馬より少し小さ目だが、それは見事な角を持っていた。いくつにも枝分かれしたヘラ状の角、それを頭上に生やしたエルクは美しく威厳に満ちていた。

静かに観察していると、エルクが草を食《は》む音が周囲に響く。サクリサクリサクリ。一歩足を踏み出しては、また、サクリサクリサクリ。

エルクは私たち人間を横目で見ながら、少しも動揺する様子はない。私たちはずっとその姿を見詰めていたが、どのくらい時間がすぎただろう、エルクは悠然と去っていった。余韻にひたりながら、私たちはまた歩き始めた。

随分歩くと柵《さく》のある場所についた。柵から先は、はるか遠く小高い丘の向うまで、バッファローの保護区域だという。暫《しばら》く待ってもバッファローの姿は一向に見えない。ガイドの話を聞きながら辛抱強く待つと、地鳴りが聞こえてきた。バッファローの一群が駆けてきたのだ。

黒褐色の塊りが向かってくる。凄《すさ》まじい迫力。思わず腰をかがめて身をかくしたくなる。頭を下げて走る彼らは顔から肩にかけて長くごわごわした体毛におおわれている。走る足元から土ぼこりが立ち、何十頭か何百頭か、数えきれない。

ガイドは、このバッファローたちも、乱獲のために一時は絶滅が心配されたと説明した。米国がバッファローの復活に力と知恵を注ぎ込んだ物語をそのとき聞いたはずだが、いま私の脳裡に残っているのは、バッファローたちが駆け抜けていったときの地響きと土ぼこりである。ひとつの国立公園でエルクやバッファローなどの大型生物をはじめ、その下にいるさまざまな小動物を含めて全体的な生態系を守っていることの素晴らしさに、私は心打たれるばかりだった。

私はこのイエローストーンパークがとても気に入った。夏休み中ここにいてもいいとさえ思って、十日程滞在を延長した。しかしなんといっても予算はとぼしい。倹約しなければ旅は続けられない。どういう風に倹約できるか考えていたら、案内所で声をかけられた。

「僕たちいま知り合ったばかりなんだけど、割り勘で助け合わない？」と言うのだ。

声をかけてきたのは三人の学生だった。オランダの学生と香港の中国人学生二人である。香港の学生は男の子と女の子、オランダの学生は男の子だった。もし私が仲間に入れば四人で車を借りて公園内を移動できるし、食事もより安くてより美味《おい》しいものが食べられるからと彼らは説明した。三人とも怪しそうな感じではなく、私は仲間に入った。話を聞いてみると、恋人同士かと思った香港の学生二人はそうではなくて、イエローストーンではじめて会ったと言う。私たちはこうしてイエローストーンの自然公園での滞在を学割のような安さで堪能《たんのう》した。

自然公園のどこに行っても、私は母や兄のことを思った。大鹿を見たときも、テントの周りの可愛いリスを見たときも、動物の好きな母に見せてやりたいと思った。母も兄もあのバッファローの大群を見たらどんなに驚き感動することだろう。兄は車で遠出するのが大好きだが、このイエローストーン国立公園を一巡りさせてやりたいと思った。母と兄に、毎日のように、その日の体験を絵葉書や手紙に記して投函《とうかん》した。国立公園での日々はあっという間にすぎて、シアトルに向かって出発する日がやってきた。

ここから四人はまたひとりひとりになる。私たちは「楽しかったね」「元気でね」と言い合って別れた。シアトルに着いたのは、丁度、夏の花火大会の日だった。花火は日本のお家芸だと思っていたら、シアトルの花火もなかなか美しく豪華だった。旅の合い間に、卒業後の進路や、これからの人生の歩み方など、未確定の未来を前に、一抹の不安も時々顔をのぞかせた。そんなときに行き当たったシアトルの花火が、殊《こと》更《さら》胸に迫ってきた。日本を想《おも》い、人生を想いながら、私は打ち上げ花火が終わるまで見詰めていた。

一泊四ドルのYMCAは清潔なシーツとお風呂が嬉《うれ》しかった。バスに乗って巡ってみると、少し足をのばせば、すぐに湖に辿《たど》りつくような印象があった。自然が豊かでしっとりとした素敵な町だった。

シアトルから北上してカナダに入るために、停留所でバスを待っていたときのことだ。肥《ふと》った白人の女性が話しかけてきた。夫の帰りを待っているのだと言う。彼女はそう言いながら不安そうに視線を泳がせている。夫らしい人影を探しているのだろう。

やがて彼女は身の上話を始めた。十七歳で結婚して、夫とトレーラーハウスで生活を始めたこと、彼女が少しずつ肥り始めたこと、夫が段々冷たくなったこと、夫が家を出て、今日戻ってくるはずなのにまだ姿が見えないことなどである。可哀相《かわいそう》に、この女性は自分から離れていきそうな夫を、身をこがしながら待っていたのだ。

彼女は言った。

「私がこんなに肥ったからだと彼は言うの。けれど力仕事をするには肥っている方が好都合なのよ」

それも理屈かもしれないが、彼女はたしかに人目を引く程、体重をふやしていた。けれど、話を聞いた限りでは、彼女が十七歳だったときのようにほっそりした体型に戻っても、夫との関係がよくなるとは思えなかった。第一、こんなに肥ってしまうようなストレスを与えるような夫なんて一緒にいても仕様がないのではないだろうか。この可哀相な女性の、胸が張り裂けそうな悲しみを救ってやることは私には出来ない。出来るのは、彼女の話を聞いてやることだけだった。バスの出発時間まで、彼女は語り、私は聞いた。待合室の木の椅子《いす》と不安そうな視線がいまもフラッシュバックのようによみがえる。

カナダでの第一歩はブリティシュコロンビア州のバンクーバーアイランドである。絵のように美しい島だ。ガーデン・アイランドだよ、と地元の人たちは誇る。そこから少し東に進みカルガリーに行った。実に静かな気持のよいこの街に、私は長居をした。

ハワイで知り合った学生のご両親がこの街に住んでいて、とても親切にしてくれた。お父さんは歯科医で住居はまさに大邸宅だ。なかでも驚いたのが大型の冷凍庫だった。業務用にも十分使える大型冷凍庫が地下室にあり、牛肉がギュウギュウに詰まっていた。牛を一頭購入して、ブッチャーで捌《さば》いてもらうのだそうだ。肉食の人々ならではのことだ。こんなふうだから牛のどの部分の肉はどんな料理に向いているという専門のシェフ顔負けの話を友人のお父さんはしてくれた。

ご馳走《ちそう》になったステーキの美味しさは、たとえようがなかった。ステーキなど余り食べたことがなかった学生時代の私は、世の中にこんなに美味しいステーキがあったのかと、心底感激した。その後、長い間、私はカナダのステーキは世界一美味しいと信じ続けていた。たしかにカナダの牛肉はすばらしいが、必ずしも世界一ではないと気がついたのは、社会人になってからのことだ。

この友人宅にはもうひとつの想い出がある。一九六九年七月二十日、アポロ11号のアームストロング船長が、人類ではじめて月面に降り立った中継映像を友人の家族全員と見たのである。皆、興奮してアポロの成功に祝杯をあげた。友人のお父さんは我がことのように喜んでシャンパンを抜き、ワインを注ぎ、おまけにリキュールまで、全員にふるまった。窓の外、天空高く冴《さ》えわたる月を見ながら、あの月にいま、人類が立ち、その映像を私たちが見ているのだということは、信じ難くも、眩《まぶ》しく誇らしい事実だった。

私はまた一人旅を続けた。夜行バスに乗って一晩すごせば、翌朝目的地に着いている。これでYMCAの宿泊費四ドルの節約になる。若さ故《ゆえ》に可能だった旅だ。どのくらい長くバスに乗っていたのだろうか。カナダのまん中に位置するサスカチュワンという州に着いた。そこにはグッドフェローという善人そのものの名前の知人がいた。皆が十人を超える大家族で、友人のお母さんはまず、朝一番に朝食用のパンを焼く。皆が眠っている内に起き出して焼き始めると、お父さんは広い牧場に出かけ一仕事する。パンが焼き上がる頃に、十人を超える家族は揃《そろ》ってテーブルにつく。お父さんが神に感謝の祈りを捧《ささ》げて食事が始まる。お父さんは私がゲストとして来訪し、新たな友人がふえたことを、神への感謝の言葉のなかに入れて下さった。厚く切った焼きたてのパン、自家製のバターとジャム。これだけで幸せが満ちてくる。でも肝っ玉母さんのようにふくよかなお母さんは、朝から盛り沢山の食事を用意する。こんなに沢山、一体誰が食べるのかと思う量だけれど、パンもポテトもベーコンも野菜も、みんなきれいになくなってしまうのだ。素朴で豪快な朝の食事風景は、心あたたかな家族の絵として私の記憶のなかで息づいている。

サスカチュワンで、私は学校の先生にならないかと誘われた。グッドフェロー家のお父さんが言ったのだ。

「よしこは大層真面目な学生だそうじゃないか。カナダには日本人は滅多にいない。君が教師になれば、この辺の子どもたちは、日本について勉強できて幸せだと思うよ」

善意に満ちた素朴な提案だった。カナダで子どもたちに教えるのも楽しいに違いない。けれど、カナダは半年間、雪に埋もれてしまう。日本からも遠い。私は丁重に辞退した。笑顔で見送ってくれた皆と別れて、私はまたグレイハウンドバスに乗った。

トロントでは奮発してコンサートに行った。ケベックではフランス語の響きを聞きながら街を歩いた。

カナダは、成熟或《ある》いは爛熟《らんじゅく》した米国とは一味も二味も異なり、育ち始めた若木のような国だ。素朴さという抗《あらが》い難い魅力を持つこの国に、私はまたいつの日か、戻ってきたいと思いながら、国境をこえ米国に入った。

その後幾度となく訪れることになるワシントンもニューヨークも、はじめての目には強烈だった。黒人街と華やかな表通り。汚れた衣服と人を窺《うかが》うような目つきの、人生の悲哀がそのまま人間になったような人々と、運転手つきの車でホテルに乗りつける美しく装《よそお》った女性とエスコートする男性。米国の多様性。影と光。東海岸にはハワイでは決して見られないこの国の残酷と輝きが共存していた。ニューヨークについてみて、私はどこに泊るか、早急に決めなければならなかった。YMCAに泊るのがひとつのパターンになっていたが、ニューヨークのYMCAは街から遠い郊外にあった。この街を端から端まで歩きたいと思っていた私には、そこは遠すぎる。けれど中心部のホテルに泊るのは余りに高すぎる。バスの停留所で案内書を見ながら調べていると、声をかけられた。

「また会ったわね!! あなた、ヨセミテにいたでしょう」

見ると二人のアメリカ人の学生である。彼女たち二人とはたしかにヨセミテ国立公園で会っていた。私たちは再会を喜び、改めて自己紹介した。

カリフォルニア大学ロサンゼルス校（ＵＣＬＡ）の学部の学生だった。二人は幼馴《おさなな》染《じ》みの仲よしで、私と同じく、卒業を前にして旅行をしているのだと言った。暫く、どこを見物に行くべきかなどと話していて、期せずして、三人共、同じことを言ったのだ。「私たち三人でホテルの部屋をシェアしましょうよ」と。三人でなら、余り出費もかさまない。かくして私たちは市内の繁華街のホテルの一室に一緒に泊った。その日は丁度、片方の女の子の誕生日だった。私たちは熱いお風呂に入り、サッパリとした洋服に着換えて出かけた。ワールドトレードセンターの最上階のレストランで、誕生日を祝おうと、意気投合したのだ。三人でテーブルにつき、飲み物を注文した。私はスクリュードライバーだ。喉《のど》が乾いていた。乾杯！　ハッピーバースデイ！　などと言いながら、スルスルスルと飲んでしまった。彼女たちも各々《おのおの》カクテルを飲んでいる。ところが食事が運ばれてきて、食べ始めた頃、私は段々気分が悪くなったのだ。それでも我慢して食事を続けている内に、私はどうやら気絶してしまったらしい。気がつくとレストランの支配人らしい男性が言っていた。「まさかドラッグをやってるんじゃないだろうね」

大変だ、とんでもない疑いをかけられているようだ。でも、どうも気分が悪くて反論も出来ない。すると彼女たちがきっぱりと言ってくれた。

「この人はそんな悪いことをするような人じゃないわよ」

その内に、店が呼んだのだろう、救急車が到着した。私は二人に助けられて乗った。生まれて初めての経験である。サイレンを響かせてどこかの病院につき、ベッドに寝かされてガランとした病室に連れていかれた。黒人の看護婦さんが、暫くここで待つようにと言って去って行った。私と二人の女子大生だけが残されたが、いつまでたっても誰も来ない。

「どうしたのかしら」

「放っておかれてるわね」

「私はもう気分は悪くないわ」

「じゃ、このまま帰ってしまう？」

「黙って帰ってしまっていいのかしら」

「でも、随分経《た》つのに誰も来ないもの」

「一応、看護婦さんを呼んでみる？」

「看護婦さーん……。看護婦さーん」

寮とISAの友人と　ハナウマベイにて

ハワイ大学の卒業式で

「返事もないから、帰りましょ」

こんな具合で私たちはホテルに戻った。病院を出る私たちのことは誰も気にかけなかった。もし、本当に具合が悪い患者なら、これでは助かる人も助からないことだろう。そんなことを言い合いながら私たちはホテルを目指した。その道すがら、誕生日のお祝いがとんだことになってごめんねと言うと、彼女たちは笑って言った。

「これもとてもいい記念になるわ。なんといっても三人ともはじめて救急車に乗ったんだもの、しかもこのニューヨークで!!」

たった一杯のカクテルで酔ってしまうなんて様にならないが、それだけ体が疲れていたのだろうと私は考えた。長距離バスを乗り継ぎ乗り継ぎ、出来るだけ多くを見て歩いていたからだろう。それにしても、三か月の旅もそろそろ終わりに近づいていた。夏休みも終わるのだ。サンディエゴやニューメキシコは次回にしよう。私は、秋のセメスタ（学期）に遅れないように、一人旅に区切りをつけた。

終わってみれば、旅は母の言葉どおり、未来につながる視点を私に与えてくれた。漠とした寂しさからも脱け出ることが出来た。そして、ハワイに戻った私は秋のセメスタを終えて十二月、無事に大学を卒業した。高校の級友たちにくらべて回り道をし時間もかかったけれど、卒業という区切りがついたことは、とてもうれしかった。

卒業式は学生にとって一大イベントである。私にとっても同様だ。父に勘当され、母に励まされて到着したひとつめのゴールである。奨学金とアルバイトと前向きの姿勢で乗り切った。沢山の人に会い、沢山の友情と愛情を注いで貰《もら》った。そうした学生時代の一連の出来事の一切合切を晴れがましく包んで証書にしてくれるのが卒業式だ。

卒業する学生たちは角帽とガウンを大学から借りて式場に並ぶ。ハワイ大学らしく会場はキャンパスの緑の芝生が元気よく伸びた区画にしつらえられる。壇上には総長の席が設けられ、全《すべ》てがハレの日の儀式に相応《ふさわ》しく美しく飾りつけられていた。脇《わき》には楽団が陣どって音楽を奏《かな》でるなか、卒業生の名前がひとりひとり呼ばれるのだ。卒業生は緊張した面持ちで壇上に進み、総長から直接卒業証書を受け取った。

卒業証書を渡してもらったとき、私は、しっかりと総長の目を見た。総長もきちんと私の目を見てニッコリと笑って言って下さった。"I wish you good luck!"

「幸運を祈ってるよ」

卒業生はみんな、総長からこう言われ、力強く握手してもらって巣立っていくのだ。卒業した私はその後も一年間程、大学に通いもう少し勉強を続けた。そして帰国した。父の言った〝東京着払いの切符〟に頼らずに、私は自力でまっ直《す》ぐに、母と兄の待つ小さなわが家に戻っていった。

第三章

一体、何になりたいのか

ジャーナリストへの道

フリーランスの記者に
なったばかりの頃

私には、出来ると思う

一九七一年早春、帰国した私を、母や兄、それに友人たちが迎えてくれた。羽田空港の入国手続きを終えてロビーに出たら、一番先に母と兄の笑顔が目に飛込んできた。二人とも本当に嬉《うれ》しそうだった。きっと、私もそうだったに違いない。私たちはしげしげと互いを見詰め合った。母は私の手をとって、正面から顔を見詰めて笑いころげるようにして、言った。

「まあ、本当に色が黒くなって。そして、なんでしょう、この眉《まゆ》。こんなに細くして。変なお化粧が流行《はや》っているのねぇ」

私は、同じ寮に住んでいたジニーやフローレンスから、メークアップの手ほどきを受けていた。彼女たちは後輩だったが、私よりはるかに大人びていて、メークにも香水にも詳しく、殆《ほとん》ど素顔ですごしていた私に当時の最先端のメークを教えてくれたのだ。その頃のハワイの流行は、眉を細くして、シャドーとラインで強調するアイメークだった。母が驚いた色の黒さは日焼けと潮焼けで自然にそうなったのだ。髪もブリーチをしなくても茶色味を帯びていた。そんな私の姿は、家を出た当時の、高校を卒業したばかりの私のイメージとはかけ離れていたに違いない。

余程その日の印象が強烈だったのだろう、のちに母は何度も繰り返した。

「あなたのイメージは、白いブラウスに高校の制服のスカートだったの。色にたとえれば、断然、白。線にたとえれば、直線。でも、羽田で出迎えたときのよしこちゃんは、まぁ、本当にかわったお化粧をしていて。びっくりしたり、おかしかったり。あなたとお化粧が結びつかないところもあったし、アメリカ風のお化粧と日本のお化粧の印象が随分違っていたから目を丸くしてしまったの」

母の言うことも、私にはわかるような気がした。一般論だが、米国と日本ではメークアップのときに最も気を使うところがはっきりと異なっていた。米国流のメークは、肌の色に気を使うよりいかに目や唇を魅力的に演出するかにポイントを置いていた。つまりいかに個性を表現するかである。他方、日本のメークアップは、肌を白く美しくすることに最大のポイントが置かれていた。この相違はいまも変わってはいないと思う。

とまれ、母の目に私は随分と大人びて見えたらしい。

一方、私の目に映った母の姿は、その後も幾度も私の心のなか、胸のなか、意識下の世界で蘇《よみがえ》る。母の笑顔はかつてと少しもかわらない。明るくて、包み込むような優しさに溢《あふ》れている。けれど、私は、母が小柄になったと感じたのだ。かつての母よりもほんの少し、小さくなったように見えた。明るく、気丈に振舞ってはいるが、きっと苦労も多かったに違いない。兄がいるとはいえ、心細いこともあったに違いない。娘だからこそ、これからは、心配りして相談相手になっていかなくてはならないと考えた。

母の傍らに立つ兄は、いかにも社会人といった風情《ふぜい》だった。土木会社に勤めていたが、背広姿の兄はほっそりとしていて優し気に見えた。私も兄のようにきちんと仕事を見つけて家計を助けなければならない。でも、どんな仕事を見つけることが出来るのだろうか。兄は大学での専攻と就職分野が一致していた。自分の生きる道が比較的はっきりとしているのだ。自分のしたいことを意識していて、目標設定が出来ていた。けれど、私はそうではなかった。歴史を学んだが、それがそのまま自分の歩む道になるわけではないだろう。兄と較《くら》べると、私の姿勢は漠として印象が薄い。自分が何をしたいのか、出来るのか、はっきりしていなかったのだ。

私たち三人は千葉市幕張の借家で生活を始めた。小さな家は、玄関もお台所もツルツルに拭《ふ》きこまれていた。母に育てられた日々を振りかえってみると、大分県でも長岡市でも、千葉の幕張でも、住居はいつも本当に清潔だった。そして、母の雑巾《ぞうきん》はいつもまっ白だった。床や棚や腰板や戸を拭いて磨いたあと、母は丁寧に雑巾を洗う。

「一番汚れるのが雑巾だから、いつも一番清潔にしておくように気をつけるのですよ」

と、教えてくれた。兄はいつも早朝から出社した。夜も遅い日が多かった。また土木工事の現場に出張することも珍しくなかった。そんなふうで帰国して暫《しばら》くの間、私は母と二人で多くの時間をすごした。兄の後輩たちも卒業しており、母はもう、彼らの面倒を見ることはなかったが、そのかわり近所のお店を手伝っていた。

「パートタイムで働いていろいろな人を見ていると、教えられること、自戒することが沢山あるの。実はね、お母さんはいま、自分をもっと中身のある人間にしなくてはいけない、そのためにはどんなことをしたら良いか考えているの」

母の言葉に私は驚いた。

「お母さんは十分に中身があるわよ。どうしてそんなこと考えるの」

母が言うには、お店に買い物に来たお年寄りが母を見て「大人しい人だね。影が薄いね」と言ったそうだ。母にとってはショックなことだった。いつも兄や後輩たちの世話をし、家の中を明るくしてきたつもりだったのに、社会に出てみたら、〝影が薄い〟と言われる自分だった。存在感がないということは中身がないということだと母は考えた。

私はこのお年寄りの言葉は失礼だと思い、気にしない方がよいと助言した。

「そうじゃないのよ」と、母は逆に私の考えを否定した。

「お母さんもそんなことを言われて嬉しいはずはないけれど、人間はね、一番厳しいことを言ってくれる人がいることを感謝しなくちゃいけないの。一番厳しいことを言われたときに、その言葉に耳を傾けることが、とても大事なの。お母さんは、これからでも自分自身を磨いたり、勉強したいと心底思っているわ。これまでもいつも勉強したかったし、向上したいと思っていたけれど、いろいろな事情で十分には出来なかった。ようやく、それが出来る時期になったのかしらと感じているの」

一番厳しいことを言ってくれる人に対してこそ聞く耳を持てという母。それを実行して自分を向上させたいと願う母。それが出来る環境が少しずつ整ってきたと喜ぶ母。母はこの頃から、以前にもまして本を読み、お茶の稽古《けいこ》にも励むようになった。やがて母は、日本舞踊も習い始めた。満六十歳のときのことだった。踊りは母の楽しみとなり、格好の〝運動〟ともなった。日本舞踊は、余程母の好みに合っているのだろう。

九十歳を超えたいま、踊りの稽古が母の生活の軸となっている。

　母の語るのを聞いて、私は考えた。私の目には〝小さくなった〟と映ったけれど、母は、まだまだ大きかったと。他人の批評を、自分を育てる糧《かて》に昇華させていく姿勢に私は感心し、心から尊敬した。一方の私は帰国のときも、その後もずっと、兄の手助けをして母を支えていこうと考えていたが、現実には殆ど役に立っていなかった。兄に支えてもらったからこそ、当時を切り抜けることが出来たのだ。

「大丈夫だよ。残業もいっぱいしてるから。ゆっくりしなよ。しばらくゆっくりして、日本に慣れるといい。仕事はそれからでもいいでしょ」

　兄の言葉に母がつけ加えた。

「よしこちゃん、あなたは外国の大学を自力で卒業したのよ。英語も出来ます。外国の体験も十分あります。必ず、自分に合ったすばらしい仕事が見つかるわよ。必ず、将来の可能性は大きく開かれていくから大丈夫よ。お兄さんもここで暮していいと言っているのだから、少しの間支えてもらって、自分を生かすことの出来る仕事を探しなさい」

　二人に励まされながら私はとりあえず、ささやかな仕事を始めた。実は帰国するときに、ひとつ持ち帰った仕事があったのだ。ハワイ大学社会学部のシュタインホフ教授が割りあてて下さった仕事だった。

シュタインホフ教授は、日本語が流暢《りゅうちょう》で、茶道にも通じている親日家の女性である。ブロンドの髪はストレートで長く、ミニスカートがよく似合う。学生のような若々しい容姿を保っていた。私が帰国を考えていた頃、シュタインホフ教授が、自分の師であるコーネル大学社会学部長のデベロー教授が東大の社会学科と合同研究を行うことになったので、通訳としてデベロー教授の研究を手伝ってみる気はないかと尋ねて下さった。

タイミングも良かったし、私は喜んで引き受けた。やがてデベロー教授が来日し、合同研究の日本側のパートナーの青井和夫教授の研究室に、私も通うようになった。

日本の大学で学んだことがない私にとって、青井教授の研究室は日本の大学施設や大学文化へのオリエンテーションのようだった。大学院生や博士課程の研究生が青井教授の助手として手伝っており、先輩後輩、成績などによって明確な序列があった。けれどどの人も皆、親切でこまやかな配慮をしてくれた。

デベロー教授、青井教授らと共に、フィールドワークにも出かけて手伝い、ひと月がすぎたとき、私は日本ではじめてのお給料をもらった。封筒を開けてみたら一万円が入っていた。

この額が高いのか安いのか、私に判断出来るはずがない。考えてみたら、私は時間給で働くのか月給で働くのかも尋ねていなかった。金額については尚更《なおさら》である。私はこの一万円を持ち帰って母に渡した。夕食のときに兄に報告すると兄が笑って言った。

「大学の研究プロジェクトってきっと予算が少ないんだよ。それにしても、大変だね。でも引き受けたんだから、辛抱しなよ」

そうだ。引き受けたからには、やり通すことが大事だ。一万円で生活出来なくても、兄が支えてくれている。だからいろいろ考えずに、日本ではじめての仕事をきちんとこなそう。なんといってもお給料をもらって勉強させてもらっているようなものなのだから。

こうして私は三か月間、デベロー教授と青井教授のお二人のプロジェクトが完了するまで東大に通った。ちなみに、これが御縁で、私はその後も青井教授のお手伝いを、ささやかな形ながらさせて頂くことになった。

プロジェクトが終わり近くなった頃、私は青井研究室の御縁で知り合った共同通信の松尾文夫氏を通して、米国の『クリスチャン・サイエンス・モニター』紙の東京支局長、エリザベス・ボンド氏に紹介された。しかしこれは本当に偶然がもたらした出会いだった。

六本木の国際文化会館で昼食を御馳走《ごちそう》になりながら、合同プロジェクトが終了したあとの就職相談を松尾氏にしていたら、同館の企画部長、加藤幹雄氏が松尾氏に挨拶《あいさつ》に来たのである。松尾氏が私を紹介し、事情を知った加藤氏が、そのときたまたま、日本に赴任したばかりで国際文化会館に滞在していたボンドさんが助手を探していることを想《おも》い出し、私を紹介してくれたのだ。

私はジャーナリズムには興味はなかったが、ボンドさんが東京に赴任する前はベトナム特派員だったと聞いて、会ってみたくなった。私が生まれた国であるベトナムではまだ戦争が続いており、色々と尋ねてみたかったのだ。

日を改めてお会いしてみると、ボンドさんは威厳を備えた目をしていた。とても賢そうな人だ。話している内に、彼女は三十四歳だとわかった。わが身と引き較《くら》べて、彼女の光り輝くようなキャリアに私は圧倒された。高校生や大学生の頃から、彼女は旅行記などをクリスチャン・サイエンス・モニター紙に投稿し、掲載されていたと言うのだ。

同紙の発行部数は、当時二十八万部。部数こそ多くはなかったが、米国のみならず、国際社会でクオリティペーパー（高級紙）として知られていた。リーダー層に分類される人々の必読の新聞の筆頭だったと言ってよいだろう。米国議会のメンバーも財界人も、どの国の外交官も読んでいた新聞である。

二十代後半からそんな新聞の海外特派員となり、しかも、子どもの頃から、旅行記とはいえ、記事を書いていた女性《ひと》と私との間には果てしない距離があった。にもかかわらず、彼女のベトナムでの仕事の話はわかり易《やす》くて興味深く、私の心のなかにあった彼女との距離感を十二分に縮めてくれる効果があった。

すっかり話を楽しんで、気がついてみたら随分長い時間がすぎていた。やがてポンドさんが、仕事を探しているのかと尋ねた。そうだと言うと、彼女は丁寧な表現できいた。

“Will you work for me？”

「働いて下さる？」という問いかけに、私は恐縮した。優秀な女性に、こんなふうに誘ってもらえるのは身に余る光栄だったからだ。けれど私はジャーナリズムに全く馴《な》染《じ》みがなかった。知らないために興味もなかった。そこで、とても勤まりそうにないと答えた。すると彼女はふっと表情を和らげて言ったのだ。

「あなたと私は、きっといいチームメートになれる。私たちはいいパートナーになれると思うわよ」

彼女はこうも言った。

「直感でわかるの」

“instinct”という言葉で彼女は表現した。嬉《うれ》しかったが、それまでずっとノンポリで、社会の動きや時事問題に疎《うと》かったために、新聞社の助手の仕事は私の知識や能力を超えているとの想いは変わらなかった。再び断ると、ポンドさんがすかさず言った。

「少し考えてみて。あとで互いに連絡し合いましょう」

サバサバッとしていて好感が持てた。人との交渉はこんなふうに運ぶものだと感心した。自宅に戻って母や兄に話しながら、私の心は揺れた。断ったのは間違っていたのか、いや、私はジャーナリズムには興味がないのだ。それに私の能力では出来そうにないのだから、断ったのは正しかったなどと行きつ戻りつした。

そのとき母が助言してくれた。

「よしこちゃん、チャンスは、与えられたときには素直に受けとめなさい。前に進むようにと背中を押されたら進めば良いのです。どうしてもその仕事がいやだったら別だけれど、いやかどうかは、実際に仕事をしてみなければ分らないものよ。新しい可能性は挑戦から生まれてくるのよ。

自分には出来ないとか、能力を超えているという発想はしない方がいいとも思うの。別の人に出来てあなたに出来ないなんてことはないんですから」

兄も前向きだった。

「新聞社の助手の仕事って、正直に言うと大変だと思うけど、でも勉強になるよ。よしこは長い間日本にいなかったんだし、日本を勉強しなおすつもりでやればいいんじゃないかな」

家族のなかでこんな会話を重ねているのをまるで知っているかのように、二、三日してポンドさんから電話がかかってきた。決心はついたか、と問うて下さった。私はしかし、このとき、またもや断ったのだ。

折角の誘いを、母や兄の助言があったにもかかわらず断った背景には、記者という職業へのある種の偏見が私のなかにあったからだ。当時私は、記者と呼ばれる人たちは、どうも行儀も宜《よろ》しくないし、余りよい職業だと思わなかった。そのような偏見は、ポンドさんと話していると消えていくのもたしかだったけれど、私は、即、受ける気にはなれなかったのだ。

電話で断ったとき、もうこのお話は完全に終わりだと思った。矛盾するが、断りながら断ったことを残念に思ってもいた。整理のつかない状態でさらに数日をすごすと、なんとポンドさんからまた、電話がかかってきた。

今度は私は何の迷いもなく〝YES！〟と言った。ずっとあとになって、なぜ、何度も誘ってくれたのかと、聞いてみた。彼女は笑いながら言った。

「言ったでしょう。私は直感が働くって。あなたと私はよいチームメートになれるってことがわかっていたのよ」

こんなふうに思ってもらえた私は本当に幸せ者だ。こうして私は心底納得してポンドさんの助手となった。

千葉市幕張から港区麻布十番の近くのポンドさんの自宅兼支局に通う日々が始まった。出社時間は朝の八時である。初日、張り切って十分前に到着すると、事務所にはすでにコーヒーの香りが漂っていた。私の出社前に、ポンドさんは朝刊を読み終え、コーヒーを飲み終え、いつでも働き出せる態勢を整えていた。出社した私に彼女がコーヒーを淹《い》れてくれる。けれど、助手の私は、上司にそんなことをしてもらって、おちおち飲んでいるわけにはいかない。

私の机には、彼女が読み終えて、重要な記事に番号を振った英字紙が置かれている。私はこの新聞記事を切り抜き、番号にしたがってファイルしていかなければならない。

1・0は政治一般、1・1は自民党関係、1・2は社会党などと分けられていた。総選挙が近づいてくると主だった候補者毎《ごと》のファイルもつくった。

ちなみに2で始まるファイルは経済や予算関係、3で始まるのは社会ネタ、4は防衛と安全保障、5は憲法などというふうに分類され、ファイルの数は百数十にのぼっていた。

ファイルはポンドさんの仕事の土台となっていった。いまはデータベースを引けば、基本的な資料は瞬時に出てくるが、七〇年代は個々の記者がどれだけ丹念に、日常の情報の流れのなかから必要な記事を拾い蓄積しておくかが、どれだけ深く掘り下げたよい記事を書けるかの、第一の分岐点だった。日本の各新聞社の記者は特定の省の取材だけをして一日をすごしがちだ。その省の記者クラブを拠点にして、その省の所管する問題に特化して報道する。だが、特派員は一人で全分野を報じ、解説しなければならない。そのために、新聞を読むときも、幅広くアンテナを張るのだ。記事の切り抜きは、その土台だった。

初日から、ポンドさんの早朝からの仕事振りを見た私は、自分がどういう仕事をしていけばよいのかについての説明を受けた。説明を受けたものの、その課題の大きさに、戸惑った。

助手であるから、何もかもこなすのは当然だった。鉛筆を削りタイプ用紙を揃《そろ》えることに始まり、電話で取材のアポイントメントをとること、資料集め、取材時の通訳、はては支局長のお弁当の手配まで、考えつく限りの仕事をする用意はあったが、実は、もっと大切なことがあった。

日本語の全国紙、朝日、読売、日経、毎日、産経、東京中日、赤旗まで含めて目を通し、重要ニュースをとり出し、要点を英訳してボンドさんに報告することだった。彼女はこれを午前十時頃までにやってほしいと要望した。

全紙読むだけでも午前中はかかる。そのなかから重要な記事を選べと言われても、情報の重要性を判断するのは容易なことではない。要約は、何がポイントかきちんと理解していなければ出来ない。英訳だってそう簡単ではない。十時までとは無理である。そんなこんなで、与えられた課題をこなせない日々が続いていた。けれど、私がこの課題をこなさなければ、ボンドさんの仕事も前には進まない。どうしたらよいのか。新米助手の私は大いに悩んだ。自分の頭で考えて、どうしてもこの第一の関門をパスして、結果を出さなければならない、それなのに私は前方を壁に塞《ふさ》がれた形になった。

早朝から支局に通い始めた私に、母は様子を尋ねた。私はにっこり笑って言った。

「大丈夫よ。私には、出来ると思うから」

母を心配させまいと答えてみたが、解決策があるわけではなかった。

仕事であれ夢であれ、実現出来ると信ずるところから可能性は生まれてくる。信じて工夫することで、物事は可能になる。自分には出来ないと思った瞬間に、本当に出来なくなってしまう。けれど、きっと出来ると楽観し続ける勇気がある限り、出来るのだ。

全《すべ》ては自分の心次第だ、私はいつしか、そう思うようになっていた。

だから、ポンドさんから全国紙をはじめ七紙を読み、重要な記事の要点の英訳まで、十時を目処《めど》に出すよう指示されたとき、大変だけれども、応《こた》える道はどこかにあるはずだと考えた。というより、「出来ません」という言い訳を、ポンドさんは許さなかった。

私は問題点を整理してみた。どの記事が重要かを判断するには、まず、新聞をしっかり読むことだ。だが、どれだけ頑張っても、午前八時に出社して読み始めたのでは瞬《また》く間に十時になってしまう。ベテランで相当な知識と情報を蓄積している記者なら、さっと見るだけで何が重要かの判断はつくだろうが、私には到底出来なかった。で、問題は、どのようにして、新聞を、早く、しかも、じっくり読むかである。

大学で身につけた〝斜め読み〟も試してみた。自分なりの〝ブロック読み〟も駆使してみたが、そんな小手先の策ではとても駄目だった。一週間がすぎても、ポンドさんの期待に応えられない。焦《あせ》っていたとき、ふとすばらしい案が浮んだ。通勤時間を使えばいいのだ。

コロンブスの卵のようなもので、なんだそんなことかという気もするが、これは本当に素晴しいアイディアだった。なんといっても、当時私は千葉市幕張町に住んでいて、六本木まで通っていたのだ。国鉄幕張駅から黄色の総武線で西船橋まで行き、地下鉄東西線で茅場町《かやばちょう》まで行き、日比谷線で六本木まで通勤していた。暗闇坂《くらやみざか》の上の方にあったポンドさんの自宅兼支局までは、六本木駅近くのバス停でバスに乗ってもいい。少し遠いが歩いても行ける。

自宅を出て優に一時間半の道程である。この貴重な時間を使わない手はない。幸いにも仕事開始の時間が通常の職場よりも早かったために、通勤電車は大概空《す》いていた。一時間半を新聞を読むために使えば、支局に着くまでに、やるべきことの少なくとも半分は終わっているはずだ。毎日ボンヤリ電車に乗っていて、なぜもっと早く気がつかなかったのだろうか。

私はポンドさんに言った。

「自宅で新聞をとってもよいでしょうか」

趣旨を説明するとポンドさんは、

“certainly”

「勿論《もちろん》よ」と言いながら、満足の笑みを浮かべていた。

早速、自宅に全紙をとって貰《もら》って、ズダ袋に入れ、ハンドバッグのなかには赤や黄色の派手系色のマジックペンを何本か入れて電車に乗った。八時に職場に着くには、六時すぎには自宅を出た方がいい。六時といえば夏は明るいが、冬の間はまだ星が瞬いていたりする。

おかげさまで電車は空いている。坐《すわ》って新聞を広げるスペースは十分にあった。大事だと思う記事の重要点だと思う箇所にマジックで印をつけながら読んでいると、あっという間に乗り換えの駅に着く。次の電車に乗っても同じことだ。こうして、通勤時間は私にとって貴重なオフィスアワーになった。慣れていくにしたがい要領もよくなった。興味深いことに、乗り換えの駅で次の電車に向かって歩いているときなどに、読んだ記事のポイントがスッとひとりでに頭の中でまとまったりする。この記事に関しては、ポンドさんにこの点を強調して伝えればよいのだということが、歩いたり、電車に揺られたりしている間に、自然に理解できてくるのだ。

少しずつ、エンジンがまわり始めた。私はやがて、支局に着くまでに新聞をひととおり読み終えることが出来るようになった。支局に着くとすぐにタイプの前に坐って要点を箇条書きにし、ポンドさんの指示した十時を目処にという目標をクリア出来るようになった。

指示されたことが出来ることはとても嬉しいものだ。充実感で満たされる。おまけに、そんなとき、ポンドさんはとても褒めてくれた。

彼女は元々、仕事にも自分自身にも厳しい人である。支局員の私に対しても、求めることは多く、評価も厳しかった。彼女が私の仕事振りに満足しているかいないかはすぐにわかった。並の仕事をしたときには何も言わない。並以下の仕事やまずいことをしたときにはピシッと指摘された。ときにはひどく叱責《しっせき》された。

佐藤栄作内閣末期の一九七一年に、大蔵大臣だった福田赳夫《たけお》氏の発言をポンドさんは記事のなかで引用した。地方に出かけた折りの記者会見での発言だったのだが、福田氏が複数の都市をまわっていたために、私は、その発言の場所を間違えてポンドさんに伝えた。ポンドさんは私を信用してそのまま書き、記事のその部分は間違ってしまった。

いま考えても、恥ずかしい限りである。

翌朝、支局に一歩入るなり、雷が落ちた。

「なぜ、こんな基本的な情報で間違うの？　都市の名前も正確に伝えられないようでは、私の記事は誰にも信用されない。誰がどこで何を……というのは基本です！　こんな間違いは決して受け容《い》れられない。許さない！」

この身がどんどん小さくなって消えていくような気がした。私は遅まきながら、報道において、小さな事実の正確さがどれ程重要視されるかを痛感したのだが、すでに間違いはおきてしまっており、ポンドさんの怒りは容易におさまらなかった。ビシビシと怒りをぶつけられ、私の体は粉々に飛び散っていくかと思われるほどだった。何日遅れかで本社から新聞が届いたときのことだ。彼女は問題の記事を支局のボードに貼《は》り出した。ピンアップされた記事の間違った都市名は彼女の怒りを表すかのように赤いマジックペンで囲われ強調されていた。こうして毎日、私は否《いや》でも応でも自分の犯した間違いを直視し、それについて考え続けなければならなかった。

福田発言の都市の名前を間違えたことに対する烈《はげ》しい怒りのなかに、私はポンドさんの真髄を見たような気がする。事実へのこだわりと正確さへの執着が彼女の資質だった。

許し難いと言って私に向けた怒りは、助手を教育しようなどという生半可なものではなく、プロのジャーナリストとしての本気の怒りだった。そこまで彼女は事実の正確さにこだわっていた。私は、そのように本気で怒った彼女を畏怖《いふ》し、尊敬した。こんな女性の下で働けることに感謝した。

家で母や兄に事情を話すと、母が言った。

「よしこは何年もハワイにいて、日本のことがスッポリ脱けているところがありますからね。そんなふうにしっかり言って頂くとは、本当によい方に出会えたこと。言って頂くことに心から感謝しなさい」

母も〝影が薄い〟という言葉に正面から向き合おうとしていた。自分に一番厳しく言ってくれる人を、大事にすることがよいのだ。改めて私は前向きに取り組むことを自分に誓った。

こわい支局長だっただけに、彼女に褒めてもらったときは本当に嬉しかった。そんな機会は決して多くはなかったが、例えば朝刊のまとめがきちんと迅速に出来るようになったとき、彼女はストレートな表現で、言ってくれた。

「やったじゃないの。あなたにはきっと出来るって、私にはわかっていたわ」

いまでもポンドさんのアルトの声が聞こえてくるような気がする。大人の女性の声である。「あなたには出来ると私にはわかっていた」と言われてどれだけ嬉しかったことか。信頼されていたのだと認識できたことは、私をその気にさせ、新たな課題に挑戦していく勇気を与えてくれた。

ポンドさんの助手として働いたことは、報道や取材の、この上なく貴重な実地訓練となった。彼女の取材の殆《ほと》んどに同行し、通訳を務めることで、質問の仕方、問題点の指摘の仕方をはじめ物事をどのように見たらよいのかということまで、生の現場を踏みながら教えてもらったのだ。

彼女の事前調査の基本が、私が毎日切り取ってファイルしていた百数十項目にわたる新聞資料だった。彼女はいつも取材に出かける前に、関連ファイルに目を通し、ノート一杯に質問を書きつけていた。

取材対象は多岐にわたった。総理大臣にも大蔵大臣にも経団連会長にも、アーティストにも学者にも、実に多くの人の取材に同行させてもらった。おかげで私はその後フリーの記者になったとき、どんな人を取材しても気後れすることがなかった。彼女から取材された人のなかには、取材が終るとぐったりする、持っている情報の最後の一滴まで絞りとられるような気がするなどとコメントした人もいた。それほどポンドさんの質問は的を射ていた。また、論理的に緻密《ちみつ》に詰めていくために、質問を受ける側も、よくよく考えて答えざるを得ないのだ。

それにしても、多くの取材のうえに書かれる記事はどんなふうであるべきなのか。

ポンドさんは自分が理想とする記事についてこんなふうに語っていた。

「記事のなかから、そこに報じている出来事や社会が髣髴《ほうふつ》として浮かんでくるような記事。書き手の私の存在を、誰も気にしなくてよい記事。それが秀《すぐ》れた記事だと思うわ」

つまり自分の存在を前面に出して、自分の意見や主張を記事の形を借りて展開するのはよくないと言っているのだ。

米国の新聞の特徴は、たとえば大統領選挙のときなど、非常に明確に各社の政治的立場を表明する。日本の新聞が、社説で自民党を支持するとか民主党を支持すると宣言することは想像しにくいが、米国の新聞は殆どがそれをする。ちなみに二〇〇四年の例で言えば、全米の新聞のうち九十五紙がブッシュ大統領を支持し、百二十五紙がケリー候補支持だった。主張は社説として掲げられ、繰りかえし、なぜ、自分たちは支持するのかの論陣を張る。米国の新聞の主張は、政治的中立とは程遠い。社説がその社の政治的スタンスとイデオロギーを色濃く反映する一方、一般の記事では、政治的立場や思惑を超えて公正で中立で客観的な報道が行われるべきだというのが、メディアにおける良識だ。一般の報道記事はその社の主張と関りなく、事実を事実として伝えるべきだという考えだ。

そうはいっても実際には公正なる報道というのはなかなか難しい。その証拠に、『ニューヨーク・タイムズ』『ワシントン・ポスト』『ウォール・ストリート・ジャーナル』などの一流と言われる新聞を読んでも、異なる立場のどちらかに重点をおいて報道がなされているケースは珍しくない。ポンドさんはそれを嫌っていたし、出来るだけ特定方向への偏《かたよ》りを避けようとした。書き手の顔が見えないような記事が良いと言うのはそのような気持を表現していたと思う。

このようなことを習いながら働いていると、或《あ》る日ポンドさんが言った。

「友人が来るから宜《よろ》しくね」

米国から来たのはエリザベス・ヴェントというスウェーデンの声楽家だった。二人はずっと以前からの知り合いで、共にクリスチャン・サイエンティストだった。エリザベスはポンドさん宅に身を寄せて、公演活動をしたりするということだった。

エリザベスは初対面の私に言った。

「日本はとてもすばらしい伝統と文化を持つ国ですね。私はあなたの国について勉強したいと思います」

ニッコリ笑うと真っ白い歯がとても美しかった。よくよく観察すると二人のエリザベスはよいコンビだった。ポンドさんが仕事一筋に陥りがちなのを、エリザベスが上手に補って服装や食事に気を使い、コンサートや映画などの息抜きの時間もつくってやっていた。

知性豊かな女性が二人、共同生活をすると物事は以前にも増してすばらしくはかどり始めた。彼女たちは教会に通い、よく読書をした。日本を理解するために歴史書を愛読した。昭和史を遡《さかのぼ》り、東京裁判とニュールンベルク裁判を比較したりした。さらに遡り大正デモクラシーを論じ、明治政府の政治を論じたりした。そして突然、こんなふうに尋ねてくるのだった。

「ゲンローマツカタの力の源泉は何？」

彼女らは明治の元勲松方正義をゲンローマツカタと呼んでいたのだ。その元老松方の天皇への影響力はどのような法律や制度、または慣習によって支えられていたのかと言うのだ。いきなり問われて戸惑っているとこんなことを言う。

「元老は憲法に規定がなかったんでしょ。にもかかわらず、ゲンローマツカタは大きな力を持っていた。それはどういう理由なの」

私の答えは極めて曖昧《あいまい》だ。

「維新の功績が大きかったことに加え、天皇陛下に、人間として信頼されていたからでしょう。また元老制度は廃止されてしまったけれど慣習としての元老の地位が変わらずに残ったのでしょう」

日本には法律に基かない役所の〝権限〟、慣習や惰性によって継続されている〝権威〟などは珍しくない。良い意味でも悪い意味でも、日本はある程度まで〝人治国家〟だからなのではないだろうか。突き詰めていけば、現在の日本は厳然たる法治国家ではあるが、明治の昔はまだまだ、多くの意味で人治国家だった。

こんなふうなことを言って説明したりすると、次の質問が飛んでくる。

「明治時代、天皇をお迎えするときは皆、正座しておじぎをして、決して陛下を見てはならないと教えられたそうだけれど、ゲンローマツカタの孫のハルは、或る日、そっと目をあげて目前を通りすぎていく明治天皇を見たそうよ。これをあなたはどう思う？」

〝ハル〟とは、米国の駐日大使エドウィン・ライシャワー夫人となった方で、松方正義の孫にあたる。ボンドさんは教会などを通じて彼女と親しい間柄だった。

現人神《あらひとがみ》と呼ばれた天皇陛下を、畏《おそ》れ多くも見てはならないと教えられたにもかかわらず、お辞儀をしながらそっと視線をあげて陛下を見たというのは、ハルさんの旺盛《おうせい》な好奇心と勇気からであり、そこにはハルさんの利発さが表れているのではないかと思うと私は答えた。正解かどうかなど全くわからない。また、父がいないために母が細腕で家計を支えた家庭の庶民の娘にすぎない私には、皇族や華族の暮しにおける仕《し》来《きた》りもわからない。けれど、わからないなどと言ってはいられない。ボンヤリ新聞の切り抜きなどしていると、突然こんな質問をされるからだ。ポンドさんは私を試すかのようにこの種の問いをよく発した。その度に私はハッと緊張して、外国の人にわかるように、この国の事情を説明することを心がけた。知的階層にありがちな頭デッカチの面はあったが、それでも私はこの二人はとても好ましいと思った。彼女たちの豊かな知性は暮しのなかにも自然観察にも、随所に表現されていた。そして知性ある人々は、本物の優しさを身につけていることも折々に感じた。その優しさは、ポンドさんの日本の社会を見る目につながり、日米関係の記事を書くときの日本側の事情を描写する視点を支えていたと思う。

彼らの流儀

ジャーナリストは八九三《やくざ》な仕事だから嫌だと思っていた私は、気がついてみれば、記者修業に打ち込んでいた。

だが傍目《はため》には心許《こころもと》ない助手であったに違いない。一所懸命な割に、私は抜けているからだ。自分ではしっかりしているつもりなのに、兄はいつも言っていた。

「よしこは本当に大事なところが抜けてるんだよ。ヘマなんだから」

兄妹だけに、兄は私の弱点をよく識《し》っていた。ポンドさんも戸惑うことが多かったに違いない。

たとえば或《あ》る日、私は猛烈な勢いでタイプを叩《たた》いていた。新聞だけでなく、雑誌の重要だと思われる論文を短かく訳して渡すのも仕事の内だったので、そうしたことは日々のルーティンの合間にこまねずみの如《ごと》くこなした。とはいっても、定期的に読んでいたのは、『文藝春秋』『中央公論』『世界』くらいだったのだが、当時は、それでものすごく頑張って勉強していたつもりだった。

で、いつものように一心不乱にまとめあげて、誇らしい顔で、レポートをポンドさんに渡すと、彼女はニヤッと笑った。

「とてもよく出来ています。満足よ。でも、あなたの長い爪《つめ》と長い髪に一工夫加えれば、もっと早くなるかもね」

私は大学時代から爪をうんと長くしていた。マニキュアの色を洋服によってピンク系統や赤系統、銀色や白色などさまざまに塗りかえては悦に入っていた。その長い爪で、機関銃になったつもりで、キーを叩いていたのだけれど、ポンドさんから見ればどうにも様になっていなかったに違いない。自分で切り揃《そろ》えていたウエストラインまでのストレートの髪は、耳にかけても肩に回しても、ハラリハラリとおちてくる。彼女の言うとおり、〝十秒毎《ごと》に〟髪を払いつつ、長い爪でタイプを打つのは〝非生産的〟だ。

私は、少しばかり爪を短くした。けれどマニキュアの色には凝り続けた。アイメークとマニキュアは、若くて粋《いき》がっていた私の主張でもあった。だが、長い髪はぎゅっと縛るようにした。

次は洋服である。ハワイにいた当時の洋服は全《すべ》て手製だった。どれもこれも、当時流行していたミニスカートだ。短いスカートに胸は大胆なローカットのものもあった。想《おも》い出すのも恥ずかしい能天気な身なりで、仕事に通っていたのだ。

服装に関してはポンドさんは大変寛容だった。彼女自身、お洒落《しゃれ》に気を配る人ではなかったからかもしれない。彼女は極めてオーソドックスな、或《ある》いは無難なワンピースに、スカーフでアクセントをつけるのが定番だった。美しく白い肌をしていたので明るいショッキングピンクの口紅がよく似合っていた。ちょっと時間の余裕があると、眉《まゆ》も描いた。泊りがけで取材に出かけるときは大概パンツにセーター姿だった。私が六センチとか八センチの高いヒールを常用していたのとは反対に、彼女はいつもローヒールの履き易《やす》い靴だった。緊急時にはサッと支度をして、走って出かけることの出来る身仕舞だった。その彼女の言葉が、ハッと私の自覚を促した。

「記者はいつ何時でも、取材に走らなければならない。突然、総理大臣官邸に行くこともある。身づくろいは、そのことを念頭に置いておきなさい」

母は別の観点から忠告した。

「電車のなかで挑発するような服は駄目ですよ。日本で、仕事をするのなら、相応《ふさわ》しい身なりをしないと誤解されますよ」

私は、学生時代の気楽な手作りの洋服から仕事着に相応しいものへと徐々に切り替えていった。けれど、後述するように私の収入はとてもささやかだったために、沢山は買えなかった。そこで、色はベーシック中のベーシックで黒または白。スタイルはパンツにシャツ。素材は自分で洗えるポリエステルというのが定番になった。一時期、白と黒のモノトーンが流行《はや》ったが、私は疾《と》うの昔からモノトーンのファッションだったのだ。

ポンドさんの姿は、そのシンプルな装《よそお》いにはじまり、どんなに早い会話も書きとめてしまう速記の技まで、いかにも記者のそれだった。加えて彼女の自己に対する厳しさと仕事に関する倫理は徹底していた。彼女は、〝厳しい自己規律〟を絵にしたような人だったのだ。すばらしいことだが、ずっと実行し続けるには、それなりの固い信念が要る。

たとえば取材に出かけると、時折、先方から、贈り物が差し出されたりする。記念品やお菓子の類《たぐい》で、お金に換算すれば、幾らでもないようないわゆる〝気持〟の表現だ。

ポンドさんは頑《かたく》なに、それらの品物を拒否した。「受けとれません」とか「物は貰《もら》わないのが私の信念です」などと、素っ気なくピシリと言う。私は「本当にありがとうございます。ですが、お気持だけ頂いておきます」と通訳していた。差し出した側

クリスチャン・サイエンス・モニターのアシスタント時代
中央は、支局長のボンドさん

兄、昭弘と　伊勢にて

の気持を傷つけないようにとの、私なりの日本的通訳である。

日本語に置き換えたときに相手に失礼にならないように、臨機応変に、言葉を添えたり表現を和らげたりして通訳することは、勿論《もちろん》、事前にポンドさんの許可を得ていた。

彼女はよく笑って言った。

「あなたのcivilized（文明化された）通訳を、私も聞きたいものだわ」

日本の歴史や文化文明に興味を抱き、深く共感していたポンドさんだからこそ、私なりの〝拡大解釈通訳〟を歓迎してくれたのだと思う。だが、彼女はあくまでも米国流の、あるいは、自分流のやり方は崩さなかった。日本にいるからといって、決して日本風にはならなかったのだ。

日本の幼児教育の取材で、保育園と幼稚園を取材したときのことだ。日本の子どもたちが、幼児期からどんなふうに躾《しつけ》られ、学力充実の基礎につながるように育てられているのかを、幾つかの名門園を訪ねて実情を見た。

帰り際《ぎわ》に贈り物が差し出されたので、いつものように辞退した。すると、この園は後日、その贈り物を郵送してきた。小包を受けとったポンドさんは、サルベーションアーミー（救世軍）に寄附し、たしかにこの品物を寄附したという証明書を受け取ってくるように、私に指示した。彼女はその証明書に、「あなたから頂いた品物は、このような形で社会の役に立たせて頂きました。お気持に感謝します」というカードを添えて、元々の贈り主に郵送したのだ。

クリスチャン・サイエンス・モニター（CSM）紙の記者は、というより米国のジャーナリストは、取材に関連して物品を受けとるようなことは決してしません、というピューリタン的な価値観を、失礼のないように、しかし、しっかりと相手に伝えたのだ。

ときにはそこまでこだわるのかと驚くこともあったが、どんなささやかな品物でも、彼女は同じ手続きを踏んだ。

受け取らなかったのは、贈り物だけではない。被取材者に食事代を払ってもらうことも律儀《りちぎ》に拒んだ。大袈裟《おおげさ》でなくコーヒー一杯も容易にはタダでは飲まなかった。一杯のコーヒーを御馳走《ごちそう》になったからといって、彼女の書く記事が、御馳走してくれた人物寄りに偏《かたよ》ることはなかったと思う。だが大事なのは信頼である。書き手としての信頼を守るために、彼女は李下《りか》に冠《かんむり》を正すようなことは、決してしなかった。

故《ゆえ》なく受けとらないことは、故なく与えないことでもあった。

当時『東京新聞』の政治部次長だった萩原道彦氏は、ベテランの派閥記者で、河野洋平氏や福田赳夫氏と親しかった。生々しい政治の修羅場で、自民党内の動きの予測や分析、派閥の心理や論理などを解説してくれた。その萩原氏がポンドさんについてよく言っていた。

「いやぁ、強者《つわもの》だよね。コーヒー一杯で二時間も情報を聞きやがんの。でも、鋭いね、感心するほど」

そう伝えると、彼女はニコッと笑った。

「正味一時間よと、訂正しておいてね」

通訳が入るために、二時間の取材でも、中身はその半分だと言っているのだ。ちなみに取材時のコーヒー代は無論、彼女が払ったが、二時間以上になっても、コーヒー一杯で通すのが常だった。

そんな彼女にも、可愛《かわい》い面があった。森英恵《はなえ》さんを取材したときのことだ。青山通りを東宮御所を右に見ながら、赤坂郵便局手前を左折したあたりに、森さんのオフィスはあった。日本の文化、文明を作品に仕立てたような森さんのファッションに、ポンドさんが強い興味と敬意を抱いているのが見てとれる取材だった。教養を内に秘めた森さんの応対に、私も憧《あこが》れと尊敬の念を抱いた。

私たちは満足して取材を終えて、ポンドさんは記事を書いた。それから数日後だったと思うが、森事務所から小さな包みが届いたのだ。救世軍に送るにしても内容を確認しなければならないために、必ず、包みは一度開封するのだが、なかを見て、私は思わず息をのんだ。薄紙に包まれた、目も醒《さ》めるように美しく繊細なスカーフが入っていたのだ。

本当に美しいスカーフだった。一目見て、救世軍に寄付するよりは、ポンドさんが身につける方がよいと思った。他所《よそ》にやってしまうのは、痛々しい感じさえしたのだ。しかし、そんなことは出来ない相談だ。で、いつものように、ポンドさんに報告した。彼女はスカーフに目を移すと私の手から包みを受けとり、薄紙をはがして、指でそっと、絹のスカーフに触れた。

いつもと異なる反応だ。もしかしたら、私と同じように感じているのかしら、そうだと嬉《うれ》しいなと思って見ていると、彼女はあっさり言った。

「こんな素晴らしいスカーフをありがとうと、お礼状を書くわ」

「森さんもとても喜ぶと思います！」

私が答えると、彼女は思いがけないことを言った。

「一枚はあなたにあげる」

なんとスカーフは二枚入っていたのだ。私は二重の意味で嬉しかった。繊細で美しいスカーフと、鉄の意志の支局長が垣間見《かいまみ》せたほほえましい可愛らしさに。

それにしても米国のジャーナリズムの規範の厳しさは、日本のそれとは対極にあった。当時の宰相、田中角栄氏は金権政治の本家本元としてのちに厳しく追及され、結局、自身の金脈問題で失脚したが、角栄氏の下にはその金権で潤《うるお》った人々がゴマンといて、番記者も例外ではなかったのではないか。

首相の外遊の際には、同行記者全員にかなりの額の現金入りの封筒が配られていたらしい。金権で倒れた角栄政権のあとに登場した、清廉《せいれん》潔白を看板としたあの三木武夫氏さえも、外遊の帰りには免税店で一本何万円もする高級ブランドのネクタイを棚《たな》毎《ごと》全部買い取り、番記者たちに配ったと言われる。

五当三落（五億円の選挙資金を使えば当選するが三億円なら落選）などと言われた時代の日本で、ポンドさん流の取材姿勢を貫くのは容易ではなかったはずだ。けれど彼女は少しも気にせず、わが道を行く姿勢を変えなかった。

物を求めない人ではあったが、彼女は心を、人一倍、求めた。社会の不正義に心から憤《いきどお》った。圧迫されている人、虐《しいた》げられている人に想いを致した。

あれは、生まれたばかりの乳幼児を袋に入れて死なせ、コインロッカーに捨て去る事件が連続したときのことだ。基礎資料集めを命じられた私は新聞、週刊誌、月刊誌の記事の収集を手始めに、〝識者〟の意見なども集めてポンドさんに渡した。そのとき私は彼女に言った。

「ひどい母親たち。鬼のようです」

「鬼のような」という表現は、多くの記事に使われており、私も同様に感じて、ポンドさんに言ってしまったのだ。すると彼女は問うた。

「何故《なぜ》彼女たちは〝鬼〟になったのか」と。

私は背筋がゾクッとした。彼女が続けた。

「いまの日本に何人の〝鬼〟がいて、何人の子どもが死んでいっているかは重要な情報だけれども、もうひとつ大事なことは、何故こうなったかと問うことです。女性たちが子どもを捨てるのはよくよく理由があるはずでしょう。犯罪行為に走る前に、彼女たちには相談する人や組織がなかったのか。パートナーの男性、母親や家族、周りの人たちは力になれなかったのか。恋人も家族も駄目なら、子どもを生むところまで女性を保護して、生まれたら養子に出すような仕組はないのか。ないなら、何故、ないのか。こうしたことも合わせて考えないと、事件の本当の姿は見えてこない。そこも含めて書くのが、記者の役割よ」

一方的に決めつけるような自分の見方を、私は、心から恥じた。事件だけでなく、全体像を見る知性を身につけなければならない。レッテルを貼《は》って決めつけないだけの視点の寛《ひろ》さ深さを身につけなければならない。即断せず、よく考えることだ。弱い立場の人には、特に想いを深くすることを忘れてはならない。こうした貴重なことを、ひとつまたひとつと、私は教えてもらった。

ポンドさんの下で米国流ジャーナリズムについて教えられ鍛えられたと同時に、私はもう一人、アジアのジャーナリストにも育ててもらった。アジア新聞財団（PFA＝The Press Foundation of Asia）の東京支局長、エドワード・ラチーカ氏である。フィリピン出身のラチーカさんは、ポンドさん同様、並々ならぬ記者魂が真髄だったが、取材方法は、ポンドさんとは正反対だった。

ラチーカさんとの出会いは、本当におかしなことからだった。それを説明するには少し遠回りになるが、私のお給料のことから話さなければならない。

六本木の国際文化会館で紹介され、ポンドさんの下で働くことになったとき、彼女は給与や待遇について私の希望を聞いた。

「お給料はどのくらいを希望しますか」

いきなり尋ねられて、戸惑った。デベロー教授の通訳として東大の青井研究室から月額一万円を頂いたが、ハワイ大学から戻ったばかりだったので、それ以外、日本でお給料を貰った体験はなく、世間の相場を知らなかったのだ。口ごもっていると彼女が言った。

「月一万円でいかが」

月額一万円ではとても自立出来ないことは、経験の少なかった私でさえ、東大でのお手伝いを通して実感していた。そこで、

「多分、それは少ないと思います」

と言ったものの、一体どれ位のお給料なら暮していけるのか、私は数字を言えなかった。と、彼女がまた言った。

「じゃ、五万円でいかが」

一挙に五倍に引きあげるというのだ！　私はすっかり感激して、「はい、結構です」と返答した。

ポンドさんの勝ちである。後になって、他紙の助手たちに指摘されて解《わか》ったのは、私は、交通費、保険、ボーナス、残業費など、一切のことを要求もせず、雇用契約を結んだということだ。月額ベースだけで、私の給与は他の米国紙の支局の助手のそれの、半分以下だった。

が、私も納得した条件である。私はその範囲内で頑張っていた。すると或る日ポン

ドさんがこう問い掛けてきた。

「給与を上げてあげたいけれど、CSMは潤沢な資金があるわけではないからそうは出来ないの。けれど、あなたが頑張って、もう少し仕事が出来るようにはしてあげられるわ。ここにいたままで、週の内一日分くらい、他紙のためにリサーチや電話の取り次ぎをする余裕はありますか？」

ポンドさん公認であれば、異存はない。こうして、紹介されたのが、ラチーカさんだった。「一日分の仕事」で彼を支え、私は月に一万円の収入を得た。

ラチーカさんは、マルコス政権下で厳しい政権批判を行った記者だった。マルコス大統領に暗殺されたベニグノ・アキノ氏と親しく、反マルコスを旗幟《きし》鮮明にした論陣を張り、故国に居づらくなっていたとき、アジア新聞財団東京支局長のオファーを受け、来日したのだ。

アジア的な優しさと誠実さの塊のようなラチーカさんと、米国的な配慮と誠実さの塊のようなポンドさんは、とても波長が合った。二人はきっと多くのことを話したに違いない。やがてポンドさんは、資金が殆《ほとん》どないためにフルタイムの助手を雇えないラチーカさんと、助手を雇う余裕はあったけれど人件費を上げることは難しかったCSMの事情を合わせて、先の結論を導き出したのだ。

それにしても二人は面白いほどに異っていた。私はポンドさんからはよく叱《しか》られたが、ラチーカさんからはよく褒められた。叱り諭すことでやる気にさせる人と、褒めて自信を持たせることでやる気にさせる人だった。

物に関する態度にしても、相反する二人だった。ポンドさんはコーヒー一杯にも厳しく自己を律したが、ラチーカさんはそんなことは殆ど気にせず鷹揚《おうよう》だった。開けっ広げで、人にも与え、自分も受けとった。地方に取材に出かけるとき、場合によっては、相手方が旅費などの負担を申し出ることがあったが、ポンドさんはビタ一文借りをつくらず、ラチーカさんはその場の雰囲気に任せた。何事にも、余り四角張らないのがラチーカさんだった。

二人の支局長の手法の違いはわが家でもよく話題にのぼった。

兄の感想も、尤《もっと》もだった。

「ポンドさんって偉いねぇ。でもコーヒーもおごってもらわないとしたら、日本では仕事はやりにくいかもな」

兄は周りの人に物を与えるのが本当に好きな人だから、尚更《なおさら》そう言うのかもしれない。兄の次女の清由《きゆ》がのちに笑って教えてくれた。

「私の友だちが家に遊びに来たとき、父は注文して届いたばかりの魚沼産のコシヒカリの大きな袋を、お土産に持たせたの。君のお父さんって面白い人だねって言われたわ」

世間は広いといっても、娘の友だちにおコメを持たせる父親は、そうはいないと思うが、それが兄なのだ。与えるのに鷹揚で、受け取るにも鷹揚な兄は、明らかに、ラチーカさんタイプだ。

母は苦労人なだけに言うことが違っていた。

「理想はポンドさんのような仕事振りでしょうね。でも、世のなかはみんなポンドさんになれるわけではない。国の発展の段階も違います。米国もあればアジアもある。ラチーカさんの方法も、アジアの現実を見れば、自然な対応なんでしょうね。そういう状況で信念を曲げない姿勢は本当に立派ですよ」

母は、「でもね、恒産なければ恒心なしですからね」ともつけ加えた。

個人も組織も国家もその時々の状況に応じて対処しなければならないが、自ら支えるだけの経済的基盤を持たなければ、自らの姿勢を保ち信念を貫くことは難しいと教えてくれたのだ。

私は心のなかでは、ポンドさんの手法をこそ、目指すべきだと思っていた。けれど、自活も覚束《おぼつか》ないような薄給だったから、信念を曲げない点は確保しておいて、上手にやりくりするラチーカさんの手法もよく理解出来た。

ずっとあとになって、ラチーカさん流の価値観を理解し、なる程そうかと水を呑《の》み下すように納得する場面に出くわした。それは一九九二年のフィリピン総選挙の取材でのことだった。夫であるアキノ上院議員を暗殺されたコラソン夫人が、八六年の〝人民革命〟で大統領に就任し、その任期を全うしたのを受けて行われた大統領選挙のときだ。私は当時NTV『きょうの出来事』のニュースキャスターを務めており、一週間、マニラから中継したが、そのときの選挙には巨額の現金が飛び交った。各候補者の集会には、有権者のためのお土産が山と積まれていた。

フィリピン国民は、選挙権のない子どもたちまでが、集会から集会へと渡り歩き、お土産も現金も沢山手にしていた。

その最中《さなか》、カトリック教会の最高指導者、シン枢機卿《すうききょう》が国民に語りかけた。枢機卿はこの選挙が大事な選挙であることを強調し、全員に投票に行くよう呼びかけた。そこまでは何ということはないのだが、彼はこうも言ったのだ。

「お金も物も、神からの贈り物です。必要な人は受けとりなさい。しかし、投票にあたっては、自分の信ずる人にのみ、票を入れなさい」

この現実感覚に私は舌を巻いた。貧困に苦しむ多くの国民に、お金も食物も品物も、全《すべ》て、神から下されたものとして受けとれと言うのだ。候補者の富から出たものであっても、それはとどのつまり、神のものであり、したがって、国民のものだ。だから堂々と貰《もら》ってよいというのである。神からの頂きものであれば、投票の際に負担を感じる理由もない。大切な一票は、心底、自分がよいと思う人物にのみ入れよと釘《くぎ》を刺している。

ラチーカさんとシン枢機卿の考え方は、とても似ていたのだ。アジア的価値観の面目躍如であるかもしれない。

のちに私はこのPFAで働くようになるのだが、無論当時は、そんなことは知る由《よし》もなかった。

官邸の攻防

一九七三年の第一次オイル・ショックは、ときの政権、田中角栄内閣を激しく揺さぶった。『日本列島改造論』を世に問い、列島各地を高速道路で結ぶことにより〝裏日本〟や僻地《へきち》を解消すると意気込んだ田中政権の下では、全国の地価が開発をあてこんで高騰《こうとう》した。オイル・ショックは、物価高騰に油を注ぎ、インフレが加速し、経済運営に失敗した田中政権は急速に支持率を落としていった。

オイル・ショックで揺らいだのはクリスチャン・サイエンス・モニター（CSM）社も同様だった。家賃をはじめ諸物価の高騰に、CSM社は暫《しば》く耐えていたものの、やがて耐えきれなくなった。そして決断は簡単に下された。

「今月一杯で支局を閉鎖することになったの。東京のニュースは香港《ホンコン》支局からカバーします。あなたも新しい仕事を、早急に探して下さい。そのための面接なら、出かけてもいいわ」

七四年の九月、月初めか半ばか、記憶は薄らいでしまったけれど、拍子抜けするほどアッサリと告げられて私は考えた。クリスチャン・サイエンス・モニターで働き始めて、三年余りが経《た》っていた。

「そうか、こういうことがあるんだわ。いつまでも同じ状況が続くことは、ないのかもしれない」

支局閉鎖は決定済みなので、次の職探しに面接に出かけるなら、それは許可するとポンドさんは言ってくれた。でも、私には、その気はなかった。かなり前から心のなかで記者になると決めていたからだ。

ジャーナリズムは好きではないと思っていた私が、ジャーナリストを目指し始めた理由は、一にも二にも、ポンドさんの仕事振りに接したからだ。

彼女の真面目《まじめ》さと、高級紙としてのクリスチャン・サイエンス・モニター紙への評価が重なって、ポンドさんの取材依頼には殆《ほと》んどの人が応じてくれた。だが、そんな彼女も、「出て行け！」と怒鳴られ、首相官邸から追い出されたことがある。

忘れもしない一九七三年八月八日の夕方のことだ。私がひとり支局で仕事をしていたところへ、或《あ》る人物から電話がかかってきた。ポンドさんの政治関係の情報源のひとりである。低く、慌《あわただ》しい声でその人物は言った。

「グランドパレスで金大中が撃たれたらしい。そのまま連れ去られた。いまはそれしかわからない」

手短かな情報伝達のみで電話は切れた。

ポンドさんは金大中氏をはじめとする朝鮮半島関係者を幅広く取材しており、韓国にも度々出かけていた。朴正煕《ぼくせいき》大統領の下で韓国は北朝鮮と厳しく対峙《たいじ》しており、韓国内の政治的引き締めには尋常ならざるものがあった。朴大統領と対立する金大中氏は、日本で事実上の亡命生活を送っていたが、身辺の危険から転々と滞在先を変えていたのが実情だった。それがどういう状況かはわからないが、連れ去られ、おまけに撃たれたらしいというのだ。

〝撃たれた〟という部分は、のちに誤報だとわかるのだが、私は直ちにポンドさんの出先に連絡を入れた。彼女は外務省での外国特派員を対象とする記者会見にでかけていたのだ。外務省の報道担当者は英語を話すために私は同行していなかったわけだ。

緊急の用事だと言って電話をかけてもらうよう手配し、連絡を待った。彼女はすぐに折り返し架電してきた。事の次第を伝えると、間髪を入れずに言った。「ロイター通信社に、すぐ来て頂戴《ちょうだい》」

メールも、ファックスも、携帯電話もなかったあの当時、ニュース報道で最前線を走っていたのは通信社だった。また、通信社は特派員の記事をテレックスで本社に送ってくれてもいた。ポンドさんの記事も虎《とら》ノ門《もん》の共同通信ビル内にあったロイターを通してボストンの本社に送稿されていた。

支局を飛び出した私より先に、ポンドさんはロイターに到着していた。唇を固く引き結んだ蒼白《そうはく》の顔、腕組みをしてじっと考え込んでいる彼女の姿があった。驚くことに、その瞬間も、ロイター、そして外務省で同席していた外国の記者たちも、この世紀の大ニュースを知らなかったのだ。彼女のニュースソースが、どれだけ早く情報を摑《つか》んでいたかがわかる。

その日私たちは夜遅くまでロイター通信社の片隅で仕事をした。ニュースは間もなく知れわたり、大騒ぎとなり、警視庁情報も逐次入ってきた。ポンドさんは締切りギリギリまで情報収集をし、第一報をまとめて送った。

翌朝、いつもより早く出社すると、ポンドさんは眠れなかったのか、疲れた表情だった。彼女は私に、田中角栄首相に取材をしなければならないから、なんとしてでも時間をとってもらえるようにやってみてほしいと指示した。

即、官邸に電話をした。十分でよい、時間をさいて頂きたいと強く申し込んだ。だが、今朝の今日では調整できない、代わりに早坂茂三秘書官が会うとの返答を得た。

指定された時間に官邸に行き、早坂氏の部屋に入るなり、ポンドさんが切り込んだ。

「日本政府は金大中氏の命を保障せよ」

鋭い目つきで、あの早坂氏をギィーッと睨《にら》みつけながらドスの利《き》いた声で言ったのだ。私は咄嗟《とっさ》に言った。

「日本政府は、金大中氏の命を保障せよ」

ポンドさんと同じような声で、ドスを利かせて通訳した。

早坂氏はいきなりの展開に顔色を変えた。何か言おうとしたところへ、ポンドさんが一呼吸早く口を開いた。

「金大中氏の連行は、韓国の官憲の犯行に違いない。韓国の公権力が日本であのような犯行に及ぶからには日本政府も事前に知っていたに違いない」

それまでに同行した数多くの取材では、通訳の段階で、必要に応じてポンドさんの問いに私なりに言葉を添えたり表現を修正したこともあった。米国の知的な女性として、彼女の質問が、日本人の感覚から見て余りにも直截《ちょくせつ》的すぎることがあったからだ。彼女の論理的な思考は小気味よいほどの切れ味を見せてはいたが、ときにはストレートに質問するより少し表現を和らげる方が、本音を引き出す効果を発揮したからだ。

しかし、この日私は、一切の修正は行うべきではないと判断した。言葉も、声の調子も、全《すべ》て、ポンドさんの表現のまま、一言一句、そっくりそのまま英語から日本語に置き換えるべき場面だ。言論人の真剣勝負にいかなる修正も加えてはならない。

早坂氏は烈火の如《ごと》く怒った。

「言いがかりである。どんな証拠があるのか。返答次第では只《ただ》では済まない」

氏は怒りで巨体をこわばらせていた。ズシーンと響くような野太い声音だった。私は氏の言葉も声音も、修正なしで英語に置き換えた。

ポンドさんは少しも怯《ひる》まずに言った。

「金大中氏の命を保障せよ。それが日本政府の責任である。金大中氏に万が一のことがあれば、私は民主主義を信奉する米国のジャーナリストとして、私の力の限り日本政府の責任を追及する！」

全力を振り絞って早坂氏を睨みつけながら私は言った。

「力の限り追及する！」

「無礼である！」と早坂氏。

「アウトレージャス！」

私は今度はポンドさんに言った。

「米国の民主主義はこの蛮行を許さない！」

ポンドさんは裂帛《れっぱく》の気合だ。

「許さない！」と私も烈《はげ》しく訳した。

早坂氏が遂《つい》に怒鳴った。

「出て行け。いますぐ。お引取り願おう」

「出て行け。いますぐ。……」と、私はポンドさんと私自身に怒鳴った。

ポンドさんがサッと席を立った。私もサッと立って、従った。

この間、何分間がすぎたのか、定かではない。官邸を追い出された私たちは、官邸脇《わき》の坂道をトボトボと下り、ロイター通信社の入っている共同通信のビルに向かった。真夏の八月九日、太陽は高く昇っていたはずだ。暑さもしきりだったはずだ。だが、私は全身の血が引いてしまって、手は氷のように冷たくなっていた。

仕事とはいえ、私は二人分の激論を、自ら再現していた。二人の間で交わされた凄《すさ》まじくも烈しい戦いを、私もまた、全力で戦った。その緊張に、私は圧倒されていた。

傍らのポンドさんの表情は硬く、頬は蒼白だった。口は真一文字に結ばれている。暫《しばら》く歩いて、やがて彼女がポツリと言った。

「将来、あなたがジャーナリストになりたいと思うなら、今日のこの体験を決して忘れてはなりません」

忘れようにも忘れることはできない。頭の中にも、体にも、鮮烈に刻み込まれている。再び彼女が口を開いた。

「ジャーナリストにとって最も大切なのはニュースソースです。取材源は、ジャーナリストが命を賭《か》けても守らなければならないものです。けれど、その最も大切なニュースソースでさえ、自分の価値観、信念を賭《と》して戦うときには、切り捨てなければならないことがある。一生に一度か二度、必ずそのような決断をしなければならないときがある。今日が私にとって、その日だったことを、知っていてほしい」

早坂氏には、それ以前、幾度も取材していた。日本風の分類でいけば政治記者だったポンドさんにとって、官邸の情報源としての早坂氏は、非常に重要な人物だった。両氏は度々会い、取材者と被取材者の関係は良好だった。だからこそ、その日の朝電話一本で、氏は時間をとってくれた。その関係も、しかし、完全にこわれてしまったのだ。

ポンドさんのみならず、当時の米欧、そして日本の記者たちも、金大中氏を、朴大統領の専制的な政治に対抗する民主主義の担《にな》い手と位置づけていた。だからこそ、ポンドさんは金大中氏の命が奪われないように、記者としてというより、言論人として一歩踏み込んで自分の価値観のために立った。その価値観は、最も大切な取材源を失っても守らなければならないものだと彼女は考え、そう選択した。金大中氏の拉致事件を前に、信念を貫くための行動をとらなければ、記者としてのポンドさんは自らを支える柱をも失うことになると考えたにちがいない。

いまになってみれば、彼女の言葉の意味も、彼女の行動の評価も、私なりにわかる。しかし、当時の私は余りにも物を知らなすぎた。ジャーナリズムとは、取材とは、物事の価値判断とはという一連の問いに答える術《すべ》もなく、ポンドさんの影のような立場で首相官邸で鮮烈、苛《か》烈《れつ》な攻防を体験し、緊張が続いていたのだ。

そんな私に母が言った。

「自分が正しいことをしているという自信があれば、恐れることはないのです。どんな相手にも正面からぶつかって行きなさい。大丈夫。疚《やま》しいことさえしていなければ何があっても大丈夫よ」

無論、大丈夫だ。紙とペンだけでこれほど雄々しく美しく、一人で挑戦していくポンドさんのようになりたいと、私は切望した。ジャーナリストになる。私の決意は、あのときに固まったのではないかと思う。

あの鮮烈な体験以来、私の夢は、署名入りの記事を書く一人前の記者になることだった。ペン一本とノート一冊をもってどこにでも飛んでいって、取材し、記事にして、社会に問題の所在を知らせたい。どんな権力にもひるまずに、どんな財力にも圧倒されずに、自由で責任ある心を持ち続け、ひたすら良い記事を書きたい——それが私の夢となった。

だから、ポンドさんから告げられた支局閉鎖のニュースを、私はごく自然に夢の実現に向けて踏み出す最初の一歩と受けとめた。

準備は出来ているのか。未来は茫漠《ぼうばく》としてはいたが、私の胸は高鳴り、心は熱く燃えた。

していけるのか。やっていけるのか。何よりも私は、どんな記者になろうとしているのか。

やがてポンドさんは荷物の仕分けに忙しく立ち働き始めた。彼女は東京を離れたあとは、当時は西独だったボン支局長への就任が決まっていた。だが東京支局はいつ再開されるか未定だったため、支局の財産を倉庫会社に預かって貰《もら》う必要があったからだ。後任の特派員が赴任して来るのなら、支局のデスクも椅子《いす》も、支局の最大の財産である資料のファイルも、そのまま残して引き継げばよいが、倉庫会社に預けるとなると、項目ごとに整理した目録が必要だったのだ。

片付けのなかでもポンドさんの取材と送稿は続いていた。私は最後まできっちりお世話をしようと決めていたので、日々の助手の仕事に加えて二倍も三倍もの雑務に追われることになった。一向に就職活動をしない私にポンドさんがなぜかと尋ねた。

「フリーの記者になりますから、大丈夫です」

恥ずかしいような誇らしいような気持で私は答えた。数多くの失敗を重ねてよくポンドさんに叱《しか》られていただけに、ポンドさんがどう答えるか、私は緊張して待った。

彼女は、人差し指で唇に軽く触れながらじっと考えていた。この仕草は、真剣に考えるときの彼女のクセでもあった。グレイ・ブルーの瞳《ひとみ》で私の心のなかを見通すようにじっと見詰めたあと、おもむろに口を開いた。

「それは、とても難しいと思うわ」

思いがけない言葉だった。それまで母から教わってきたことも、私自身の体験から学びとってきたことも、全て前向きに考え、行動するのが最善の結果を生み出すと告げていた。夢は必ず、全て、叶《かな》うと教えていてくれた。そのために、人は努力し、工夫し、喜び、希望を抱き、さらに新しい夢を描いて目標とするのだと、私は信じていた。

けれどいま、尊敬する上司が、熟慮の末に「とても難しい」と言ったのだ。私は問わずにいられなかった。なぜ、そう考えるのかと。長い沈黙の末に、彼女は極めて抽象的な、しかし、奥深い答えを出した。

「あなたは商人の娘であり、武士の娘ではないから」

人によっては、こんな時代錯誤の答えがあるのかと思うかもしれない。けれど、私には、ポンドさんの心が十分に伝わってきた。

ポンドさんは日本をこよなく愛し、敬っていた。彼女は教会を通して多くの友人を持っており、そのなかには、日本のトップクラスの人々が大勢いた。たとえば親しくしていた駐日米大使エドウィン・ライシャワー夫人のハルさんは、明治の元勲松方正義公爵《こうしゃく》のお孫さんである。「元老松方の孫娘」の話は、天皇家の人々の話題と共に、よくポンドさんの会話に出てきていた。また、ポンドさんの日本に関する知見の根底には、日々の取材で得た知識と共に、日本紹介の名著『The Book of Tea』や『Bushido』があった。各々《おのおの》、岡倉天心と新渡戸《にとべ》稲造《いなぞう》が当初英語で著し、のちに日本語に訳された著書である。無論、ルース・ベネディクトの『菊と刀』も彼女の日本観を形成していた要素だと思う。

明治維新で上級武士と下級武士、譜代大名と外様《とざま》大名の浮沈など混乱が続いたなかでも、徳川の幕藩体制を厳しい倫理観で支えてきた武士階級は、その倫理観と教養を新しい時代にもしっかりと引き継いでいた。後発国ながら、近代国家としての目ざましい歩みを確実にしていた日本は、ポンドさんの尊敬してやまない武士階級の力によって支えられていたのだ。

いまにして想《おも》えばポンドさんの考えはこれ以上ないほどに正しかったといえる。幼い頃から自らを律することを学び、学問を修め、社会のリーダーとしての総合的な素養を身につけていた武士階級が中心にいたからこそ、誕生したばかりの近代国家日本は正しい舵《かじ》取りをすることが出来たのだ。日本の指導層としての旧武士階級には、世界にも稀《まれ》なる、倫理観に優れ教養に富む人材が多数存在した。彼らは激しく変わる国際社会の潮流を読みとり、分析する能力にも優れていた。私は日本の庶民にもすばらしい人材は多数いたと思うが、ポンドさんの心のなかには、国家を指導していく人材、社会のオピニオン・リーダーとなっていく人材は、「武家」の人材が相応《ふさわ》しいとの想いがあったと思う。

このような見方を的外れとすることは必ずしも正しくない。武家の出、貴族の出も全て、外国から日本を見るときの手がかりのひとつなのだから。だからこそ、武士の家系の娘ではない私が、信念と価値観に基く言論活動を展開していくことは、能力をこえたことだと思ったのかもしれない。

ポンドさんは厳しくも「難しい」と言った。しかし、私にはなぜか、余りこたえなかった。私のなかに、母が常々言いきかせてくれた前向きの姿勢がしっかり定着していたからだろう。母が教えてくれたことのひとつが心に浮かんで来た。

「他人の評価を変えることは出来ないけれど、あなたには自分を証明することが出来ます。だから、自分に対する他人の評価に気をとられる必要はありませんよ」

そうなのだ。私は私を証明することが出来る。それだけで十分なのだ。そう得心した私はポンドさんの目をまっ直《す》ぐに見詰めて言った。

「難しければ難しいほど、チャレンジのし甲斐《がい》があります！　私にはきっと出来るような気がするんです」

こうして私は新たな出発を決意した。

話は戻るが、ポンドさんが私を「商人の娘」と評したのには理由がある。私がポンドさんの助手になって間もないときのことだ。その頃には父もハワイでの失敗からすでに立ち直り、東京での事業に打ち込んでいた。父はかつて私を勘当したが、私は帰国の挨拶《あいさつ》に父の所に行った。

「卒業出来たのか」

「はい、ありがとうございます」

父と私は勘当ばなしを忘れたように話し合った。父は青緑色の着物の女性と仲よく暮していた。お店も繁盛《はんじょう》していた。

私が米国の新聞社に就職し、上司は三十四歳の優秀な女性だと報告すると父は言った。

「お父さんの所に連れてきなさい。悪いようにはしないから。きちんとこの料亭で接待してお前の面目が立つようにしてやるよ」

「お父さんの所に連れてこなくても、私の面目は立っています」と私は反論した。すると父は、私がどんな人の下で仕事をしているのか見たいのだから連れて来るようにと言った。

　そのときまでには、私は母と兄をポンドさんにひき合わせていた。母は日本の母親らしく、その季節に合った家庭料理でポンドさんをもてなしもした。ポンドさんは母の手作りの素朴な家庭料理を喜んでくれた。少しでも日本の味を知ってもらおうと、母がお薄《うす》をたてて差し上げたこともあって、ポンドさんは大層喜んでお茶について幾つも質問した。母には難しいだろうと思えた質問にも母はそれなりに答えていた。ポンドさんに強い印象を残したのは、人との出会いを一期《いちご》一会《いちえ》ととらえ、一服の茶を心をこめて点《た》てることの大切さを説いた母の説明だったようだ。そのような想いで人に接する日本人は、なんと奥深い人々かと、ポンドさんは繰り返した。

　このとき以来、母も兄もポンドさんと幾度か往来した。帰国してからの生活は、母と兄と共に築いていけばよいのであり、父は全く別の存在だと、私は心のなかで区分けしていたのかもしれない。だから母や兄にポンドさんを紹介した際にも父のことは考えなかったのだ。父がポンドさんに会いたいと言ったとき私が乗り気ではなかったのはこんな理由からだった。

父に言われてとうとう私はポンドさんを連れて行った。お店ではたしかに父はよく接待をしてくれた。というより青緑色の着物の女性がお料理などを運んでくれた。しかし、いくらよくしてくれても、父の店は私が育った場所でもくつろげる場所でもない。ただ、父がいる場所にすぎない。お店は立派で華やかでも、私はそんなことには余り関心もなく、父に、自分の仕事に関してのバックアップを頼む気持ちもなかった。父に唯一《ゆいいつ》望むことがあるとすれば、母や兄に対して、まともな思いやりを抱き実行してほしいということだけだった。

当日、お店では青緑色の着物の女性が、いつもと変わらぬ美しい姿で世話をしてくれた。笑顔も接待もプロの仕事である。一方父はいつまでたっても姿を見せなかった。ついに私は尋ねた。

「あのう、父はいつ来るのでしょうか」

父が連れてくるようにと度々促したからこそ、私は上司を連れてきた。にもかかわらず父が姿を見せないから私は尋ねた。すると青緑色の着物の女性は、何も言わずに荒々しく席を立ったのだ。裾《すそ》を蹴散《けち》らす勢いで白足袋が走った。ポンドさんは彼女の反応に気づいたはずだが何も言わなかった。私は驚いたが、彼女には彼女の気持がおさまらない事情があったに違いない。世事に通じた賢い女性が、一見して怒りの行動だとわかる態度を見せた背景には、父の〝気の弱さ〟があったに違いないだろう。

父は私に「お父さんがポンドさんに会ってみたいんだよ。お前の悪いようにはしないから連れておいで」と頻《しき》りに言った。けれど青緑色の着物の女性に対しては、「仕様がないなぁ。よしこが上司を接待してくれと言っているから、お前、ちょっと面倒を見てやってくれないか」などと言ったのではないだろうか。

あくまでも推測だが、多分、当たっていると思う。そうでなければあのような反応がかえってくることはないだろう。

「目の前の人に優しい」父は、つい、その場をとりつくろってしまう人でもある。なぜ、こんなことに正面から向き合えないのかと疑問にも不満にも思うことが幾つもある。この日のこともそのひとつだ。私はこの日の体験から、決して、二度と誰も父の店には連れてはいかないと決意した。どんなに言われても嫌だと思った。連れていかないだけでなく、誰にも、父のことも父の仕事のことも店の名前も言わないと心に決めた。だから現在も、殆《ほとん》ど誰も私の父のことは知らないはずだ。私は、仕事上の自立に挑む前に、父からの完全な自立を自分に約束したのだ。

そう思いながらも、私は父に申しわけないとも感じた。ポンドさんの、父に対する判断に関してである。私を「商人の娘」と言ったポンドさんは、父を商人と呼んだことにもなる。だが、ポンドさんの判断は私に対する判断から生まれたのであり、そのような判断に導かせた私自身の在り様をしっかり見詰めなおそうと、私は考えた。フリーの記者として自立するにも、人間として自立するにも、自分への厳しい評価に目をつぶることなく、頑張ろうと、改めて私は心に誓った。

ポンドさんとエリザベスは行ってしまった。事務所は全《すべ》てきれいに片づけて、郵便物などは全て転送の手続きを終えて、私は全くフリーになった。それは少額ながら得ていた安定収入がなくなることを意味していた。私は世田谷区三宿のアパートで、記事案を考え、取材し、記事にして発信し、自立していかなければならない生活へとまっ直ぐに入っていった。経験不足で無知故《ゆえ》の、恐《こわ》いもの知らずのフリーランスの生活が始まったのだ。

岐路

私はこの頃、すでに東京にアパートの一室を借りて自立していた。きっかけは兄の結婚だった。兄は一九七三年一月二十八日に結婚、兄嫁であり私の義姉となった弘子姉はお料理上手のきれいな女性《ひと》だ。

落語でも新派のお芝居でも、一家の跡取り息子が結婚して問題がおきるのは、意地悪な小姑《こじゅうと》がいるからだと、話の筋は大体決っている。小姑なんてものは、どんなに相手を想《おも》ってみても、ついついお節介になりがちだ。また、広くもない家に同居すれば、ちょっとしたことも良い形で解決されるよりは摩擦の種になり易《やす》い。夫と妻でさえ、それまで別々の家庭で異なる環境で育ち暮してきたのだから、摩擦はおきる。けれど夫と妻は夫婦だからこそ、どんなに喧嘩《けんか》をしても水に流し合うことが出来る。でも、嫁と小姑は少しちがう。なるべく摩擦をおこさないように、互いに気を遣い、配慮し合うことが欠かせない。そこで、一番良いのは、なるべく遠くに住むことだと、昔の人は、噺《はなし》のなかで上手に処世の知恵を伝えている。

それで私は弘子姉のつくってくれる美味《おい》しい食事に惹《ひ》かれながらも、兄の結婚の前に、引越しをしたのだ。それはいまでも正解だったと思っている。大切な人、親しく打ち解けたい人とほど、ほどほどの距離を保つことが役に立つと、私は感じている。兄と姉は、一人暮しを始めた私の分まで、母に優しくよくしてくれている。だからこそ私はいつも安心して飛びまわることが出来るのだ。

三宿のアパートは四畳半と六畳の二部屋に小さな台所とお風呂《ふろ》と手洗いのついたささやかな住居だった。親友の大谷和子さんが弟さんと住んでいたのを引き継いだのだ。玉川通りに面したアパートの窓には高速道路が迫っていた。その窓のある壁面を、私は本棚で埋めた。本をぎっしり並べると騒音が鎮《しず》まった。二つの部屋を分けていた襖《ふすま》を外し、大手の家具店で格安に手に入れた向日葵《ひまわり》の花をイメージした明るい絨緞《じゅうたん》を敷き詰めた。現代《いま》風に言えばワンルームマンションにしたのだ。少しばかりの荷物は押し入れのスペースを活用しておさめた。

ポンドさんを見ていて気付いたことだが、彼女は本当に簡素な生活を好んだ。多くの物を持とうとせず、必要な物だけを持っていた。所有する物の少なさが、彼女の精神の自由を支えていたような気がする。物から自由でいられることは、精神の自由を担保するために、とても必要なことだ。

私も出来る限り、物にひきずられないよう心がけた。本や雑誌はふえ続けたが、出来るだけ整理しようと試みた。これはいまも格闘している課題だけれど、必要だと考えて集めた資料や書類の全《すべ》てを手元に置き続けると、私のような仕事の者は、必ず紙の山に埋もれてしまう。資料と雑誌と本をどう整理するかは、私にとって一生のテーマである。

千葉からの引越しは、一家と友人総出の賑《にぎ》やかなイベントだった。一人暮しに入る私を心配して、母や兄が細かく世話を焼いてくれた。いくら大丈夫だと断っても、二人は言うのだ。

「でも必要でしょ。必ず役に立つから、持って行きなさい」

こうして洗濯機、冷蔵庫、炊飯器、おまけにレコードプレーヤーまで持たせてくれた。とはいってもタカのしれた量であるため、引越し作業はすぐに終わった。パタパタと、部屋を片づけ、皆で食事をして、夕暮れ時には、全員が引揚げた。狭い空間だけれど今迄《いままで》いた人たちがいなくなると、私だけが取り残されたようでちょっと寂しくなった。

兄が譲ってくれたレコードプレーヤーをかけた。アンプリファイア（アンプ）は、真空管仕様だったのであたたかく柔かい音が部屋を満たした。学生時代から持っていたパブロ・カザルスのバッハの無伴奏チェロ組曲や、リヒテルの平均律クラヴィアなどを、部屋一杯のボリュームで聴いた。すると、寂しさがまぎれ、気持が落着くのだった。

もうひとつ、当時の私には身分不相応のものがあった。好きな骨董《こっとう》の湯呑《ゆの》みである。特別に大切にしていたこの湯呑み茶碗《ぢゃわん》は江戸時代末の伊万里《いまり》の染付《そめつけ》で、小振りで上品な姿をしていた。掌《てのひら》に慎み深くおさまるこの湯呑みで美味しく淹《い》れたお茶を戴き、真空管のアンプを通したバッハを聴いた。寂しさが消え、これから本当に一人で生きていく、その人生を大切にし、心豊かなものにしていこうと考えた。

一人立ちしたとはいえ、アパートに整えられたものを見れば、みんな母や兄に面倒を見てもらったことになる。感謝の気持を忘れないでいることも、心に決めた。そして、感謝を最も格好よく形にして表わすには、どんなときにもきちんと一人立ちして、心配をかけないことだと考えた。母が「大丈夫よ」と言ってくれる前に、私の方から「大丈夫です」ときちんと言える自分でありたいと思った。そんな私に母は毎朝電話をかけてきてくれた。

「おはようございます。よしこちゃん、元気？　食事はしましたか」

「元気よ！　食事は済んだわ」

答えると、母は重ねて尋ねるのだ。

「沢山、食べた？　しっかり食べるんですよ、元気で一日をすごすんですよ」

判で押したような会話から一日が始まる。大学時代、母から届いた手紙と何ら変わらない。しかし、母の言うとおりだ。フリーになったからには体が資本である。健康で、効率よく時間を過ごさなければ、フリーの記者は生きては行けない。仕事をして結果を出さなければ収入もなく、生活も覚束《おぼつか》ないからだ。

私はひとつのルールをつくった。とにかく毎朝一定の時間に起きることである。と言いながら、二十代三十代の頃の私はよく徹夜をした。仕事で徹夜したことも、単に面白い本を読んで徹夜したことも、明け方まで友だちと飲んだり語ったりで徹夜したこともある。けれど、そのあとはまた軌道を元に戻し、朝になれば早めに起きるように心がけた。

この習慣は、ずっとあとになってテレビのニュース番組を担当し始めてからも、そして、実は、現在も変わらない。午前七時前後には起床して活動を始める。夜、休むのがとても遅くなっても、七時前後には一旦《いったん》起きる。睡眠が足りなくて疲れているときには、どこかで少し昼寝する。二、三十分も眠れば、頭はスッキリと冴《さ》えわたる。

夕方や夜になっても疲れが残っていれば、その日は自然に早く休むことになるから、翌朝七時に起床するのになんの無理もない。

体調のよいときなど、朝ピョンと跳びはねて起きる。私は毎朝起きるのが楽しみなほど、実は朝が好きだ。

もうひとつ決めたのは、毎日取材に出ることだ。ジャーナリズムは足で稼ぐものだ。出かけて、取材して、情報を集めるなかから、さまざまな記事案が生まれてくる。案をよい記事に仕上げていくための情報も、取材によってしか手に入れることは出来ない。

そこで私は日本外国特派員協会（通称プレスクラブ）を事務所代わりにした。そこには図書館があり、新聞、雑誌の切り抜きファイルが揃《そろ》っており、ロイターや共同通信の配信もあった。ワークルームにはフリーの記者をはじめ誰でも仕事が出来るようにタイプライターを備えたブースが幾つもあった。事務所も持てず秘書も雇えないフリーの駆け出し記者には願ってもない仕事環境がプレスクラブには整えられていたのだ。

私の初期のフリーランス生活は、このプレスクラブなしには成り立たなかった。こうして私は、日本の社会の姿を示すさまざまな現象を記事にしていった。いまでは事情は大きく変わったが、小学校から始まる受験戦争、大企業の就職試験、企業の人材の採り方、民間企業と通産省の絶妙な連携プレー、女性の地位、女性の力、トヨタをはじめとする日本の自動車メーカーの国際社会への進出と合併、多国籍企業、総合商社、最高裁で確定した死刑囚にはじめて再審が認められたニュース等々。

頭にも心にも、アンテナを沢山立てて、面白そうなこと、大事そうなことを見逃さないようにした。新聞を読むときはベタ記事も注意して読んだ。誰も気づかないような情報の断片からでも、世のなかの動き、世界の潮流を掬《すく》いあげて伝えようと張り切っていた。ペン一本で生きるという気負いは、向かい風のなかを走っていくような心地よい緊張感をもたらしてくれた。

とにかく記事を書くしかない。私は他のフリーランスの記者たちに教えてもらって、まず、記事案を出来るだけ多く書いてみた。各々《おのおの》の記事案には、簡潔に内容の説明をつける。

そのリストを、新聞社や出版社の編集長あてに送るのだ。編集長を直接知っていたり、友人を介して紹介してもらえたりすれば、なんとなく手紙も書き易い。けれど、最終的には、面識があることや紹介があることよりも、当然のことだが、内容が物を言う。

当初、私の作った記事案リストは、本当に頭デッカチでいま考えると噴き出してしまう赤面ものだ。

たとえば、こんな案だった。「日米関係の展望」「日中貿易の展望」「日本の少数民族の現状と問題」「日本の鉄産業の展望」「日本の安全保障の問題点」等々である。大雑把で、つまらない記事案ばかりだ。ワークルームでタイプを叩《たた》きながら思案していると、誰かが教えてくれた。

「記事案はなるべくミクロで具体的なテーマにした方がいいよ。編集長の興味を引くように、面白そうだね、この記事は、というような売りをつくらなくちゃ」

そうなんだわ、と私は考えた。まるで雑誌『世界』の受け売りのようなタイトルばかり並べても、日本のことをよく知らない外国の編集長が興味を抱くはずがない。そこでそれまでに書いた記事案の終わりに、急いで具体的な案を幾つかつけ加えた。リサーチの過程で考えついていたテーマだったけれど、余りにミクロで、軽すぎる案だと思って書きあぐねていた分だ。

こうして私はきっちり二十本分の記事案をタイプして、数社に送った。そうしたら、なんと、一社から返事が来たのだ。それがラチーカさんの働いていたPFAだった。しかも彼らが求めた記事は、二十本もの記事案のまさに一番最後にのせていたミクロの話題、「草魚の稚魚の放流」だったのだ。

話のスジはざっと以下のとおりだ。

埼玉県の水産試験場で草魚の稚魚の孵化《ふか》にはじめて成功した。この稚魚を数センチの体長にまで育てて川に放流すると、成長が早いために短期間で大きくなる。魚肉は白身で淡白で美味である。孵化の技術を東南アジアをはじめ発展途上の国々が習得すれば、増大する人口に栄養豊かな蛋白源《たんぱくげん》を安価で供給することが出来るというものだ。

ＰＦＡの東京支局長だったラチーカさんが口を利《き》いてくれたに違いない。それでも私は嬉《うれ》しくて、早速取材に入った。草魚の生態、理想的な孵化の条件。卵はどの位の速さの水流に置くのがよいのか、温度はどうか、稚魚になったらどういう条件がよいのかなどなど、はるばる水産試験場まで電車とバスを乗り継いで出かけ、職員を質問攻めにして一日かけて取材した。その他、魚類図鑑にあたって淡水魚全般についても目を通した。養殖魚全般についても調べた。こうして取材したり調べたり、出来る事は全てやったうえで、記事を書いたのだ。それほど長くない記事であるにもかかわらず、話の展開をよくよく考えた。一番重要な、かつ、最も伝えたいことを冒頭に書く。次に、そのことをしっかりと肉づけする情報で冒頭の文章を支えるのだ。

そのあとには二番目に伝えたいことを書き、同じように肉づけしていく。重要度の低い情報ほど、記事のうしろの方に書く。こうすれば編集長が長さを調整するために何段落かを削っても記事全体はそれほどダメージを受けないからだ。

冒頭の文章を書くのに、私は何度も何度も声に出して表現を練った。ポンドさんの文章にはリズムがあった。読み易かった。そして、インパクトがあった。私の書くものはどうか。タイプで叩いているだけではよしあしはわからない。声に出してみて、はじめて、本当に読み易いか否《いな》かが、感覚的にわかってくる。「リード」と呼ばれる冒頭の書き出しの文章が出来れば、あとは不思議にスムーズに流れてくれる。それでも、私は書いて読んで直し、書いて読んで直しの作業を繰り返した。こうして送った記事が、なんと、イラスト入りで掲載されたのだ。署名のところには、YOSHIKO SAKURAIとちゃんと書かれていた。

私の署名記事一号である。私はそれを何枚かコピーした。母にも兄にも見せた。友人たちの何人かにも配ったかもしれない。それほど嬉しかった。

母も誇らし気に祝ってくれた。

「やったわね！ あなたにはきっと出来るってお母さんにはわかっていましたよ。よしこちゃん、夢は叶《かな》いますからね、大丈夫よ」

本当に夢は叶うのだ。全て大丈夫だ。そう思いながらも、私はそっと計算した。取材費と原稿料をつき合わせてみたのだ。かかった取材費に対して原稿料は一本百ドルだった。当時の為替レートで三万六千円である。どう見ても収支は赤字だった。

「大丈夫大丈夫、書き続けていけば何とかなるわ」

私は自分にこう言い聞かせた。

「なんといっても、私はペン一本でやっていくのだもの」

毎日張り切っていても、手元の財布はいつも軽かった。節約して暮していた或《あ》る日、フーチャンこと、近藤フジエさんが泊りに来た。

彼女は東京芸大を卒業したあと、暫《しばら》くして新潟大学で教え始めていた。キャンパスのある新潟県上越市（高田）に住み、研究会や学会に出席するため、または美術館巡りで息抜きをするためなどで上京する折り、訪ねてくれた。

私の小さなアパートで、冷蔵庫を開けた彼女が突然笑い出した。

「一体どうしたの。干《ひ》からびた茄子《なす》だけじゃないの」

私よりずっとまめに料理をこなす彼女の目には、私の冷蔵庫はきっと空《から》に見えたに違いない。が、私は反論した。

「他にも色々入ってるでしょ」

「ウーン、でもね、殆《ほとん》ど空よ」

「卵だってあるでしょう」

「でもねぇ、やっぱり殆ど空よ」

「マーガリンもあるでしょう」

私の反論に彼女は、アッハッハッハと笑った。私もつられて笑った。たしかにその気になって見なければ、殆ど空に見えなくもない。でも、余り気にしていなかった私には、そしてそれが常態だった私には、殆ど空であることが認識されていなかったのだ。

かといって、私が文無しだったわけではない。いざ、取材というとき、大体どこにでも行けるだけのお金は必ずとり分けていたからだ。また本を買う分もあった。レコードを買う分もあった。五万円しか収入がなかった月に、思いきって六千円の切符を買って上野にアイーダを聴きにも行った。お金の使い方はバランスがとれていないかもしれない。けれど、とても充足していた。しかし、その分、他の分野では節約しなくてはならない。一番節約したのが、着る物と食べる物だった。洋服は文字どおり五着程しかなかった。でも、一着一着はとても気に入ったものだった。求めるときには思いきって質のよい洋服を求めた。良質で、おまけに気に入っていたから何十回着ても飽きが来ないのだ。食べ物は基本的なニーズが充《み》たされていれば、その余のことは気にしないようにした。あれもこれも満足出来る水準を達成しようとすれば、母や兄に頼ったり、父に頼ったりしなければならなくなる。私は自立した女性であり、署名入りの記事を物する記者なのだという誇りが、衣食住のつましさを補って余りあった。物質面での不足なんて、本当になんということはない。私は自分の経験からそう実感していた。

物などなくても、ペン一本で生きられる私はなんと幸せかと充足していたはずの私の生活に、しかし、あるときから、重大な変化が訪れた。安定した収入という甘い誘いが舞い込んだのだ。掲載される保証のない記事を書くよりもたしかな収入につながるから、やってみないかと言われたのが翻訳だった。私は週の内の一日か二日を翻訳に使って、残りで取材し書けばよいと考え、気軽に引き受けた。二、三篇の翻訳をしたあとで、英語から日本語よりも、日本語から英語に訳すほうが良い収入になることがわかり、英訳を始めた。

しかし、これはこれで、始めてみれば思いの外、大変な仕事だった。取材基地としていたプレスクラブに出かける替わりに、三宿の自宅にこもり、タイプに向かう日が少しずつふえていった。そして、外務省の外郭団体である国際問題研究所の『日本の白書』(White papers of Japan)の仕事を引き受けたとき、私の翻訳作業はピークに達していた。朝から一日中、ずっと翻訳作業に没頭した。月曜日から日曜日まで、ずっと没頭してやり遂げた。気がついてみると貯金通帳には大金が貯《た》まっていた。無論、世の中の人が見れば、ささやかな額である。けれど、私はその額を見てびっくりした。嬉しい気持よりも驚きの方が大きかった。そして不安に陥った。なぜなら、何週もの間、殆ど記者活動をしていなかったことも併せて想《おも》い出したからだ。

私は一体、何になりたいのか。翻訳家になりたいのか。翻訳それ自体は立派で有意義な仕事である。多くの人に感謝される仕事でもある。けれど私の希望ではない。だとすれば、答えは否《いな》だ。私はずっと記者になりたいと考えてきた。それなのに、翻訳ばかりして、肝心の記者活動を置き去りにしていた。「ミイラ取りがミイラになる」。このとき程、この諺《ことわざ》の恐しさをリアルに感じたことはなかった。

以来、私はひとつの例外を残して、翻訳からきれいに手を引いた。例外は、帰国してすぐにお世話になった東大社会学科の青井和夫教授の論文の英訳である。青井先生が学会に出される論文は、その後、何年間か英訳させて頂いたが、基本的に翻訳を生業《なりわい》としないという一線は、現在まで守ってきた。

こうして私の生活は、無事に元に戻った。経験があるようでいてまだ世の中や人生がわかっていない二十代後半の自分自身の判断としては、よくやったと、私は自分をほめることにしている。あのとき、気がついて引き返したことは本当によかった。大《おお》袈裟《げさ》でなく運命の岐路に立っていたと思う。私は記者になりたい、どうしてもペン一本で生きていきたいという夢の確認が、あのときなければ、決していまの私はなかったと思う。

再び記者活動に専念した私の記事の送り先は徐々に固定化された。PFAの発行する『Depthnews』(週刊のニュースパッケージ)、『現代アジア』『カナディアン・ビジネス』などである。

最も多くの記事を送ったPFAの『Depthnews』は、各国の英字新聞にニュースを配信するものだ。週刊であるから特集面に掲載されるような長い記事ばかりだ。一分一秒を争うのでも、極めて短く簡潔な文章でもないことが、好都合だった。私は速報で勝負するよりもじっくり構えて、掘り下げていく記事の方が好きだったし、得意でもあった。

その内にラチーカ氏から提案があった。

「もっとPFAの仕事に時間を割いてみないか。アジアのジャーナリズムを育てる仕事も面白いよ。結局、国際社会にアジアの声を聞かせるには、国際ジャーナリズムの中でアジア人が発言していかなければ駄目なんだよ。PFAはその役割を果たそうとしているのさ」

普段は静かで大人しいラチーカ氏が、珍しく饒舌《じょうぜつ》だった。PFAはIPI（国際新聞編集者協会）の下部組織で、まさにアジアのジャーナリズムを育てることを目標にしてつくられた。その考え方は実に理に適《かな》っていた。

なぜ、国際社会でアジアの声は余り耳を傾けてもらえないのか。なぜ、アジアの事情は、往々にして正しく理解されないのか。貧しいが故《ゆえ》に注目されないこともあるだろう。しかし、アジアの声が世界に届かないことに関して、ジャーナリズムの構造に理由があるに違いないというところからPFAは出発していた。

アジア関係の記事はどのようにして世界に発信されるか。タイについての記事は、大概、バンコク特派員が書く。特派員が米国人なら、記事はどうしても米国人の価値観というフィルターを通される。米国人記者が書いた記事は〝米国人の見たタイ〟の姿ではあっても、タイ人の価値観を真に体現したものではないかもしれない。記事をタイ人が書くことによって、タイの価値観はより正しく反映される。その記事を国際社会に発信できれば、より良い相互理解につながる。国際社会の共通語は英語である。

だからアジア各国に英語で記事を書ける記者を育てることが、PFAの大目的のひとつだった。

私はPFAの考えはすばらしいと感じた。歴史も文化も経済の発展の度合いも、政治体制も民族も宗教も、全て異っていても、世界各国の声が等しく国際社会に報じられ、関心を抱かれ、耳を傾けられていけば、確実に相互理解が進み、富める国と貧しい国の格差、南北問題にも自《おの》ずと解決の道が見出《みいだ》されていくと考えた。

無論、国際政治の力学がそんな簡単な構図で動くわけではないのも、承知である。それでもPFAの目指す理想に、私は共感した。そして言った。

「ええ、PFAについてもっと知りたいわ」

こうして私はPFAの仕事に集中するようになった。PFAが毎週、新聞社に提供していたのが先述のニュースパッケージで、記者は原則として全員〝現地人〟だった。インドのニュースはインド人記者、スリランカの記事はスリランカ人、マレーシアの記事はマレーシア人が書くという意味だ。

一度マニラでアジア各国の記者が集合したことがあった。記者の能力向上のための訓練セミナーが開かれたのだ。四週間から八週間、記事の書き方、文章表現の磨き方などを集中的に教える。毎日課題を与えて、その日の内に取材させ記事を出させる。PFAはこうした訓練セミナーで、多くのアジア人ジャーナリストを育てた。

セミナーの行われたマニラで私は、アミタバ・チャウドリィ氏にあった。PFAの代表を務めていたインドのジャーナリストで、アジアのノーベル賞と言われるマグサイサイ賞の受賞者である。

　皆は彼をアミットと呼んでいた。ＰＦＡの創設者の一人でありながら、彼は入りたての新米の私にも、「どうぞ、アミットと呼ぶんだよ」と、丁寧に、しかし分別くさく言った。

　小柄で物静かなアミットが、ただの物静かな人物でないのは、その仕事を見ても夫人を見てもすぐにわかった。夫人は大柄でハッとする程華やかで美しい女性《ひと》だ。情熱的で、職業は絵かきだった。表現するのに、文字ではもどかしく、絵筆をキャンバスに走らせ、迸《ほとばし》る色彩によって会話するかの如《ごと》き人だった。マニラでは毎日のようにスコールが来るが、大粒の雨がまっ直《す》ぐに落ちてくるなか、皆が走って木陰や建物のなかに逃げ込むとき、彼女は傘も持たずに外へと走り出していく。ずぶ濡《ぬ》れになって歩き、歓喜の表情で戻ってくるのだ。

　美しく、気紛れで、途轍《とてつ》もなく我《わ》が儘《まま》な夫人を愛したアミットは、その物静かな佇《たたず》まいの陰に隠されている情熱でＰＦＡを創《つく》り、アジアのジャーナリストを育てるという時間と資金のかかるプロジェクトに手を染めたのだ。その後の人生を見つめると、アミットこそ、私の知る多くの人々のなかで、真に強くかつ最も楽天的な人物だ。強烈な個性の夫人を庇護《ひご》し、ＰＦＡが直面した多くの経済的危機を、拍子抜けするほどの平静さで、彼は乗り切った。

アミットは私に、人の上に立つべく教育されてきた人とはこういうものかと感じさせてくれたが、生い立ちを聞いてみると、学校で学んだことがないというのだ。なんと家庭教師が遠く英国から招かれたという。カースト制の頂点に立つバラモン階級の子弟としての教養はヒンズー教のお坊様に教え込まれる。加えて英国人の家庭教師に鍛えられ深い教養を身につけるよう育てられたのだ。サンスクリットを論じ、シェイクスピアを暗唱するアミットの日常は眩《まばゆ》いばかりの表現能力で彩《いろど》られていた。奥深い歴史によって育《はぐく》まれた文化が、彼の中に誇りたかく根をおろしていた。

エリートとして育てられた人は、エリートに相応《ふさわ》しい振舞をする。彼はＰＦＡの経営が行き詰まると、泰然と私財を注ぎ込み、多くの若いアジアのジャーナリストを育てることに集中した。その余のことは殆ど気にかけないかのようだ。肩いからせて正義を説くことはなかったけれど、若いジャーナリストを育てることによって国際社会に貢献することを使命と定めて、極く自然な形で実行していた。

私はこのＰＦＡがとても好きになった。アジア人の優しさは、日本の伝統的な社会のあり方と、多くの共通項をもっていた。私はマニラで行われたジャーナリスト養成の訓練セミナーを終えて、正式にＰＦＡの仕事を引き受けることになった。

私がPFAの仕事に集中するようになって一年余りが経《た》ったとき、ラチーカさんは『アジア・ウォール・ストリート・ジャーナル』紙に移った。優秀な記者だった氏は、米国の首都ワシントンで活躍の場を提示されたのだ。ラチーカさんなしでPFAの東京の仕事はうまくいくのだろうかと尋ねた私に、「替わりのない人材はいないんだよ」という言葉を残してラチーカさんは日本を離れた。私はPFAの東京での仕事を引き継いだが、それは、土曜日も日曜日もないハードワークの日々につながっていった。

女性は男性の二倍働き、優雅であれ

ＪＲの東京有楽町駅で日比谷公園側の出口に出ると、道を渡った目の前に有楽町電気ビルがあり、その最上階にプレスクラブがある。外国メディアの記者、日本メディアの海外特派員経験者など、三百四十名が正会員として登録されていて、彼らがプレスクラブを経営している。

東京のプレスクラブは、施設も活動内容も、世界のどこのプレスクラブと比較しても負けない水準にあるだろう。記者会見は、昼食を伴った大規模なものから、お茶も出さない小規模なものまで含めてほぼ連日開かれている。田中角栄元首相の金脈問題の追及が実質的にこのクラブから始まったように、日本を揺るがす大ニュースの幾つかを発信してきた。

報道関係ではない人々も約千六百名が準会員として登録されている。彼らは質問は出来ないけれど記者会見に参加することが出来る。報道関係の催しとは離れて、コンサートや演劇やダンスパーティーやワインの試飲会など、楽しめるイベントでは、むしろ、準会員の人たちが主役である。一般的に収入の多くない記者に較《くら》べて、企業の幹部やバンカーなど、はるかに収入の多い人たちが参加して沢山お金を使ってくれれば、クラブの経営も助かるからだ。

プレスクラブを拠点に活動し始めた頃、実感したのがフリーランスの記者たちの誇り高さだった。組織に属さずに、自分の働きだけで評価を受け、収入を得る。フリーの記者を束縛するしがらみは、大きなメディアの特派員のそれと較べてはるかに少なく、その分、タブーとするものも少なくなる。より自由に、より果敢に、問題の構造に斬《き》り込むことが出来る。そして彼らは、そのことを、非常に誇りにしているといえる。

BBCもCNNも、ワシントン・ポストもロンドン・タイムズもロサンゼルス・タイムズも、どのメディアも十分に活躍していると思うが、フリーの記者たちはこう言うのだ。

「彼らはすばらしくやってのけていると思うよ。でも、僕たちよりシャープかといえばそれはどうかな」

「報道の使命に最も忠実なのは、フリーの記者なんだよ。僕らフリーの記者こそが、報道の最先端にいるのさ」

誇り高いフリーランスの記者たちは、しかし、経済的には大組織に属する特派員たちより、圧倒的に不利である。そんなギャップを埋めて、上手に支えているのが、プレスクラブなのだ。

二十四時間体制でクラブは動いている。無論、夜中の出入りにはそれなりのセキュリティ対策がとられているが、フリーの記者たちは、夜中すぎまで、否《いな》、明け方まで、プレスクラブのワークルームで仕事をすることが出来る。

メールが通信手段の主役となった現在は、どこからでも送稿出来るため、ワークルームの必要性は格段に低くなったが、古くはテレックス、最近まで続いたファックスの時代には、プレスクラブの仕事場はフリーの記者にはとても大きな意味があった。なんといってもプレスクラブは、それらの機能を備えているだけでなく、二十四時間体制で電話を受け、伝言を預かってくれるいわば秘書の役割も果たしてくれるからだ。

私もまた、プレスクラブの機能によって支えられた一人である。PFAの東京支局長になって以降も、私はアジア各国の雑誌などに寄稿し、実態としてのフリーランス記者を続けていた。こうして取材活動を始めた私は、すぐに、日本と外国の、メディアのあり方の大きな違いに気がついた。日本のメディアの特徴は、なんといっても記者クラブ制度にある。外国にも勿論《もちろん》記者クラブは存在するが日本のように排他的ではない。

日本の官庁記者クラブの特徴は、大手メディアが中心になってクラブを形成し、そのクラブが主催する記者会見に当局の広報担当官なり次官なり大臣なりが出席する形をとることだ。その場合、記者会見への出席をゆるされるのは、主催者の記者クラブのメンバーだけとなる。部外者は記者会見に出席できない。部外者とは外国メディア関係者であり、日本のメディアのなかでも、記者クラブに入れてもらえない地方の新聞や雑誌社である。

他方、海外では、記者会見を主催するのは大概の場合、会見をする側である。外務省なら外務省、財務省なら財務省が会見を開く。したがって出席できるのはフリーランスを含む記者の資格をもつ人々である。記者クラブが存在していても、それは親睦《しんぼく》団体の性格を帯びていることが多く、そのクラブの会員でなければ記者会見の取材が出来ないという排他的なものではない。記者会見が広くメディア一般に開かれているのが、日本との大きな違いだ。

当時、プレスクラブと日本の各省庁につくられている記者クラブとの間で、この制度について何度も話し合いがもたれた。記者クラブの排他性を撤廃して外国メディアの記者も会見に出席させてほしいという要望を、プレスクラブ側は幾十回も出し続けていた。当時一番〝開かれていた〟のが外務省の記者クラブだったと思うが、それでも私はこんな奇妙な体験をしたことがある。

報道官の記者会見に出席し、質疑応答が一巡したときだ。「ここから先は懇談になりますからクラブのメンバー以外の方は退席して下さい」と告げられた。つまり、外国のメディア関係者は退席せよと言うのだ。報道官が正式の記者会見で語ったことは、何も目新しいことはなかった。だからきっと、懇談の場で、もっと意味のあることを言うに違いない。それは報道されてはまずいような踏み込んだ発言かもしれない。であれば、それだけ情報としては価値あるものだ。その種の情報を報道陣に渡してよいと考えるのなら、オフレコ（off the record）にして、報道しない約束で縛りをかければよいのである。といっても、日本のメディアでは、オフレコの条件で語ったことが二、三日後には報道されたりする。必ずしもルールが守られないとしたらうっかり話せないのかもしれない。それにしても、ここから先は部外者は出ていくようにというのは酷《ひど》い取り扱いである。

周りを見渡すと、〝部外者〟とされた外国メディアの記者たちは立ち上がって退席しつつあった。私はしぶっていた。すると幹事社の仕切り役の記者が慇懃《いんぎん》に「どうぞ退出して下さい」と冷たく言ったのだ。

本人は別に〝冷たく〟したつもりも、慇懃無礼のつもりもなかったに違いない。記者クラブのメンバーでない人間を前半の記者会見に〝入れてやった〟との想い《おも》はあっても、後半の懇談からは席を外してくれというのは、当然だという考えだったに違いない。少なくとも私はそう感じた。そしてこれでは、日本のメディアが閉鎖的だと批判されても仕方がないと考えた。

また、小さなことだが、記者会見場の机の上に、ひとりひとりの記者用にとり分けたお菓子や煎餅《せんべい》が飲み物と共に置かれていたのは、どういうことだろう。記者クラブ側が配ったのか、外務省側が配ったのかはしらないが、こんな下らないサービスをなぜしなければならないのか、理解できなかった。コーヒー一杯にも気をつけていたポンドさんに厳しく言われてきただけに、未《いま》だにその映像が脳裡《のうり》に残っているほど強い違和感を抱いた。

外務省に限らず、日本のマスコミの記者クラブ問題の根は深い。そこには、官僚制度と通底する排他性、独占性、特殊性があり、自由な競い合いの下での独自の報道が生まれにくくなっている。当局の流す情報を基本にした予定調和的な報道に陥る危険性は大きいと言わざるを得ない。このような構造的問題を内包しているのが、日本の大手メディアであるからこそ、それ以外のメディアが非常に重要であり、フリーの記者が活躍しなければならないのだ。

その後私は、記者クラブの問題について何本か、記事を書いた。取材した日本の記者や各社の編集局長、日本新聞協会の担当者たちは基本的に同じ問題意識を共有していた。けれど、それなのに、記者クラブ制度は、いまも構造的に変わってはいない。政府や官僚に変革をせよと警告するマスコミが一番変革しないのかもしれない。理由のひとつはマスコミ同士、メディア同士、互いを批判することが殆んどないからである。そのようなマスコミの現状は決して社会のためによくないと私は考えている。

経験を重ねるにつれて、私にも多少の余裕が生まれてきた。フリーの自分を支えてくれているプレスクラブの活動を少しは手伝ってほしいと言われて、プレスクラブの報道活動委員会の一員や、理事になったりした。誰を招いていつどんな記者会見を開くべきなのか、日本記者クラブとの兼ね合いはどうなるのかなどを決めるのだ。決めるのは簡単だが、その実行には驚くほどの細かい詰めを要求される。記者としての能力もさることながら、有能な官吏の能力を備えていなければ、容易には勤まらない。自慢ではないが、その種の能力に欠けていると自認する私は、一年限りで理事就任のような形でクラブへの貢献をすることを辞退した。私には取材して報じることが一番合っている。またその分野でこそ一番よい仕事が出来る。言い替えれば、多分、それしか出来ない不器用者でもある。

ラチーカさんがワシントンに移ってから、PFAのさまざまな事務処理は、私がするようになった。記事もそれまで以上に書かなければならない。PFAの東京支局長になったものの、ひとりぼっちの支局である。責任を果たすためには、フル活動をしなければならない。土曜日も日曜日もなく、ワークルームを拠点にタイプを叩《たた》く生活にどっぷり浸《つか》った。

どんなに頑張っても、私の抱えていた仕事は一人ではこなせないほどの量だった。そこでマニラのアミットらと相談して、記者を一人入れることにした。幾人かの候補者の中から選んだのが、米国人のボブ・ウッドだ。彼は経済問題に強く、なによりもアジアが好きでやる気に満ちていた。

ラチーカさんがそうしてくれたように、私はウッド記者を、PFA全体の輪の中に入れるように心がけた。PFA関係の仕事で人に会うときには、日程さえ合えば、できる限り彼を同行した。こうしておけば、いつか私がPFAから他に移るとき、さまざまな面で受け渡しもスムーズに進む。

しかし、その過程で、私たちはとても面白いことに気づいた。ウッド記者と私が並んでいると、日本の人々は企業の役員も政治家も、ボスはウッド記者で私はその部下と見るのだ。行った先では、恐縮して辞退する彼を上座に案内し、お茶も彼の方に先に出すのが、通例だった。私たちはこのことを面白がったが、男性と女性、外国人と日本人を対比すると、常に前者が上で後者が下だと見られていた。

日本の男性たちや、ウッド記者に先にお茶を出す女性秘書を責める気で書いているのではない。当時は女性の記者が圧倒的に少なかったし、ましてや、日本人の女性が支局長で米国人の男性が部下という関係は極めて珍しかったから、逆にとられたとしても無理のないことだったのだ。

女性を下に見る傾向は、日本社会だけではなく、実はプレスクラブにもあった。外国人記者のなかにも、旧《ふる》い人たちが沢山いたのだ。彼らは友好的で魅力的な人々でありながら、女になんか出来るものか、という類《たぐい》の考え方も持ち合わせている。だから、当時は言われていた。女性は男性の二倍働き、優雅であれと。そうしなければ決して認めてもらえないと。プレスクラブでも、女性記者は男性記者より頑張らなければならなかった。頑張って優れた記事を書き、彼らに、〝私にも出来る〟と、証明しなければならなかった。

私はフランス通信社（ＡＦＰ）の東京支局長マリー＝フランス・ローズと仲良しだ

ったが、彼女はフランスアクセントの強い英語で言うのだった。

「男なんて、自分たちが最高だと思っているのよ」

そしてこうも言うのだ。

「でも、そう思う男って、素敵でもあるわね。だから女は、男よりもっと強くて、魅力的にならなくちゃいけないのよ」

プレスクラブの記者たちも、しかし、徐々に変わってきた。かつてはプレスクラブのなかにはスタッグバー（男性専用バー）があり、女人禁制だった。女性が入室することも覗《のぞ》き見ることもゆるされておらず、オープンなはずのプレスクラブで、そこだけがいつも秘密めいていた。

女性記者が少しずつふえて、ポンドさんのように一流新聞の東京支局長やマリー＝フランスのように大通信社の東京支局長を務めるメンバーもふえてきた。それなのに、世界のニュース報道の最先端を走って、いち早く世の中の新しいこと、新しい価値観、変化や変革を伝える立場の特派員たちが、自分たちの根城に〝女人禁制〟とか〝男性専用〟などの看板を掲げること自体がおかしい、と女性会員たちが言い始めた。

批判的な女性会員が言い出し、メンバーの間で議論が始まった。スタッグバーの開放に賛否両論、熱い議論を戦わせ、それはそれで結構、盛り上がった。しかし、改革派が優勢となり、最終的に議論に勝って、遂《つい》にスタッグバーは開放されることになった。マリー＝フランスと私は、早速、見物に行った。

長年、女性を遠ざけてきた部屋に入って、見渡して、私たちは期せずして噴き出した。顔を見合わせて、長い間、笑いをおさえることが出来なかった。女人禁制の男性の聖域には、大きくひきのばしたマリリン・モンローのヌード写真が美しく額に入れられ、高々と飾られていたのだ。他には古びたソファとシンプルなバーカウンターがあるのみで、私たちが恐る恐る期待した、怪しげな秘密めいたものはどこにも見当らなかったのだ。ごく普通のつくりのソファに坐《すわ》ってみたりしながら、私たちは言い合った。

「男の子（ボーイズ）って単純ね」

マリリン・モンローの美しい裸体の写真を見つつ、お酒の一杯も飲みながら、自分たちの城に陣取って、デモクラシーを論ずる男性特派員の姿は、想像するだに、子どもっぽかった。

取材に走ったり、その結果に驚いたり、憤《いきどお》ったり、笑ったりしながら、日々は飛ぶように過ぎていった。ウィークデイのプレスクラブは人の出入りが多く、不意に訪ねてきたりする人もいて、気ぜわしい。仕事量が多いこともあって、人の出入りも少なく静かな週末に、私は多くの仕事を片づけた。

週末のプレスクラブのワークルームは殆《ほとん》ど人がいない。けれど、晩秋の或《あ》る日、向うの端で仕事をしている記者がいた。時折り見かけるオーストラリアの記者だった。さらに何時間か仕事を続けて、ふと見ると、この記者もまだ仕事をしていた。

話し始めたきっかけが何だったのかは定かではないが、日本を象徴するような風物を見つけたいのだが、それは何だろうかと尋ねられた。

街全体が日本である。目を凝らせば日本はそこら中にある。でもどんな日本を見たいのかと私は尋ねた。とても純粋な日本を見たいのだという。私は、ひとつの物語を語ってきかせた。

書も絵画も焼き物も料理も香りも、空気の流れも火の勢いも、部屋の構造も人の佇《たたずま》いも、全《すべ》てをひとつにまとめた芸術に茶道がある。茶の世界では、四季折々どころか、その出会い毎《ごと》に、心を尽して客を迎える。花を活《い》け、香を焚《た》き、掛軸を選ぶ。炉の灰までも美しく整え、その日集う人々と、今生の別れとなるかもしれない一期一《いちごいち》会《え》の出会いを静寂の中で楽しむのだと語った。

そのうえで、丁度この季節、冬の茶会に招かれて胸一杯に感じた感動について語った。茶会の前の日に、厳しい寒さの中で雪が舞い降りた。雪は夜のうちに積もり、庭全体を白く染めた。そのなかで、露地の飛び石は美しく黒々と濡《ぬ》れていた。茶会を催したご亭主が、前の夜、藁《わら》を石にかぶせ、藁の上でとけた雪が藁を湿らしその湿った藁が、飛び石をこの上なくしっとりと黒く染め上げたのだ。

枝々に積もった雪の下から、わずかに覗く寒椿《かんつばき》の葉の濃い緑色。その他には殆ど色彩のない世界は、ひたすら孤高を保つ。寂寥《せきりょう》のなかで自らを見つめさせ、自然の一部としての人間の存在を己れにたしかめることを誘《いざな》うような、気高くも美しい庭だったと。

こんな話をしたら、その記者は一言も言葉をはさむことなく静かに聞いていた。静寂のなかで、言葉のいらない意思の疎通《そつう》がはかられているようだった。走り続けているような日常の喧騒《けんそう》とはかけ離れた心の鎮《しず》まる空気のなかに、一瞬の間、私たちはひたっていた。それが私とこの記者の、出会いだった。

彼はオーストラリアで彫刻の道に進もうか、記者を続けようかと迷っていたとき、東京への赴任を命ぜられて来日した。美術が好きで、美術評論で身を立てたいとの想《おも》いも抱いていたが、それが、非常に困難であることも知っていた。難しいと頭で理解しながらも、いつの日かその道に進みたいとの希望を捨てきれないでいるのが、ふとした折りに見えてくるような人だった。

ずっとあとになって、私が彼を母に紹介したとき、母は彼を「純粋な人」だと言った。

「とても繊細な人のようだから、おつきあいをするのなら、そのことを肝に銘じておかなければね」と。

兄はまた別のことを言った。

「日本に住むんなら、日本語を勉強しないと大変だよ。美術評論といっても、美術は見るだけでなく、読まなければならないものも沢山あるでしょう。言葉が出来れば、日本にもそれだけ溶け込めるしね」

彼は勤めていた新聞社の特派員としての任期が終わったとき、本社に戻らずに日本に残ることを決めた。本社に辞職願を出したあと、彼は言った。

“You can help me.”――〃これから助けてほしい〃とでも言えばよいのか。

文学的な愛の言葉や、共にすごす時間の楽しさ、その光り方や弾《はじ》け方についての透きとおったような喜びの表現よりも、なぜ、あの一言が耳の底に残っているのだろうか。私は、恐らくあの言葉で、彼と共に歩むことを決意した。

私たちは家族だけで、小ぢんまりした結婚式をあげた。出来るだけ簡素にするのが私たちの気持に合っていた。一方、父は、私の決意に不満足だった。「あんな男のどこがいいのか」と怒っていた。

私は父を結婚式に招かなかったし、父も来たくはなかっただろう。ポンドさんを父に紹介して以来、私は母と父との取り次ぎや連絡役だけは心をこめて果たしていたが、自分自身のことでは、決して父に依存はすまいと決意していた。父から自立し、距離を保った方が、父を公平に評価出来ると感じていたため、私には父の反対も気にならなかった。むしろそれは十分に予想の範囲内だった。

結婚した私たちは共に生活を始めた。二人とも取材に多くの時間を費した。彼は日本語の勉強も始めた。少しずつ美術評論の依頼も受けるようになり、穏やかな日々が続いた。彼は暮しのなかではよきパートナーだった。そんなふうにすごしていた一九八〇年の夏、私に新しい分野への挑戦の機会が訪れた。テレビの報道番組への挑戦である。

キャスターから、また一歩

ベトナムの野戦病院で母が私を生んでくれたのは三十四歳のときだった。母と同じ三十四歳のとき、私は全く新しい仕事に挑戦した。大学を卒業して以来続けてきた記者の仕事に加えて、日本テレビのニュース番組『きょうの出来事』のニュースキャスターの仕事に就いたのだ。

未知への挑戦にためらう私の背を一番後押ししてくれたのはやはり他でもない母だった。

テレビのことは何も知らないのだと私が言うと、ニッコリ笑って母は言った。

「あなたはきっと成功します。大丈夫だから自信を持ちなさい。ずっとよしこを見ていて、あなたが必要とされて活躍出来る場所があると思ってきたけれど、これはそのひとつでしょうよ」

「日本一のニュースキャスターに、なれるかしら」

半分冗談で言うと、母が答えた。

「日本だけを考えていては駄目ですよ。よしこちゃん、世界は広いのですよ。いずれは日本のために世界で発言して重みを見せていくほどの仕事をしなくちゃ。そのくらいの気迫を持ちなさい」

二人とも仕様がないなという風情《ふぜい》で兄が言った。

「日本一も世界一もいいけれど、よしこ、お前は足下をよくよく見て、しっかりやらないと駄目だよ。テレビのことを知らないんだから、周りの人の十倍も勉強しないとね。そのことをいつも忘れないようにしな。頑張れば大丈夫だから、頑張れよ」

一九八〇年から九六年まで十六年間にわたった仕事は、幾層も幾層もの光と陰の記憶を私のなかに刻み込んでくれた。それまで超活字人間だったのが、殆《ほとん》どなんの準備もなしに映像と音声の世界に踏み込んだのだ。行く先々でひきおこした失敗と混乱は、いま想《おも》いかえせばおかしくもあり、哀《かな》しくもある。

活字から映像媒体への活動の広がりは、一人作業からチーム作業への変化でもあった。日本のニュースを英語で海外に伝える仕事をしていた私にとってこの変化は、外国文化と風土を舞台にした仕事から、日本文化と伝統的な人間関係の世界への移動でもあった。

なぜ私が未知の世界に踏み入ることになったのか。きっかけは一九八〇年の初夏、NBC東京支局のジェネラルマネージャーだった椎原《しいはら》正昭氏が語った一言だった。氏は「日本のバーバラ・ウォルターズになって下さい。NTVのニュース番組に挑戦して下さい」と私に声をかけたのだ。夜十一時からの『きょうの出来事』は、八〇年代を女性の時代ととらえて、初めて女性を〝アンカーパーソン〟に起用した画期的な番組だ、と氏は説明した。

当時、ニュースキャスターという日本的な英語はまだ一般的になっておらず、欧米で使うアンカーパーソンという呼称が使われていた。この仕事をどう評価したらよいのか、私には判断がつきかね、幾人かの先輩同輩に意見を求めてみた。すると、彼らは一様に言ったのだ。

「それはやめた方がいい」と。

私は理由を尋ねた。

「テレビなんて浅薄だもの、堕落するよ」

「君は筆一本で生きるべきだ」

わずか二十年ちょっと前のことなのに、大昔の遠い過去の会話のように思えてしまう。私はさらに尋ねた。どうしてテレビメディアの報道が「浅薄だ」と思うのかと。

先輩たちは言った。

「どうしてって、見てればわかるだろ」

本当に無邪気なコメントである。当時の新聞人は活字こそが最も優れた媒体だと考えていたのだ。一方でプレスクラブの友人たちの意見は異なっていた。椎原氏は勿論《もちろん》のこと、ABCの特派員もBBCの特派員もテレビのニュース報道の重要性を強調した。

「バーバラ・ウォルターズのように……」

この誘い言葉のインパクトは非常に強かった。なんといっても彼女は私が興味を抱いていた人物のひとりだった。NBCのモーニングショー『TODAY』を視聴率トップにひきあげ、七〇年代中葉には百万ドルでABCにひき抜かれていた。持ち味は〝鋭さ〟である。対談相手が大統領であろうが、国防長官であろうが、ズバリズバリと鋭い質問をしていく。誰の目にも、彼女は美しく、強く、魅力的だった。

私は、未知の分野から差し伸べられた可能性に触れてみたいと思った。「関われば堕落する」と先輩記者たちは言ったが、関わってみなければ実態はわからない。なんといっても〝現場に行く〟のは報道の基本である。

日本テレビ側との一連の折衝を経て、『きょうの出来事』の仕事を引き受けることになった。

当時の報道局には百人以上の報道局員が立ち働いていたが、ほぼ全員が男性で女性はたった二人、編集担当の女性と外報部のベテラン記者しかいなかった。

私は報道局長らから番組の軸としてしっかり意見を言ってほしい、記者として意見や情報をインプットしてほしいと繰り返し言われ、そのつもりで現場に行った。

ところが現場の空気は違っていた。報道局のトップが八〇年代を女性の時代と位置づけ、バーバラ・ウォルターズの日本版を目指すと言っても、号令ひとつで物事や人間の考え方が変わるかといえば、そうはいかないのだ。特殊法人改革も教育改革も、号令をかけても容易に実態が変わらないのと似ているのではないか。意気込んで仕事を始めたごく初期の頃、現場の強者《つわもの》たちは私にこう言ったのだ。

「女性の時代なんて言っても、女は可愛《かわい》くなくちゃ駄目だ」

私は直ちに反論した。

「私は大学を出て自分のキャリアをもって十年がすぎています。可愛くはありません。可愛い人がほしいなら新卒の人をとってはいかがでしょうか」

余りにストレートな反論を、報道局の強者にぶつけた。

反応は推して知るべしである。テレビ局での私の仕事は摩擦含みで始まったわけだが、もうひとつ問題があった。それはテレビ出演に備えての訓練など、全く体験したことのない素人《しろうと》の私と、アナウンサーとの摩擦だった。

テレビ局の〝顔〟としてさまざまな番組を仕切ってきた誇り高い人々にとって、素人そのものの私の拙《つたな》い話し方は聞くに耐えなかったであろう。彼らは私を疎《うと》んじたが、それには十分な理由があったと思う。なんといっても〝語り〟や〝読み〟に関して素人の私が、プロの仕事を奪うのであるから。

ある夜、ニュースのオンエア五分前のことだった。原稿を順番通りにまとめ、ペンとストップウォッチを持って、いざスタジオに入ろうとする私の耳に低い声でこう呟《つぶや》いた人物がいた。

「僕は君が嫌いだ」

オンエア直前の高揚した心は沈み、私は動揺した。深い疎外感《そがいかん》を感じずにはいられなかったし、その夜はカメラの前で動揺を隠すのに精一杯だった。

テレビ局での仕事を始めて、三年程すぎた頃から、私をとり巻く状況は好転し始めた。報道局内に理解者が少しずつふえてきたのだ。

だが、その頃から、私生活に新たな問題が発生した。夫との関係がうまくいかなくなり始めたのだ。彼はことある毎《ごと》に、私を支え力を尽してくれた。誠実でもあった。

なのに、どうしても嚙《か》み合わない。何度も話し合い、私たちは別れることになった。

そのときに母が言った。

「気の毒ですよ、あんないい方が。よしこは我儘《わがまま》すぎます」

母に詳しい話をしたわけではないが、母は私を諭した。

「大人二人が決めたことだから何も言わないけれど、ただひとつだけ。二人の関係が元に戻らないとしても、離婚する際には、心を尽して出来る限りのことをしなければいけませんよ。相手は外国の方で、お友だちや家族が身近にいて慰めてくれたり力になってくれるわけではありませんからね」

兄夫婦も、ただ黙って見守ってくれた。私は私生活の重大な変化を、かなり長い間、ごく少数の友人に打ち明けただけで伏せていた。

私は仕事に没頭した。ニュース番組に全力を注ぎ、執筆も続けた。仕事をしていれば多くのことを乗りこえることが出来るように感じた。

そして十六年間、ニュースキャスターを務めた。最後は視聴率も各局中トップとなった。のみならず『きょうの出来事』の一時間前に始まる久米宏氏の『ニュース・ステーション』の視聴率を度々抜いた。全《すべ》て、チーフプロデューサーの安藤信充《のぶみつ》氏以下、一緒に取材したスタッフのおかげである。

ニュースキャスターになった頃　小千谷ちぢみで

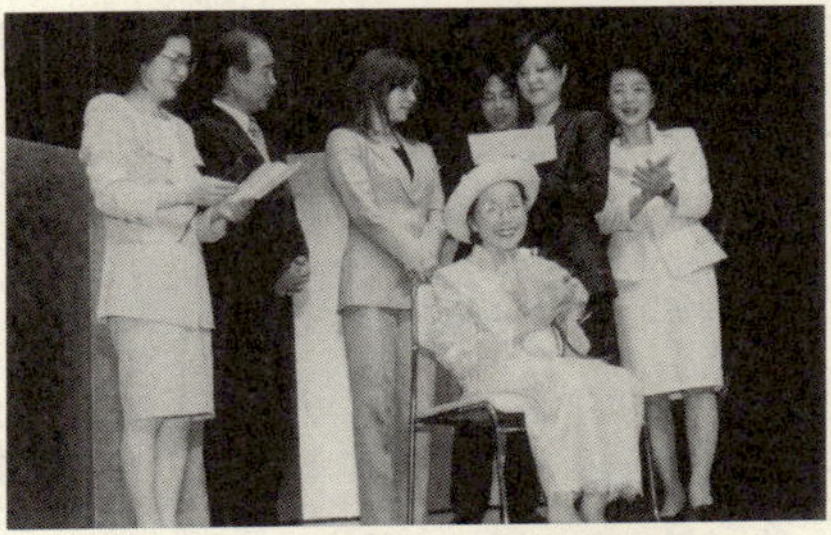

母、九十二歳の誕生日に　家族全員で

兄夫婦　江之浦にて

ニュースキャスターとして歩み始めた当初はゴツゴツした岩の上を素足で歩くような不具合感を拭い去ることができなかった。しかし、十六年すぎたとき、状況は大反転していた。申し分のない状況、これ以上幸せな仕事場はないと断言できるほどの状況に恵まれた。にもかかわらず、私はどうしても次の段階に進みたかった。

多くのことを総合的に眺める目を養い、大きな枠のなかで物事を分析することが出来る言論人になりたいと私は熱望した。社会の不合理を掘りおこし、傷ついた人や病気の人のために論陣を張りたい。情と理に適《かな》った社会を築きあげる力になりたい。誠実で優しい人々の集団である日本が、国民の誠実さと愛を真に反映する国になれるように、問題提起をしていきたい。国際社会のなかで日本がきちんと位置づけられるように、また、不当に非難され孤立することのないように、国際社会に向かっても発信していきたい。言論人として、さまざまなレベルでの議論に挑みたい。そのためには、十年間は、再び自ら取材して問題提起する物書きの仕事を第一に考えようと決意した。

そう決心したときに、千葉の兄の家を訪ねた。二階建の実家の、一階の茶の間で皆と一緒に坐《すわ》って語り合った。母、兄、姉、それに三人の姪《めい》と甥《おい》に、私は自分の気持を打ちあけた。湯呑《ゆの》み茶碗《ぢゃわん》を前に、母は、『きょうの出来事』をやめるのは勿体《もったい》ない気もすると言った。

「ニュース番組を担当させて頂くことで、社会への問題提起も大いに出来るでしょ」

珍しく母が現状にこだわった。すると兄が煙草《たばこ》をくゆらしながら話をつないだ。

「テレビはどうしても組織になっちゃうからねぇ。論陣を張りたいのなら一人でやるしかないよ。そのかわり、容易じゃないのはわかってるね」

姉の弘子が言った。

「よしこさんはこれまで自分の選んだ道を歩いてきたんですから、私は今度も信じています。自分の選んだことなら、結果も納得して引き受けられるでしょうから」

若い、或《ある》いは幼ない姪の慶《けい》も清由も甥の裕行も、座卓を囲むようにして坐り、大人たちの会話を大人しく聞いていた。暫《しばら》く考えていた母が再び口を開いた。

「昭弘や弘子さんの言うとおりね。よしこが言論活動に専念したいというなら、ここで一人になることがよいかもしれない。というより、必要かもしれないわ。それにあなたはすでに心を決めている。ならば、やってごらんなさい。言論で身を立てることと、単に記事を沢山書くことは、似ているようでかなり違うんでしょうね。言論で身を立てるには、余程しっかり勉強していかないとね。心をひきしめてやりなさい。これまでにやってきたことが、山裾《やますそ》になって、必ずよしこのこれからの仕事を支えてくれるはずですよ。目標は高く険しいかもしれないけれど、よしこなら大丈夫。必ず出来るから、挑戦して御覧なさい。私たちが応援します」

母がこう言うと、全員が笑顔になった。結論が出てほっとしたのと、新しい目標が出来たことで、皆、なんとなく気分が高揚したのだ。

こうして私は最も身近な家族から激励されて、新たな出発に臨んだ。十年間、とにかく、自分自身を鍛えようと思ったあの日から約九年がすぎた。自分に課した目標がどこまで達成できるのか、残り一年を、私は全力で頑張りたいと思っている。

父は、私がニュース番組に関わったことも、真の言論人になりたいと願いつつ励んできたことも、その一切を知らずに亡《な》くなった。亡くなる前の年月、青緑色の着物の女性は父のそばにいて看病してくれた。彼女なりに誠を尽したのだ。

それにしても父の一生をどう受けとめればよいのだろうか。父は、最初の結婚で得た子ども二人、つまり私の姉にあたる人たちには、離婚後一度も会わなかった。父の亡くなったあと、兄と私は正夫叔父から姉たちについての詳細を聞き、二人を訪ねた。私たちはこもごも話し、下の姉は修学旅行を利用して父に会いに行ったときの話をしてくれた。父は〝時期が早い〟との伝言をして、姉に面会しなかったという。

「そういうこともあったわねぇ」と、姉はやさしい声で言った。それ以上語らない姉の、言葉には敢《あ》えてしない言いしれぬ寂しさや悲しさ、深い落胆が、私には我がことのように理解できた。

　父に会ってもらうこともなかった姉は二人の子どもに恵まれて幸せな暮しをしている。上の姉は、白い芙蓉《ふよう》の花のように美しい女性《ひと》だ。長女だからだろうか、しっかり者で自分たちの置かれた状況に敢然と立ち向かってきた感がある。父を懐《なつか》しむよりは、残された母親を助けてしっかり生きてきた。そして言う。

「私には愛情深い母がいた。お母さんひとりでお父さんの分も愛《いと》しんでくれたから幸せだったと思うわ」

　母と娘たちで父の不在を埋めながら健気《けなげ》に生きてきた彼女たちは、全てをいま、穏やかに語るのだ。

　心の奥底までは忖度《そんたく》できないが、父は明らかにこの人たちの存在に心を致さなかったのではないか。それにしても一体全体、自分の子どもたちのことを忘れることが出来るのだろうか。どのように考えても、私には理解できかねる事である。

　父は、私たちのことも半ば以上、放置した。そして青緑色の着物の女性と彼女の二人の子どもに集中して愛情を注いだ。目の前の人に精一杯の愛と誠実を捧《ささ》げることで、父は充足できたのだろう。青緑色の着物の女性が、それだけ美しく、賢く、父の気持にピッタリ合う女性だったのかもしれない。だが、私は、いまになってもうひとつの要因が見えてくるような気がする。父を駆り立て続けた最も重要なこと、それは結局、仕事ではなかったのだろうか。そして父が仕事をする上で、最も力になることが出来たのが、青緑色の着物の女性ではなかったのだろうか。

仕事一筋の人であればこそ、必要なときに父は彼女の元を離れた。ハワイで新しい事業を興《おこ》し、そこでミセス・ロングドレスと親しくなった。仕事を軸にして考えれば、一連の物事の流れをこのように考えても大きな齟齬《そご》は見つからない。こんな人間模様を演じつつ父が興し、守ってきた事業は、青緑色の着物の女性の長男、私たちの異母弟にあたる人が継いだ。そして、その店はもうない。事情はわからないが、父が築いた事業がなくなったことだけは確かである。このことを、父は天上からどのように見詰めているだろうか。そして青緑色の着物の女性はどう感じているだろうか。だが、彼女は勁《つよ》いひとである。状況は変わっても、美しく装《よそお》い、充足した日々をすごしていると思うし、そう願っている。

母はこの間、朗らかに前向きにすごしてきた。米寿に近づいた頃から、誕生日の七月七日に一番近い土曜日に、踊りの会を開くようになった。

「年を経る毎に、幸せになる」と母は言う。そして母はいつも悩みを大らかに笑いとばす術《すべ》を心得ている。兄は言った。

「若いとき苦労したから、いまの幸せがあるのかもね。なんといっても頑張った人だからね。大丈夫、これからはずっと、俺と弘子がお袋を守るから」

姉の弘子は、いまでは母にとって、私よりも実の娘のような存在である。姉は優しい笑顔を浮かべて言う。

「力及びませんけれど、いつまでもよろしくね」

「何があっても大丈夫よ、持てる力と時間を、いつも、全て、前向きに使うのよ」

私たちをこう言って育ててくれた母は、その言葉を実践して、いまも前に進もうとする。母には幾つかの夢がある。もっと賢くなり、健康を保って、行ったことのない場所を訪れたいと言う。頭を鍛えるために毎朝新聞記事の音読を続ける母。兄も姉も私も、その母の旅の夢を叶《かな》えてやりたいと思っている。

後記

二〇〇一年に母と二人で、生まれ故郷のベトナムを訪れた。その時から母はポツリポツリと、父のことを語り始めた。私はその母の話を書き留めるつもりで、『コンプリート・ガイドブック　インドシナの珠玉』の「旅のエッセイ」に一文を書いた。いま考えてみると、『何があっても大丈夫』というこの母の物語りは、紛れもなく、あの旅から生まれた。

明治、大正、昭和、平成と続く母の人生は、日本の運命と重なり合う形で、大きく劇的な変化を体験してきた。多くの日本人が自分の意志を超えた運命に遭遇しながらも、全力で誠実に生きてきた。個人の力では拒否することも変えることも出来ない運命の転調を、自分たちに与えられた回合《めぐりあわせ》として受け入れ、そのなかでの最善の選択を重ねつつ人生を歩んできた。全《すべ》てを甘受しながらも、驚嘆するほどの前向きの姿勢を貫いた母の人生には、人間として分をわきまえる謙虚さと、一度きりの人生を大切に生ききろうとする情熱が、いつも背中合わせになっている。

一旦《いったん》書き始めたら、ここまで書いてよいのかという自らの内なる躊躇《ためら》いとは裏腹に、程々でやめるのはなかなか難しかった。その結果、わが家の秘密も随分と書いてしまった。その点を母に詫《わ》びると、穏やかに笑って「いいのよ、本当のことですから」と言ってくれた。

だがひとつだけ、十分には書ききれなかったことがある。兄夫婦への感謝の気持である。兄と姉が、日々母の世話をよくしてくれているからこそ、わが家の状況はうまく展開している。特に弘子姉は、慶、清由、裕行の三人の子どもを生み、皆各々《おのおの》、いい子に育てた。母のことについては心から感謝し、三人の子どもたちについては心からの賞賛を、兄夫婦、とりわけ姉の弘子に贈るものだ。

そして、本書では、私自身の恋や愛については触れなかった。本書を手にとって下さる読者の皆さんのなかで、とりわけ若い女性はそのことを知りたいと思うかも知れない。けれど、無理をして書きたくはない。いつか自然に語りたくなる日が来るとしたら、その日を待ちたいと思う。

父が一九八〇年に亡《な》くなって以来、青緑色の着物の女性には会ってはいない。互いに遠くから、心の内で、健康と幸福を祈り合うのが一番よい。

さまざまな体験をさせてくれた父に、いまは心から感謝している。天上の父は、どんな顔でこの本を読んでくれるだろうか。そのことを考えるのが、これから暫《しば》くの間、私の課題となりそうである。

最後に本書出版に当たっては、新潮社の皆さんの大きな力があった。筆を持とうとしない私に、とにもかくにも書かせ続けた。高橋亜由さんが大きな瞳《ひとみ》を一杯に見開いて、じっと原稿を待つ姿、郡司裕子さんが理詰めの情熱と確信で書くように勧める姿には、心打たれるものがあった。石井昂氏は連載の最初から拙文を誉めてくれた。書き手にとって面映《おもはゆ》くも心強い応援だった。伊藤幸人氏と佐藤誠一郎氏は面白いと具体的描写に言及しつつ、私の背中を強く押してくれた。その他、装幀《そうてい》、校正に携わった皆さんに心からのお礼を申しのべる。こうした人々の後押しがなければ、本書が生まれることは、到底なかったからだ。

二〇〇五年一月二十四日　　櫻井　よしこ

文庫版後記

二〇一四年五月の母の日、朝一番で庭に出て、咲き頃の芍薬《しゃくやく》と薔薇《ばら》の花を摘み取った。優し気な若葉色の葉に芍薬の白い花が美しい。強く鮮やかなピンク色だった薔薇は年月が経《た》つ内に可憐《かれん》な淡いピンクへと変化した。

母の好きな庭の花々を、涼しげな花入れに活《い》けて母の部屋に飾った。庭育ちの花のイメージは、私が幼い頃に住んでいた大分県中津市の想い出につながっていく。母のベッドの脇《わき》に座り、花を愛《め》でながらひとしきり、中津市の、ささやかな住宅の割に広かった庭のはなしをした。

早春の寒さの中で水仙が咲き、梅が気高い香りを放つ。すみれもたんぽぽもれんぎょうも、そして大きな株に育っていた雪柳も咲き始める。その内に、垣根に巻きつくように繋っていた野薔薇が紅色の無数の花をつけ、通り行く人々の視線を集める。目のさめるような華麗な野薔薇と競うように、母の丹精した芍薬が大輪の花を開き始める。幼い私の背丈程にもなる芍薬の株は、紅紫色の花を次から次へと、仕掛け花火のように、途切れることなく咲かせてくれた。

「中津のお庭の芍薬は本当にきれいだったわねえ。今日は白い芍薬だけれど、こちらもきれいねえ」と語りかける。母が芍薬に視線を向けてくれるだけで、私は嬉《うれ》しい。ほほえんでくれれば、一日中、私は満足し、幸せである。

言葉を発しなくなった母に語りかけ、母の笑顔を見て暮らす日々は、足かけ十年になった。この度、文庫本に装《よそお》いを変えた本書が、単行本として出版されたのが二〇〇五年二月だった。母はその年の十月二五日にクモ膜下出血で倒れたのである。以来、母と私の生活が始まった。

要介護五となった母をどのように守っていけばよいのか、最初は緊張した。けれど、いつの間にか、母は病人としてではなく、自分で寝返りできないなど多少の不自由はあるものの、一人の人間として、母として、私と暮し、むしろ私を見守っていると、私は感じ始めた。

いつまで経っても独身で、憲法がどうした、中国がこうしたと議論している私を、母は「しようのない子」と思いつつも、「しっかりね」という思いで見守っていると、私は感じるのだ。

私にとってこの九年間は熱い闘いと努力の日々ではあったが、同時に静かな幸せにも満ちていた。救急病院では「植物人間のようになります」と言われた母が如何《いか》に果敢に病気と闘ってきたか。自分自身に降りかかった危機にどれ程前向きに取り組み、介助されながらではあるが自分の足で歩けるまでに回復し、朗らかな笑い声を発するようになったか。その回復振りは、ドクター以下医療スタッフが「信じられません」と素直に告白するほどだった。

母のように、高齢ではあっても前向きに取り組んだことで、見事に問題を克服した人が存在するのである。であれば、医療界は、とりわけ逃れようのない高齢化時代において、従来の医療の発想や常識に囚《とら》われるのでなく、人間の精神力と治癒力、そして家族の果たし得る役割を信ずる方向に、大きく発想を切り替えることが大事であろう。そうすればどれほど多くの患者さんたちがどれほど充実した時間をすごせることだろうか。母のひたむきな姿勢を見て、手助けができたことを、娘としても、一人の人間としても、この上ない幸せとも、貴重な体験とも、私は受けとめている。

こうして過ごしてきた間にも母と私の周辺には幾つかの大きな変化があった。人生において避けることの出来ない別れの数々があった。

母が病いに倒れた二〇〇五年秋の同じ頃、青緑色の着物の女性が亡《な》くなっていた。風の便りに聞いて、私は彼女の冥福《めいふく》を祈ったが、二〇一一年になると、さらに驚く報《しら》せが届いた。兄と私にとって母親違いの弟にあたる人が、実は青緑色の着物の女性のあとを追うように亡くなっていたというのだ。まだ五〇代の若さだった。しかも、弟はその数年前に離婚していた。

十分な資産を有して、悠々自適の生活を送っているとばかり思っていた弟が、なぜ、私たちよりずっと早く逝《ゆ》かなければならなかったのか。兄も私も大層驚き、私たちは中々、その衝撃を乗り越えることが出来なかった。

弟に、「一体どうしたの」と聞きたい気持ちはあったが、無論、弟はもういない。

だが、事情については私は調べなかった。兄と私は、青緑色の着物の女性と弟の冥福を祈ることで区切りをつけようと話し合った。それでも兄は二人の霊魂の行く末をこう案じた。

「二人のお墓はどうなるんだろうね。無縁仏になるんじゃ可哀想《かわいそう》だぞ。よしこ、どうしようか」

私は兄に言った。事柄は私たちの手が届く範囲のことではないこと、どのような間柄になっても向こうには向こうの親族がいること、だから、任せておきましょうと。事実、それしか解決法はないのである。兄は納得しながらも、尚《なお》も気にかけ続けた。

衝撃的な別れはまだあった。兄の後輩で、母をまるで実の母親のように慕って下さっていた盛喜代嗣さんが、二〇一〇年、本当に突然、亡くなったのだ。彼のあたたかい東北弁が、じわっとよみがえってくる。兄夫婦は盛さんの故郷、青森まで出かけたが、兄はわがことのように落ち込んでいた。

その兄に二〇一一年、初孫が生まれた。母にとっても初めてのひ孫である。なんと百歳違いだ。大洲《おおくに》と名づけられた元気な孫を慈《いつく》しみつつ兄は暮らした。孫と遊ぶ兄の、とろけるような笑顔を、私は眩《まぶ》しく思い出す。しかし兄は孫の健やかな成長を願いながら、二〇一二年、七〇歳の若さで亡くなった。

家族の一人がいなくなったその喪失感を表現するのは、とても難しい。私は未《いま》だ、兄の死を、母に報告できずにいる。

私は、兄が亡くなった時期と重なる形で、それ以前から準備を重ねてきたインターネットテレビ会社、「言論テレビ」を友人たちと設立した。毎週金曜日夜九時に、討論番組「君の一歩が朝《あした》を変える！」の配信を開始した。言論テレビと、二〇〇七年に設立したシンクタンク「国家基本問題研究所」を舞台にした研究・言論活動とを合わせて、日本再生の強い推進力にしたいと願っている。

母は今年、数え年で百四歳になった。早朝、母の部屋に行くと、目醒《めざ》めたばかりの母が穏やかにほほえんでくれる。日によっては大輪の花のような晴れやかな笑顔を見せてくれる。

この上なく優しく、柔らかな表情である。幼な子のように信頼しきった表情の美しさに、私は見入る。こんな表情を「天使のほほえみ」と呼ぶのではないか。

そのほほえみを、母がこの穏やかな暮らしに満足してくれている証《あか》しと受けとめて、私は安心する。

母の日に、千葉から義姉をはじめ三人の姪《めい》や甥《おい》が大洲君を連れてやってきた。久し振りの来訪で母の部屋が賑《にぎ》やかになった。

日々の暮らしの中で、母が退屈しないように、寂しい思いもしないように、また何事も心配しなくて済むようにしたいというのが、私の願いである。身近な人たちには、出来るだけもっと訪ねてきてもらえるように、その人たちの弾む会話を母が聞き、楽しむことが出来るように、知恵を絞ることが私の課題であろう。

母の晩年の穏やかな日々を、母の傍《かたわ》らにいて共にすごせる幸福を、私たちを見守っていて下さる日本の神々に、心の底から感謝するばかりである。

二〇一四年五月十二日　　櫻井　よしこ

本書は平成十七年二月新潮社より刊行された。

櫻井よしこ著
異形の大国 中国
―彼らに心を許してはならない―
歴史捏造、軍事強化、領土拡大、環境汚染……人口13億の「虚構の大国」の真実を暴き、日本の弱腰外交を問い質す、渾身の中国論。

櫻井よしこ著
日本の覚悟
迫りくる無法者どもに対峙し、断乎として国益を守り抜くため、我々に必要なこととは何か。日本再生を見据えた著者渾身の国家論。

井上靖著
あすなろ物語
あすは檜になろうと念願しながら、永遠に檜にはなれない〝あすなろ〟の木に託して、幼年期から壮年までの感受性の劇を謳った長編。

井上靖著
幼き日のこと・青春放浪
血のつながらない祖母と過した幼年時代――なつかしい昔を愛惜の念をこめて描く「幼き日のこと」他、「青春放浪」「私の自己形成史」。

井上靖著
しろばんば
野草の匂いと陽光のみなぎる、伊豆湯ヶ島の自然のなかで幼い魂はいかに成長していったか。著者自身の少年時代を描いた自伝小説。

岡本太郎著
青春ピカソ
20世紀の巨匠ピカソに、日本を代表する天才岡本太郎が挑む！ その創作の本質について熱い愛を込めてピカソに迫る、戦う芸術論。

曽野綾子著
太郎物語
―高校編―
苦悩をあらわにするなんて甘えだ――現代っ子、太郎はそう思う。さまざまな悩みを抱いて、彼はたくましく青春の季節を生きていく。

曽野綾子著
太郎物語
―大学編―
人類学の本を読み、食事を作り、女の子のレポートを引き受け……親許を離れた太郎の多忙な大学生活一年目。ひたむきな青春を描く。

曽野綾子
A・デーケン著
旅立ちの朝に
―愛と死を語る往復書簡―
死を考えることは、生と愛を考えることである。「死学」の創始者デーケン神父と作家・曽野綾子との間に交された示唆深い往復書簡集。

曽野綾子著
失敗という人生はない
―真実についての528の断章―
著者の代表作の中から、生きる勇気と慰藉を与えてくれる528の言葉を選び、全6章に構成したアフォリズム集。〈著作リスト〉を付す。

佐野洋子著
ふつうがえらい
嘘のようなホントもあれば、嘘よりすごいホントもある。ドキッとするほど辛口で、涙がでるほど面白い、元気のでてくるエッセイ集。

佐野洋子著
がんばりません
気が強くて才能があって自己主張が過ぎる人。あの世まで持ち込みたい恥しいことが二つ以上ある人。そんな人のための辛口エッセイ集。

城山三郎著
静かに健やかに遠くまで
城山作品には、心に染みる会話や考えさせる文章が数多くある。多忙なビジネスマンにこそ読んでほしい、滋味あふれる言葉を集大成。

城山三郎著
無所属の時間で生きる
どこにも関係のない、どこにも属さない一人の人間として過ごす。そんな時間の大切さを厳しい批評眼と暖かい人生観で綴った随筆集。

城山三郎著
そうか、もう君はいないのか
作家が最後に書き遺していたもの——それは、亡き妻との夫婦の絆の物語だった。若き日の出会いからその別れまで、感涙の回想手記。

城山三郎著
どうせ、あちらへは手ぶらで行く
作家の手帳に遺されていた晩年の日録。そこには、老いを自覚しながらも、人生を豊かに過ごすための「鈍々楽」の境地が綴られていた。

城山三郎著
少しだけ、無理をして生きる
著者が魅了され、小説の題材にもなった人々の生き様から浮かび上がる、真の人間の魅力、そしてリーダーとは。生前の貴重な講演録。

城山三郎著
打たれ強く生きる
常にパーフェクトを求め他人を押しのけることで人生の真の強者となりうるのか？ 著者が日々接した事柄をもとに静かに語りかける。

藤原正彦著

若き数学者のアメリカ

一九七二年の夏、ミシガン大学に研究員として招かれた青年数学者が、自分のすべてをアメリカにぶつけた、躍動感あふれる体験記。

藤原正彦著

数学者の言葉では

苦しいからこそ大きい学問の喜び、父・新田次郎に励まされた文章修業、若き数学者が真摯な情熱とさりげないユーモアで綴る随筆集。

藤原正彦著

数学者の休憩時間

「正しい論理より、正しい情緒が大切」。数学者の気取らない視点で見た世界は、プラスもマイナスも味わい深い。選りすぐりの随筆集。

藤原正彦著

父の威厳 数学者の意地

武士の血をひく数学者が、妻、育ち盛りの三人息子との侃々諤々の日常を、冷静かつホットに描ききる。著者本領全開の傑作エッセイ集。

藤原正彦著

祖国とは国語

国家の根幹は、国語教育にかかっている。国語は、論理を育み、情緒を培い、教養の基礎たる読書力を支える。血涙の国家論的教育論。

藤原正彦著

日本人の矜持
―九人との対話―

英語早期教育の愚、歪んだ個性の尊重、唾棄すべき米国化。我らが藤原正彦が九名の賢者と日本の明日について縦横無尽に語り合う。

白洲正子著
日本のたくみ
歴史と伝統に培われ、真に美しいものを目指して打ち込む人々。扇、染織、陶器から現代彫刻まで、様々な日本のたくみを紹介する。

白洲正子著
名人は危うきに遊ぶ
本当の美しさを「もの」に見出し、育て、生かす。おのれの魂と向き合い悠久のエネルギィを触知した日々……。人生の豊熟を語る38篇。

白洲正子著
白洲正子自伝
この人はいわば、魂の薩摩隼人。美を体現した名人たちとの真剣勝負に生き、ものの裸形だけを見すえた人。韋駄天お正、かく語りき。

白洲正子著
両性具有の美
光源氏、西行、世阿弥、南方熊楠。美貌と知性で名を残した風流人たちと「魂の人」白洲正子の交歓。軽やかに綴る美学エッセイ。

白洲正子著
道
私の書くものはいつも、道を歩いて行く間に出来上って行く――。本伊勢街道、宇治、比叡山に古代人の魂を訪ねた珠玉の紀行文。

白洲正子著
ものを創る
むしょうに「人間」に会いたくて、むしょうに「美しいもの」にふれたかった――。人知を超えた美の本質に迫る、芸術家訪問記。

梨木香歩著

裏庭

児童文学ファンタジー大賞受賞

荒れはてた洋館の、秘密の裏庭で声を聞いた――教えよう、君に。そして少女の孤独な魂は、冒険へと旅立った。自分に出会うために。

梨木香歩著

西の魔女が死んだ

学校に足が向かなくなった少女が、大好きな祖母から受けた魔女の手ほどき。何事も自分で決めるのが、魔女修行の肝心かなめで……。

梨木香歩著

りかさん

持ち主と心を通わすことができる不思議な人形りかさんに導かれて、古い人形たちの遠い記憶に触れた時――。「ミケルの庭」を併録。

梨木香歩著

家守綺譚

百年少し前、亡き友の古い家に住む作家の日常にこぼれ出る豊穣な気配……天地の精や植物と作家をめぐる、不思議に懐かしい29章。

梨木香歩著

ぐるりのこと

日常を丁寧に生きて、今いる場所から、一歩一歩確かめながら考えていく。世界《ぐるり》と心通わせて、物語へと向かう強い想いを綴る。

梨木香歩著

渡りの足跡

読売文学賞受賞

一万キロを無着陸で飛び続けることもある壮大なスケールの「渡り」。鳥たちをたずね、その生息地へ。奇跡を見つめた旅の記録。

高峰秀子著
わたしの渡世日記（上・下）
日本エッセイスト・クラブ賞受賞

昭和を代表する大女優には、華やかな銀幕世界の裏で肉親との壮絶な葛藤があった。文筆家・高峰秀子の代表作ともいうべき半生記。

高峰秀子著
にんげんのおへそ

撮影所の魑魅魍魎たちが持つ「おへそ」とは何か？　人生を味わい尽くす達人が鋭い人間観察眼で日常を切り取った珠玉のエッセイ集。

高峰秀子著
台所のオーケストラ

「食いしん坊」の名女優・高峰秀子が、知恵と工夫で生み出した美味しい簡単レシピ百二十九品と食と料理を題材にした絶品随筆百六編。

高峰秀子著
にんげん蚤の市

司馬遼太郎、三船敏郎、梅原龍三郎…。人生の名手・高峰秀子がとっときの人たちとの大切な思い出を絶妙の筆で綴る傑作エッセイ集。

さくらももこ著
そういうふうにできている

ちびまる子ちゃん妊娠!?　お腹の中には宇宙生命体＝コジコジが!?期待に違わぬスッタモンダの産前産後を完全実況、大笑い保証付！

さくらももこ著
さくらえび

父ヒロシに幼い息子、ももこのすっとこどっこいな日常のオールスターが勢揃い！　奇跡の爆笑雑誌「富士山」からの粒よりエッセイ。

「新潮45」編集部編
殺人者はそこにいる
—逃げ切れない狂気、非情の13事件—

視線はその刹那、あなたに向けられる……。酸鼻極まる現場から人間の仮面の下に隠された姿が見える。日常に潜む「隣人」の恐怖。

「新潮45」編集部編
殺ったのはおまえだ
—修羅となりし者たち、宿命の9事件—

彼らは何故、殺人鬼と化したのか——。父母は、友人は、彼らに何を為したのか。全身怖気立つノンフィクション集、シリーズ第二弾。

「新潮45」編集部編
その時 殺しの手が動く
—引き寄せた災、必然の9事件—

まさか、自分が被害者になろうとは——。女は、男は、そして子は、何故に殺められたのか。誰をも襲う惨劇、好評シリーズ第三弾。

「新潮45」編集部編
殺戮者は二度わらう
—放たれし業、跳梁跋扈の9事件—

殺意は静かに舞い降りる、全ての人に——。血族、恋人、隣人、あるいは〝あなた〟。現場でほくそ笑むその貌は、誰の面か。

「新潮45」編集部編
悪魔が殺せとささやいた
—渦巻く憎悪、非業の14事件—

澱のように沈殿する憎悪、嫉妬、虚無感——。誰にも覚えのある感情がなぜ殺意に変わるのか。事件の真相に迫るノンフィクション集。

「新潮45」編集部編
凶悪
—ある死刑囚の告発—

警察にも気づかれず人を殺し、金に替える男がいる——。証言に信憑性はあるが、告発者も殺人者だった！ 白熱のノンフィクション。

何《なに》があっても大丈夫《だいじょうぶ》

新潮文庫　さ－41－9

平成二十六年七月一日発行

著者　櫻井《さくらい》よしこ

発行者　佐藤隆信

発行所　株式会社 新潮社

郵便番号 一六二－八七一一
東京都新宿区矢来町七一
電話 編集部(〇三)三二六六－五四四〇
　　 読者係(〇三)三二六六－五一一一
http://www.shinchosha.co.jp

価格はカバーに表示してあります。

乱丁・落丁本は、ご面倒ですが小社読者係宛ご送付ください。送料小社負担にてお取替えいたします。

印刷・大日本印刷株式会社　製本・憲専堂製本株式会社

© Yoshiko Sakurai 2005　Printed in Japan

ISBN978-4-10-127229-0　C0195